本著作出版得到作者主持的国家重点社会科学课题（2016 年）"市场经济下公共服务供给中的公私部门角色关系定位研究"（批准文号：16AGL015）的经费资助

顾建光 著

现代
公共管理理论
与实践

上海人民出版社

序:实践导向的公共管理

所谓"公共管理",即政府以及社会公益性部门对社会各类公共事务的管理。伴随着现代经济与社会的高度发展,人类所面临的必须予以应对处理的公共事务、各类社会问题,日益丰富多样、纷繁复杂。在现代社会中,政府的主要职能就体现在对社会公共事务的管理上。从国际角度看,政府的公共事务管理能力还被看做关系一国综合竞争力的主要构成要素,因而正越来越成为各国政府和社会关注的中心。

现代公共管理的理念,就是要让政府对于公民、对于市场主体来说变得更加友好;是要寻求恰当的管理方式以降低政府的运营成本;是要提高公务人员的管理素质和能力,并以较低的成本提供更多的和质量更好的公共物品。这实际上是一种源于政府管理实践的现实努力。总的来说,就是要让政府的公共服务质量更好,效率更高。

我国自改革开放以来,随着改革战略的推进,政府职能在逐渐转型与转变,公共服务和社会管理模式也在变化。当前我国迫切需要有公共管理领域的创新,而且也具备了接受国际公共管理新理念并得以生根的经济和社会基础。

毋庸置疑,无论是在国际还是在国内,公共管理都是实践着的学科。与之相应,其理论也永远不会枯竭和停滞不前,它需要在实践的创新中推进。进入 21 世纪以来,国内外公共管理学界进行了不懈的思考、探索和努力,各国都在寻求更好的"服务型政府"的建设。如何向社会更加充分地提供公共物品,如何履行更为良好的服务意识,已成为各国相关公共部门探讨的关键课题。汗牛充栋的研究和各种探索都是为了帮助政府提高公共物品和服务的数量与质量。一些国家还为此进行了专门的立法,如美国克林顿总统时期制定的"政府绩效成果法"(GPRA),英国、意大利等国也都有这方面的立法。此外,也有不少来自民间的推动,如在欧盟各国已经成立的"欧洲质量管理基金"(EFQM)以及其他的质量管理系统,都是为了推进公共服务的效能与质量。

不过,政府现在也认识到,虽然提供良好的公共服务具有重要意义,但仅停留于此是不够的。这是因为,在提供良好服务的同时,有可能忽视了现存的一些"社会不良问题",而仅仅要求各相关部门改进公共服务,并不能够解决这些问题。此外,还可能出现这样的情况:即便公共服务的接受者认为公共部门所提供的公共服务是良好的,但他们也不一定会对政府部门表示出充分的信任。换句话说,即使公共服务改进了,公众对于政府的信任度也不一定会有大幅度的提升。

人们对公共部门的评价并不仅仅依据它所提供的服务是否良好,人们还要求公共部门必须能够为他们提供良好的社会生活环境,并承担起相应的社会责任。既然这方面的需求变得越来越清晰,于是近年来各国启动了一项新的政府管理的改进,这就是所谓的推进良好的"公共治理"。

在我国,党的十八届三中全会通过的《中共中央关于进一步深化改革若干重大问题的决定》的总论部分讲道:"全面深化改革的总目标是完善和发展中国特色社会主义制度,推进国家治理体系和治理能力现代化。"

关于什么是"治理"以及什么是"良好的治理",社会科学界始终不断地在进行探讨,然而政府公共管理的实践者却并不很关心这类定义。他们一般会忽略词语的抽象意思,而更直接关注有关概念在实践中的意义。不过,从理论的角度,我们还是可以将"公共治理"理解为相关各方为影响公共政策的结果而开展互动的方式,理解为在改进公共政策成果和达成一致的治理原则问题(或领域)上,由所有相关各方参与协商,同时,这些政策的实施以及定期评估也由参与各方进行。

近些年来,人们对政策成果的评估产生了越来越浓厚的兴趣。公众和其他的相关群体都要求了解与自身相关的政府活动的信息,政府部门也想了解所制定的政策是否在实现其目标方面有些什么问题。于是,人们开始对是否成功地参与改变他们生活质量的活动发生了兴趣,而不是对这些活动的质量本身感兴趣。这意味着我们更需要对公共政策的实际效果加以评估。比如说,人们更为关心的是相关公共政策实施的效果,我们可列举一些这方面的例子:

● 人们关心的是自己所生活社区的实际的安全程度,而不是有关警察在防治犯罪等方面的数量报告。

● 人们关心的是自己的收入水平和工作条件的改善,而不是有关政府制定的经济发展计划的各项指标。

● 人们关心的是自己所感受到的医疗和社会福利水平与质量的提高,而不是有关医疗和社会照顾的具体设施的质量报告。

● 人们希望获得从事劳动和工作的实际能力的提升,而不是宏观层面的政府所提供教育和培训服务的设施数量与质量的报告。

● 人们关注的是获得想要享用的基础设施的便利程度,而不是只看到有关道路和运输设施增加的数量报告。

● 人们关心的是自己所感受到的环境质量是否改善,而不是具体的环境保护的数量和质量方面的报告。

● 人们关心的是自己家庭住房的舒适程度,而不是有关部门提供的房屋和修理设施方面的数量和质量报告。

当然,这并不意味着人们不再需要关注公共部门所提供的服务的质量或者数量,而是说这些东西本身是工具性的,非目的本身。随着公共管理朝着这一方向的改变,也就提出了如何提升公众生活质量的挑战,并且需要对满足上述要求的效果加以评估。

公共服务的绩效考察不能仅停留在文字报表上,最终必须体现在公民生活质量的实际改善和提升上。完善的公共服务应该更多地将服务对象定位为公民,而非一般意义上的"顾客"。良好的公共管理的精髓是公众的参与,公众的满意程度是公共管理成效的最终标准。

在全球化的进程中,无论是工商管理还是公共管理方面的任何进步和成功的经验,都很快地为地球每个角落的人们所借鉴和吸收,成为人类的共同财产。就我国的情况来说,在公共管理实践方面有着绝不亚于其他国家的丰富经验和良好做法。进入 21 世纪以来,努力提升政府公共部门的管理效能、效率及其质量,已成为摆在我们政府面前的一项义不容辞的紧迫使命。

实践之树长青,当代的公共管理领域尤为如此。公共管理的理论完全是依附各国的公共管理实践前行的。而世界上没有一个政府,没有一个社会实体,其实践可以始终停顿不前。因此,改进政府公共管理的实践是一项不会止步不前的工作。它总是需要按照人们的要求来改进,需要采取新的业绩标尺来衡量。在这方面,官僚倾向的不思改进和固守既得权力,永远是可畏的障碍。相对于快速演进的公共服务实践来说,公共管理作为一门新兴学科仍然处在新生发育的阶段。我们坚信,它会随着公共管理实践的丰富和成熟而成长壮大起来。理论工作者也将会在这方面尽自己的不懈努力。

目　　录

第三篇　公共管理的主体性分析

第四篇　公共管理的新理念与改革前沿

第一篇　现代公共管理的范畴解析

第一章　公共管理发展的社会背景

第一节　日渐丰富而复杂的公共服务事项

在任何一个现代社会中都不可避免地存在着大量的需要加以良好管理的公共服务项目。社会越是进步,公共服务的内涵就越是丰富、外延就越是广泛。公民个人可以经过自身努力来满足自己的众多个人需要。但是,他必定还要依靠各种公共机构来满足自己许多其他方面的需要,实现自己的许多目标。比如,为了求学,公民需要进入各类、各个层次的公立学校;为了医治疾病,他必须去不同的公立医院;在人生的不同阶段人们需要得到各个方面的社会保障和照顾,如此等等。除此以外,公民还时时要光顾博物馆、图书馆、美术馆乃至音乐厅。去这些地方虽然也需付出成本,但基本上不是光顾者自己付费的,至少不用当下付费。这些服务都是通过公共财政和公民纳税渠道来予以支付的。

在传统社会中,当人们需要帮助的时候,他们天然的相助者就是他们的家人、亲戚和邻居,如原始部落的族人、封建时代的大家族、乡村邻里等等。然而,现代社会与传统社会有很大的不同。随着传统的家族大家庭被现代的所谓"核心家庭"所取代,随着社会分工的不断细化和加大,随着现代人们迁徙距离的加大和迁徙频率的加快,随着社会结构的复杂化,原来的援助方式行不通了。于是,就涌现出大量的需要整个社会一起承担的社会服务,就有无数需要通过公共管理部门予以供给的公共服务。

现代社会公共事务的复杂化和多样化,除了上述的人的生老病死、个体的生存发展等事务之外,还出现了大量跨越国界和国际性的需要公共部门服务的事项,如环境保护、生态保护、世界能源可持续利用、外层空间保护、应对地球变暖以及土地沙漠化、艾滋病防控、恐怖主义防范等大量的公共服务问题。为此而产生了日益众多的国际性公共服务机构,包括联合国组织的各机构部门、世界卫生组织、国际能源组织、世界银行组织、世界贸易组织、外层空间保护委员会、地球之友协会等。

我们看到,不同的国家,乃至同一个国家的不同地区,在提供公共服务和处理公共事务的方式上是很不一样的。在有些国家,政府出面唱主角,将国民从摇篮到坟墓可能出现的种种需要都承包下来(诸如一些西方福利国家)。另有一些国家却主要是依靠民间性质的非营利组织来满足人们的各种需要。这方面的情况差异不仅基于各国不同的历史文化传统,还出于人们对市场经济的不同认识,以及对有关效率、公平、竞争等价值观的不同理解。

究竟哪些人类事务属于公共服务的范畴,应该采取什么样的方式来对这些事务加以管理,负责提供服务的主体应该是谁;还有,应以什么样的标准来衡量管理的质量等等,这些都是摆在人类社会及其政府公共部门面前的重大课题。

传统的比较狭隘的行政管理理念已经滞后,已不能满足当今社会公众对政府的要求,因此它正在被更加广泛意义上的公共管理理念所取代。从部分的意义上说,这是因为公共事务已经渗透到了人类社会活动的方方面面。由于公共服务所涉及的领域十分广泛,公共管理的实践课题事实上已成为众多学科(诸如经济学、管理学、政治学、社会学、法理学、行政学等)所共同关注的领域。相应地,任何想对政府以及政府公共管理的事务获得适当理解的人,都必须学会读懂不同学科领域的文献。如果不能做到这一点,就有可能会在自己的理解中以偏概全。管理学的专家常常会自以为是地忽视或者排除自己所不了解的那些相关学科的洞察与发现,这也就是他们最易犯的以偏概全的毛病。

现代公共管理之所以不同于传统意义上行政管理的另外一个重要方面,还在于现代公共管理的主体不再是政府独占,它还涵盖了从事公共服务、社会管理以及服务于公共利益的其他相关公益组织和社会组织。从广泛意义上讲，公共管理行为依托的是一个以政府组织为主的，包括相关公益组织在内的，面向全社会的开放式管理体系。政府是公共管理的主角，但对于各类社会服务事项的管理还需有若干配角，需要有公众的直接参与。

在这方面，我国的情况应该说是与国际发展趋势同步的，从名义上所称的"行政管理"，以及实际上的政府管理的理念，正在转向公共管理（包括政府对自身与社会两个方面的管理）。这确实是理念上的一场变革。从这个变化中，我们可以关注两个方面的内容：一是管理主体从单一的政府角色发展到包括政府、各类非营利组织和非政府公共组织、社区在内的多元主体；二是政府把一部分对社会公共事务管理的权力，下放给一些其他社会组织。当然，政府对社会事务的管理模式与以往的治理模式相比也发生了很大的变化。从每天电视上有关新闻和专题报道中，我们也越来越多地看到，政府官员们谈的是政府要如何更多地考虑为企业（不管是什么性质的企业）服务，而不是让社会和企业围绕着政府转。

所以，推进公共服务的实践发展，开展公共管理的理论研究，更为重要的意义在于推进公共管理的社会化。我们不能从"政府中心论"出发看待这场变革，而要从政府与社会、政府与公众的互动角度进行探索。具体地讲，现代公共管理要以一种开放的思维模式，动员全社会一切可以调动与利用的力量，建立一套以政府管理为主导的多元化的管理主体体系。

政府不仅要下放权力和放开管制，①更多地是要认真考虑还权于社会，还权于公众。在高度集中的计划体制下，政府权力太大，剥夺了大量本应属于社会的权力，造成了社会自我管理能力的大大萎缩，使得社会发育不全，也使得在如何发挥政府功能与社会功能方面形成巨大反差。

我国经济体制改革、行政体制改革所面临的相应目标，应该是经济改革的市场化、公共管理的社会化。关于经济的市场化取向，人们已有

---

① 　如我国政府近年来大力推进的减少政府审批制度的改革。

共识。而行政体制改革基本上还停留在政府机构的改革上。这更多地是从政府自身需求上安排的,没有形成政府与社会更好的互动关系。这样,政府职能定位很难跳出自身设定的圈子。

不实行公共管理的社会化,我国行政体制改革就不会彻底。社会的共同事务应由社会自己来做。由政府独家包揽一切社会事务和实施管理,并且缺乏健全的监督机制,由此所带来的效果总是不尽如人意。否认政府管理的重要性及其在公共管理中的主导地位是片面的,但用政府行政包办一切社会公共事务的管理也是行不通的。

从国际上看,当代"再造政府"的行政改革浪潮极大地冲击了传统公共行政学的体系,为公共管理学科的崛起作了铺垫。近几十年来,随着科技革命及经济的自由化、国际化趋势,政府面临的内外矛盾日益尖锐,原来的"万能政府"已捉襟见肘。如何提高国家竞争能力,快速应对来自各方的严峻挑战,避免"市场失效"(market failure)、"政府失效"(government failure),已成为各国政府面临的共同课题。

改革的实践对传统的公共行政理念提出了挑战,导致 20 世纪 80—90 年代在世界范围兴起了"新公共管理思潮"。实践呼唤理论,理论引导实践。这股"新公共管理思潮"对"再造政府"的改革起到了推波助澜的作用。美国学者戴维·奥斯本和特德·盖布勒所写的《重塑政府》一书,系统地总结了美国政府近 30 年改革的经验,提出了十条政府改革的思路,即从划桨到掌舵、从服务到授权、从垄断到竞争、从照章办事到使命感、从投入到效果、从官僚到顾客、从浪费到收益、从治疗到预防、从集权到分权、从政府到市场。这十条原则不仅是美国政府改革的基本框架,事实上也体现了近 30 年美国、英国、瑞典、加拿大、澳大利亚等经济发达国家进行政府改革的基本理念,对传统的行政"科层制"(或"官僚制"bureaucracy)提出了质疑,为打破僵化的传统政治行政注入了活力。

公众参与成为当代社会事务管理的一种新时尚。面对公众对政府信任度下降的趋势,不少国家对政府、市场与社区的角色进行重新定位。尤其是把传统政治学、行政学很少讨论的"社区"(community)概念,视为设计未来公共事务治理模式的关键因素。由此"社区主义"在欧美国家几乎成为拓展公共管理领域的新思潮。这也是欧美各国领导人所提倡的"第三条路"(中间路线)。该路线力图通过民众自理社会问题能力的提高,以降低对政府行政的过高期望,减缓日益复杂的公共问题所导致的政府与民众的紧张关系,形成政府与民众"双赢"的局面。政府难以解决的许多繁杂的社会问题,"社区"在这方面却具有独特的优势。例如,通过警察与社区居民的合作形成坚强的犯罪防护网,不仅节省了政府警力资源的投入,更能加强社区民众的安全感。又如,传统处理公共政策议题的层级常常是在中央或省政府,社区主义治理的模式则强调自下而上地参与,使公共政策的制定更能符合民众最直接的需求。

实践证明,一个理想的现代公众社会应建立在"政府"、"市场"及"社区"(社会)三者协同的基础之上。这三者以相互信任为前提,在依赖与制衡的互动关系中找到各自的理想定位。例如,新加坡致力于建设"新加坡人的社区主义",以使社区所有成员,包括政府、民意代表、市民等,在所举办的公共论坛中都能理性地表达己方的意见、耐心地倾听他方的意见,并在社会系统中彼此增加充分的理解。"新加坡人的社区主义"试图通过忠诚、信任、信仰、信用、合作、互惠,以及非利益性的相互扶持,营造社会的凝聚力。在目前各国普遍的民众期望与政府目标的执行能力间存在严重落差的情况下,新加坡成功地以社区主义推崇公众对公共事务的参与,这既有利于重建政府与民间的信任关系,又有利于整合国家与社会的总体资源以创造"双赢"的局面。

由于现代国家社会福利政策及民众多样化需求的持续扩大,社会基础设施建设的大幅度扩张,公共财政负担的日益加重,自20世纪90年代以来,各国非营利性组织应运而生,扮演起调节社会需求、补充政府供给缺口的角色,因而成为政府与私人企业等机构之间的"第三部门"①。

许多国家为了从"万能政府"的"陷阱"中摆脱出来,不断将一些管理的职能、权力返还社会,力图有效地沟通政府与企业、企业与企业、生

---

① 　理论界通常将政府称为"第一部门",商业私营部门称为"第二部门",而将区别于政府和营利企业的所谓"非营利组织"称为"第三部门"。

产者与消费者之间的关系,促进市场交换的发展,保证市场交易的公平和公正,形成统一、有序的市场体系。这也使得政府对社会经济事务的管理方式从传统的直接管理向间接管理转化。政府通过制定执行正确的政策来加强宏观调控,同时减少一切不必要的行政干预。例如,通过行业协会、商会等加强对行业的管理,由其制定企业规章制度,实行行业自律;由其担任行业利益的代言人以及政府政策和信息的传递者,在政府与企业之间发挥桥梁、纽带作用。同时,随着社会中介组织的发展壮大,政府还可以委托某些行业组织承担一定的行业管理职能,达到政府直接管理所难以奏效的目标。

在一些国家,已经形成政府与非营利组织两条腿走路的格局。仍以新加坡为例,其政府部门雇员为 6.2 万人,非营利组织雇员为 5.1 万人,已形成一个匹配良好的新公共管理体制。从当前现代公共管理领域出现的一系列的新动向、新对策表明,近几十年来各国推行公共事务管理的变革,无论是在理念还是在实践方面,都发生了相当深刻的变化。

第二节　我国公共管理实践环境的变迁

公共管理的发展是一种国际潮流。20 世纪 80 年代以来,我国也开始了行政管理改革和公共管理发展的进程。其主要动因来自于市场取向的经济体制的改革和公众社会的发育、发展。在我国的经济社会环境中发生的相关重要变化,主要体现在以下方面。

一、经济活动的市场化取向

中国共产党第十四次全国代表大会第一次明确提出了中国经济体制改革的目标是建立社会主义市场经济体制。这为经济体制的市场化改革提供了最充分的合法化框架,从此,中国的市场化改革以前所未有的速度前进。时至今日,中国经济生活的市场化程度已达到逐步完善的程度。其一,在确保公有经济主导地位的条件下,非公有经济(包括民营经济、各类股份制经济以及外资经济在内)不断发展壮大,后者在

共同承担的社会公共事务的管理。

第三节　公共管理学科的特点

由上可见,现代公共管理是一个新兴的发展着的,而又错综繁复的领域。作为对这样一个领域进行理论概括、研究和提炼的学科,公共管理学正处在逐渐萌生、发展的过程中,相对于其他社会科学学科来说还不够成熟。但是,我们看到了来自社会实践方面的强大推动力,促使公共管理学成为当前的一门"显学"①,它需要理论工作者和实践工作者联合起来进行有益的探索,并对各国可贵的实践予以认真总结、比较和提炼,逐渐形成较为成熟完善的学科体系。我们在这里提出现代公共管理学科的几个主要特点,以作研究指引线索。

公共管理学科就其性质特征来看,是实践导向的。这也是我们所必须坚持的,否则将失去学科发展的生命力。我们观察不同学科的发展动力大致来自两个方面,一是来自原有理论的演绎,二是来自实践的强大驱动。这两种情况当然不能完全分割,但还是存在着主导倾向的。公共管理学的学科发展更倾向于后者。公共管理研究的出发点、所取得的素材都必须来自实践前沿,研究得出的理论成果也必须回到实践中去检验。

公共管理学科的第二个特点是其涉及面和涉及内容非常广泛。凡是牵涉人类公共需求和公共利益的事情均可进入公共管理的领域。实际上,从广义上讲,公共管理涉及的是社会大管理,公共管理学科主要研究社会系统的大管理。②我们不应该将公共管理的局部领域人为地分割和局限起来。

公共管理学科的第三个特点是其历史动态性。由于社会发展是动态的,人类的共同需求以及社会的公共利益不可能一成不变,随着影响的相关因素发生变化,公共管理的学科内容会有相应的变化,甚至其中

① 这里所谓的"显学"是指得到社会广泛重视并具有广泛应用领域的学科。
② 也有学者将"公共管理"仅局限于某些公共服务领域的管理,如"公共卫生管理"、"教育管理"等等。

的原理也会需要加以修正和重新凝练。从国际公共管理的领域看,近几十年来经历了几次重大的所谓"公共管理范式"的转型过程。①

从国际的视野看,公共管理学科既有其普遍性和共同性的一面,同时又有着不同国家和民族特殊性的一面。比如,保护环境、防治全球大气温室效应、交通安全、反贫困、公共卫生、基础教育等等,世界各国在管理目标和管理方式方面是趋同的,或者说是具有共性的。但是,由于各国经济发展程度的不同,各国社会制度的差异以及各国文化历史背景的不同,我们在很多方面无法追求千篇一律的管理原理和方法,无法完全照搬其他国家的现成做法。

我国的公共管理学科应该紧密结合有着我国自身特点的社会实践,应该与我国政府的大政方针结合起来,服务于我国社会管理的大局。

实践之树长青,当代的公共管理领域尤为如此。没有一个政府,也没有一个经济体,可以停滞不前。改进政府公共管理能力是一项不会停止的工作,必须不间断地持续下去,并且应按照人民的需要采取新的业绩标尺来改进工作。不思改进和既得利益者的权力永远是可畏的障碍。改革永无终了这一事实一直是管理的改革在战略和战术中最为重要的教训。

所以,无论是对于公共管理的研究者来说,还是实践者来说,都是任重而道远,必须在实践的土壤上挥洒汗水、辛勤耕耘,方能找出切合国情的管理之道,也方能提出契合本土特色的管理理论及其体系。

第四节　研究公共管理学科的意义

公共管理研究在国际上是一个新的热点。当前,随着我国经济体制和政治体制改革的深化,学习、研究和运用公共管理学有着特殊重要的意义。

首先,加强公共管理学的学习和研究有助于推动政府管理体制的

---

① 关于这方面的内容,在本书第四章中将作详细的研讨。

民主化、科学化和法制化的进程。实施公共管理是政府的主要职能,公共管理行为构成政府的主要行为,如果不认真研究公共管理领域的问题,政府行为就不可能走上科学化的轨道。事实上,科学化与民主化、法制化是紧密相联,相互推动的,没有社会公共事务管理的科学化,也就不可能真正实现政府行为的民主化、法制化,从而也就不可能实现政治体制改革的预定目标。

其次,加强公共管理学的学习和研究有助于促进社会整体的协调进步与发展。当今世界,一个国家的发展不能单纯地归结为经济的发展,必须表现为社会的整体进步,其中既包括人的生活水平的普遍提高,又包括人的生活质量的极大改善。自 20 世纪 80 年代以来,国际社会又提出了可持续发展的理论,要求科学合理地配置各种社会资源,以保持人类社会持续性地发展。所有这些,都属于社会公共事务的范围,需要通过公共管理的实施来为上述目标和要求的实现创造充分的条件。公共管理的科学化程度、公共管理方式的有效性等已经成为衡量一个社会发展程度的重要指示器。发达的经济发展水平和良好的公共管理能力共同为社会整体协调发展提供坚实的基础。

再次,学习和研究公共管理是我们建设有中国特色社会主义的必然要求。中国特色社会主义是一个有机的整体,既包括在经济上建立社会主义的市场经济体制,在政治上建立符合中国实际的社会主义的政治体制,还包括在社会公共事务管理的制度和方法等方面形成中国特色。社会主义国家的社会制度和生产目的,决定着必须把改善人民的生活质量、创造最佳的适合国情的生活环境和生活方式,作为社会进步与发展的目的和归宿。为此,有中国特色社会主义道路也包含逐步形成符合中国特点的公共管理理论、经验和模式等内容。

最后,学习和研究公共管理学有助于提高公共管理人员的管理素质和能力。目前,公共管理在实践中表现出以下几个显著特点:第一,社会公共事务范围广泛,复杂程度高;第二,公共政策实施的结果必然对社会成员带来利益上的不同影响,人们会根据自身利益对公共管理作出不同的评价和反应;第三,公共管理手段的创新需要依赖多学科的知识背景,单一的知识结构难以符合公共管理发展的要求。这些都对公共管理的实践者提出了新的挑战,使其面临着学习和研究公共管理学的迫切任务。通过学习和研究,不仅能对公共管理实践提供直接的指导,而且能有效地改善公共管理人员的知识结构,提高公共管理人员的管理能力,从而提升整个社会公共管理的水平。

由此可见,研究公共管理具有非常重要的现实意义。公共管理的实践者(包括政府公务人员和各方从事社会服务的管理者)需要掌握基本的公共管理理论和方法,才能更好地应对公共管理实践中迫切需要解决的各类社会事务问题。

第二章　公共管理的主要对象界定

所谓"公共管理"是指以政府为主体的公共组织为促进社会整体的协调发展,采取各种方式,对涉及社会公众整体生活质量和共同利益的一系列事务和活动加以管理和调节的过程。简言之,公共管理是对社会公共事务的处理。

第一节　社会公共事务的客观性

自人类社会的诞生,随着社会分工的出现和细化,就发生了公共事务。据史料记载,早在政府产生以前的原始社会,氏族组织内部就已经产生了社会分工,形成了公共事务,如防务、水资源的管理和分配、调解内部纠纷、占星、巫医、祭祀、祈祷丰年、文字研究、历法研究、历史、算术,以及道路、桥梁的建设和维护等。这些事物均属于全体居民的共同利益,因而称之为公共事务。

随着政府的产生和氏族消亡,这些公共事务就作为氏族遗产为政府所接管,并成为政府的基本职能。从传说中的大禹治水到秦始皇统一全国文字、度量衡等等,都属于公共事务的范畴。

公共事务也就是单个的个人和家庭所不愿做、不能做、做不了,但却又是人类经济和社会生活必不可少的,实质上体现了全体民众共同利益的事务。这里所说的公共利益,包括了两层意思:一是指体现民众长远利益的那些事务;二是指体现全局利益因而全体民众都十分关心的那些事务。因此,公共事务与私人事务虽然也存在着一定的排斥性,但更多的是存在着互补性。

公共事务的范围十分广泛,从社会劳动力、人力资源的管理,到国防、行政、治安等国家事务和法律事务,从艺术、教育到科学等事务的管理,均属于公共事务的范畴。公共事务随着人类经济和社会的进步而发展。由于公共管理是以各种公共事务为对象的,因此,分析公共事务与公共管理之间的关系,对理解公共管理的内涵有着重要的意义。

公共事务是相对于私人事务而言的。人们可以从国家学说的角度,将涉及国家主权、合法性、普遍性等事务视为公共事务;可以从政府管理的角度,将涉及人们共同利益的事务如交通、邮电、教育、医疗等视为公共事务;还可以从个人在公共活动中的体验,将诸如公共秩序、安全、社会保障等视为公共事务。但更准确地说,大多数国家普遍用公共物品的提供作为界定公共事务的主要依据。

公共事务以及公共部门的概念,只是到近代以来才开始逐步地明确起来的。逐步形成与"私"(private)相对的关于"公"(public)的理念,并得到法律的保证。这是随着工业革命以及资本主义的崛起,资产阶级的启蒙运动而深入人心的。尽管当时的公权主要代表的还是资产阶级的利益,但是,至少从文字上和书面上看是代表全民的。以往封建王朝的家天下的理念已经得不到公众的认同了。

通过以上分析,我们可以对公共事务作如下界定:所谓公共事务是指那些涉及全体社会成员的共同利益、满足其共同要求、关系其整体生活质量的一系列活动,以及这些活动的最终结果。也就是说,社会性、公益性、非营利性以及规模性是其最主要的特征。而公共管理主要是以客观的社会事务作为其管理对象的,如果离开了这一点,公共管理的内涵就会被扭曲。

第二节　公共管理对象的基本分类

作为一种行为过程,公共管理的目的在于维护公众的权益及其利益,即出于公益目的、促进社会的协调发展以及为社会公众提供所需的各方面公共服务。如上所述,公共管理所涉及的公共事务范围十分广泛,并始终处于动态变化的过程之中。而政府的公共管理职能又可分解为经济管理的职能、社会管理的职能以及各项公共服务的职能等。这就是说,政府除了履行国家的政治职能以外,还必须承担起社会公共事务管理的各个方面的责任,这几乎涉及了人类社会活动的各主要领域。

　　为了便于把握起见,我们将公共管理的对象大致分为以下几个大类,分别是:公众问题、公共项目、公共资产。

一、公　众　问　题

　　无论对于组织、团体,还是对于个体来说,在日常的工作和生活中总会遇到各种各样的问题。因此,解决问题就成为实现集体或者个人目标、推进事物向前发展的最重要环节之一。不过,作为公共事务的问题,一般来说,仅限于社会普遍共同的问题。举例来说,人们常常谈及人类生存环境的问题,城市道路交通拥堵的问题,人口老龄化的问题,社会犯罪与社会秩序的问题,稀缺资源合理利用的问题,还有社会弱势群体保护的问题等。这些问题都属于公众领域的共同性问题,也是关系到绝大多数社会成员切身利益和生活质量的问题。

　　说这些事务具有公共性,在一方面是因为,它们是社会群体共同面对的问题;在另外一方面,它们并非能通过个体的努力来加以解决。这些社会公共性的问题有赖于政府这样的公共权威机构制定相应的公共政策、采取相应的措施,方能有效地予以解决。所以,社会共同性问题的确认并予以解决,构成了公共管理的一个主要的方面。

　　在任何社会和任何时代,都面临着这样或那样需要重视和解决的公众性问题。就现代社会来说,诸如公共卫生与基本医疗、自然环境保护、城市公共交通、社会公共安全、公共基础设施等,是公众每天都需要面对的社会公共问题。从静态的角度看,社会公共问题是多种多样、错综复杂的。从动态的角度看,当某些社会问题得到解决后,又会出现需要予以解决的新的问题。当然,政府公共部门也没有能力去同时解决所有的社会问题,只有当一些社会问题凸显出来,处于公共组织机构职责范围内,或者说在与其公共管理目标相符合的情况下,它们才会成为公共管理的对象。一般来说,现代公共管理所要解决的社会问题是相当广泛的。

既然纳入公共事务管理对象的并非全部社会问题,那么,是否可以制定一些原则,以便有效合理地筛选出那些需要纳入公共管理范畴的社会公共问题呢? 我们至少可以提出以下的选择原则。

一是这些问题具有强烈的社会公众关注度。这里可能包含两个方面的含义:其一是它们涉及广泛的社会群体,影响了社会整体健康发展的运行目标和运行进程,因而牵涉到较广范围内所有人的利益;其二是它们已经成为公众化的问题,也就是说已经为广大公众所关注,因而产生了迫切希望加以解决的共同愿望。例如,重大交通事故频发的问题、大面积食品安全的问题、青少年吸食毒品的问题、拐卖妇女儿童的问题等。

二是这些问题具有客观现实性。需要政府公共部门予以解决的社会问题应该是现实存在的,而非仅带有猜测性的。或者说,作为公共管理对象的社会问题应当是客观的事实,而非主观臆断的。它是一种有必要在当下及时予以解决的问题。既然它与所有人或大多数人相关,为公众所关注,那就必须抓紧解决,方能维护公共利益和实现公众的意愿。

三是相关问题具有相对变化的动态性。作为公共管理对象的社会问题并不是固定不变的,它们会随着社会的发展和各种环境条件的改变而发生变化。旧的问题得到解决后,还会出现新的问题;此时此地是需要得到管理的社会问题,彼时彼地也可能不再是公共管理的对象。所以,这就要求公共管理者采取变化的动态的眼光去分析和界定公共管理所涉及的问题对象。

四是相对不可控和不确定性。也就是说,属于公共管理范畴的社会问题,是可控性与不可控性的统一。社会问题一旦被纳入公共管理的对象范围,它必定是人们所知晓和意识到的,对它的重要性、解决的必要性都有一定的理解,这些就是问题的确定性。但另一方面它所涉及的环境因素、前提条件等无时不在变化,而且这些因素极其复杂,因此人们对它的把握不可能是绝对正确的,也不可能完全无误地预测到对它加以解决所可能带来的结果是什么。这些都反映出社会问题在公共管理的对象范围内仍有某种不可控性和不确定性。

公共管理更多地是要解决社会面临的公众问题，所以，强调公共利益、重在结果管理、突出公平等，实质上都是基于公共组织对外部社会实施管理的价值取向。在政府管理研究中，围绕着提高"行政效率"，不少人把注意力常常放在政府内部管理上。加强政府自身管理当然也是必要的，但是，对于社会问题的管理最终还是体现在外部管理上，即对社会事务的管理上。无论是政府还是政府以外的其他公共组织，都需要把对外部事务的管理质量作为衡量其绩效的最终标准。

二、公　共　项　目

公共项目也可以成为公共管理的直接客体。如果说对于社会所面对的公众问题的管理具有相对被动意义的话，那么对于公共项目的管理则更多地是具有朝着某个社会建设目标努力的主动意义。就公共项目的形态特征来说，我们在这里可以将社会公共项目区分为"软项目"和"硬项目"。"软项目"是指"精神文明建设"、"公民普法教育"之类的社会建设项目。"硬项目"是指"城市污水处理工程"、"防灾建设工程"等基础设施建设项目。对公共项目的管理可以包括以下一些基本步骤：

（1）把特定的公共管理活动划分为必要的行为步骤或阶段，以有效地实现公共管理的目标。

（2）仔细考虑每个步骤之间的关系，尤其是与特定的结果之间的关系。也就是说，它指向与达到某种为一定社区广大公众利益相一致的结果。

（3）明确每一步的实施者和责任者，即为完成该项目而组织起来的管理人员应当有清楚的分工与责任。

（4）形成清晰、准确的时间表，包括每一步骤所需要的时间及完成期限。整个项目的完成日期和每一步骤的完成日期都应该是预定的。

（5）经常检查资源分配与预先规划是否相符合。整个项目的预算应当是确定而合理的，不能模糊不清或不切实际。同时，应对每一步骤使用的资源情况和预算执行情况进行动态检查。

公共项目的管理直接关系到人们的生活环境和生活质量,是看得见、可感知的集体共同行为,所以,对于每一步骤都必须予以高度重视。

首先,公共管理人员应善于把政策原则、管理目标(理想)转换成具体的公共事项。如果没有项目的明确界定,人们就看不到它与人们生活的直接关系以及公共管理的作用,这就不容易调动人们积极参与公共管理。

其次,在制定项目规划以后,重点在于项目的实施与管理。尤其要对项目的结果和资源配置与使用情况实行有效的监控,建立、完善项目管理的反馈机制及相关的责任制。任何项目规划书都不可能事先完全考虑周到,并预料到所有的细节问题,这就需要经常听取反馈意见,以便及时调整和修改规划。公共管理项目是指公共管理机构依据一定的公共政策①而采取的具体行动,是把公共政策具体化的过程。在公共管理中,制定政策无疑至关重要,但制定政策的机构不限于公共管理机构,还包括立法部门等。后者在公共政策的制定方面发挥着更重要的作用。公共管理的一项重要任务就是要把有关的政策变为现实,使其不仅仅停留在行为指导的层面。公共项目是公共政策的具体落实。从这个意义上说,公共项目不仅是公共管理的重要内容,而且是最直观、可见的管理行为。

一般来说,所有公共项目都直接关系到人们的生活环境和生活质量,因此,公共项目的确认和对公共项目的有效管理,都直接关系到一定时期政府公共政策的实现。为了加强对公共项目的管理,不仅要注意项目预算、质量、结果等各个具体环节,而且要有严格的实施项目的组织保障,建立相应的责任机制。

三、公　共　资　产

为一定社区的人们所共同拥有的财物,称为公共资产,或称公物。

---

① 政府对于社会广泛的事务管理以及公共资源配置的主要手段就是所谓的"公共政策"。因此,公共管理研究的一项主要内容就是关于公共政策的研究。

它在名义上是每个人都可享有的物品,但实际上任何个人都不可能完整地得到它、占有它和使用它。公共资产是公共物品,是由公共财政支出的,其来源是纳税人的税收。每个公民都有享有的权利,但它不是单个个人所购买的产品,故只能作为公共物品而存在。

作为公共管理内容的资源是有特定含义和范围的。一般来说,为人们共同拥有的有形财产和无形财产,都属于公共管理资源的范畴。纳入公共管理对象的公共财产和资源主要包括以下几个大类。

(一)公共设施与物品

也就是特定社区所有人都有可能享用和受益的物质性存在,而且本身就是产品,如图书馆、学校、医院、城市道路、路灯、桥梁等。如果不是一定社区所有人们都可能享用,而仅仅是部分人可能享用的物品,则不属于公共管理的范围。所以,对大范围和更高级别的公共管理机构来说是公共财产的东西,对小范围和较低级别的公共机构必然是公共财产,但对小范围和较低级别的公共机构来说是公共财产的东西,对更高级别的公共机构却不一定是公共财产,但它们都是"公物"。

公共物品是指一定社区内所有人都可以享用和受益的公共设施、公共物品的总称。它与自然资源的区别在于,公共物品首先必须是一种生产品。如果不是一定社区所有成员都可享用,而只为部分人享用的公共物品则不在公共管理的范围之内。比如能源、道路、桥梁、交通标志、城市的公园等都属于公共物品,而那些有一定限制条件的公共物品如专用道路等,则不属于公共管理的范围。

(二)公共信息资源

即一定社区的人们共同拥有和可能享用的各种精神产品,包括文化产品、科技成果、经济信息等等。人们一般把信息、物资、能源三者共同作为现代人类社会赖以生存和发展的基础。其中,信息居于首要地位,这足可以看出,信息是一种极为重要的资源。但信息资源也可分为两大类,一是一定社区内人们所共同拥有和可能享用的信息资源,二是只有局部范围内的人可享用的信息。只有前者才是公共管理的对象。

公共信息是指一定社区的全体成员共同拥有和可以享用的各种精神产品,如经济信息、科技成果、文化产品等。作为一种资源,信息在现代社会中的作用显得愈加重要。纳入公共管理范围之内的信息,是指那些为一定社区的成员共同拥有和可以享用的信息,而不是指仅供部分人拥有和享用的信息。

（三）公共人力资源

公共人力资源也就是一定社区的劳动力、人才方面所形成的社会资源。在种种社会资源中,人力资源是最活跃和最宝贵的财富。因此,人力资源的利用、开发和发展成为特定的公共管理机构必须重视的方面。对人力资源的管理包括人力资源的形成（培训、激励、更新、引导）、利用和开发等诸多方面。当然,这是指作为公共管理对象的人力资源,不是指公共管理机构对其内部人才的管理、开发、培训和利用,只有社区共有的人力资源管理才属于公共管理的范畴。公共人力资源是指一定社区的劳动力、人才所形成的社会资源。作为公共管理的内容之一,人力资源管理并不是指一个单位内部对其人才资源的开发利用,而是指一定社区的共有人才资源的开发和利用。由于人力资源是社会资源中最活跃、最积极的因素,因此任何国家的公共管理都不能不关注这个领域。

（四）公共自然资源

即一定社会赖以存在和发展的各种自然性物质条件,如矿产资源、水资源、土地资源、森林资源等等。这些资源显然不属于个人所有,是一定社区的共同财产。对它们的合理利用与开发、保护与再造是公共管理的重要内容。公共自然资源是社会赖以生存和发展的各种自然性物质条件和基础,如土地资源、矿产资源、水资源、森林资源等。这些资源虽然属于一定地区的人们的共有财产（一般不属于个人所有）,但是,如何合理地对其开发利用,对社会的整体发展影响极大。所以,公共自然资源就理应成为公共管理中值得重点加以研究的领域,我国在这方面的实践和管理制度创新还在进行中。①

---

① 2017 年 1 月 11 日,中共中央办公厅、国务院办公厅印发了《关于创新政府配置资源方式的指导意见》,其中有关"创新自然资源配置方式"的部分作了这样表述:"法律明确规定由全民所有的土地、矿藏、水流、森林、山岭、草原、荒地、海域、无居民海岛、滩涂等自然资源,建立明晰的产权制度、健全管理体制,对无线电频率等非传统自然资源,推进市场化配置进程,完善资源有偿使用制度。"

（五）公共企业与公司

所谓"公共企业"主要是指由国家投资兴办并服务于公众的国有企业。公共企业属于公众共同所有，它是由纳税人的税收所建立起来的，是通过公共投资所建立起来的。公共企业或者公共公司建立的主要目的是为公众提供各项基本的公共服务，比如城市公交、城市轨道、煤气公司、自来水公司等等。因此，对其进行良好管理是公共管理机构应尽的责任。当然，不同性质的公共管理机构所管理的公共企业范围不尽相同。公共管理机构管理公共企业的基本职责之一就是要让其保值和增值，产生公共收益，这也是公共投资的目的。中国作为一个社会主义国家，相对于其他国家来说，具有较为庞大的国有企业和公共企业财产资源。①

第三节　公共部门管理与企业管理之对照

在分析公共部门管理的对象和任务时，之所以把企业管理与公共部门管理作一比较，主要是为了进一步了解两者的联系与区别。从大的方面来说，企业管理与公共部门管理都属于管理的范畴。就管理本身而言，它是人类一种普遍的社会组织活动。随着社会经济的进步，人类对管理活动认识的深化，管理的内涵更加丰富，管理的外延不断扩大，管理的方式也愈加复杂。虽然不同领域的管理有着不同的具体内容和形式，但管理的构成要素则基本是相同的，即任何一项管理活动都离不开管理主体、管理对象、管理目的、管理职能与方法以及管理环境等基本要素。从这个意义上说，都属于人类管理活动的企业管理和公共部门管理，两者有着密切的联系。

然而，公共部门管理与企业管理毕竟是两种不同的行为领域，它们的差别也是显而易见的。作为一个独特的管理领域，公共部门管理以及公共管理机构的行为已经越来越呈现出特定的范围和特殊的规律。

---

① 中共中央办公厅、国务院办公厅印发的《关于创新政府配置资源方式的指导意见》对此作了以下表述："对用于实施公共管理和提供公共服务目的的非经营性国有资产，坚持公平配置原则，积极引入竞争机制提高配置效率，提高基本公共服务的可及性、公平性。"

尽管近年来在传统公共行政改革中,引入了一些现代企业管理的理念和管理方法,但公共部门管理与企业管理毕竟是两个不同的领域,两者的差异和区别仍然是明显的。

首先,公共部门管理与企业管理的目标有重大差异。正如前面所指出的那样,公共部门管理追求的根本目标是要提高社会成员的生活质量,为社会成员提供非营利性的产品或服务。即使在某些方面,公共部门管理机构在提供公共物品和服务中也会收取一定的费用,但这并未改变其非营利的性质。公共部门管理活动的这种性质决定了作为公共管理主体的政府及其他公共管理机构,其管理活动的过程必须在国家立法机关的授权和国家的法律、法规的严格管控之下进行。公共管理的权限、组织形式、活动方式、基本职责和法律责任等,也必须通过严格的法律条文明确予以规定。而企业管理则不同,通过生产和销售产品或服务,追求利润的最大化,是任何一个企业追求的目标,也是企业管理的根本目的。企业管理的这种营利性质与公共部门管理的非营利性质是完全不同的。在企业管理中,法律无疑也是十分重要的。但是,法律对企业管理活动的约束,主要体现在它的外部制约性方面。企业的经营活动必须符合法律是其营利的附属物,而不是它的原动力。

其次,公共部门管理与企业管理赖以生存的经济来源也有根本区别。由于公共管理是一种非营利性的社会活动,又是政府的重要职能之一,因此管理所消耗的资源是公共的,所需要的经费预算主要来自国家的财政收入,属公共财政的范畴。这就决定了,行使公共管理权力的公职人员不能随意地去支配这些费用,并且要使其管理活动尽量公开化,并接受纳税人的监督。而在企业管理中,企业赖以生存的物质基础是企业在市场竞争中所获取的利润,企业所需要的各种资源来自于投资的回报。因此,企业的经费预算、企业的消耗等都属于企业自身的行为,不受社会的制约。这与公共管理活动也是完全不相同的。

由于公共部门管理与企业管理在以上两方面的差别,决定了两者的运作机制、管理方式以及管理人员的选拔等都不尽相同。这在一定程度上也反映了这两种管理方式的内在要求。

历史地看,公共管理与企业管理方法之间有着长期相互汲取的过程。20 世纪以来，许多大型企业的管理就广泛采纳了与政府公共部门的架构和机制相似的管理模式；近年来，政府公共部门也广泛地引入了如"绩效管理"、"绩效评估"、"目标管理"、"激励机制"等以前在企业管理中发展起来的管理方法。

在分析了公共管理的基本内涵及其与公共事务、公共权力以及企业管理的关系之后，我们可以对公共管理的研究对象作一简要概括。按照管理学的基本原理，任何管理活动都必须具备管理主体、管理对象、管理目标、管理职能和方法以及管理环境五个基本要素。作为人类管理活动的一个独特领域，公共管理主要研究的是对公共事务进行管理的规律和过程。在公共管理活动中，管理的主体是居于社会权力中心的政府以及其他非营利和非政府公共机构；管理的客体是涉及内容极为广泛的各种公共事务；管理的目的是为了维护社会成员的共同利益，提高社会公众的生活质量，促进社会整体协调发展；管理的方式是运用公共权力，采取各种手段，对涉及全体社会成员的共同利益、生活质量等一系列活动，进行有效调节和控制的过程。

第三章 实现公共利益的公共管理

如上述分析,所谓公共管理体现的是对于社会公共事务的管理。所谓"公共事务"是指涉及全体社会成员的共同利益,满足其共同需求,关系其整体生活质量的一系列活动,包括这些活动的最终结果。社会性、公益性、非营利性以及规模性是公共事务的最主要特征。充分实现"公共利益"是公共管理的基本价值取向。

第一节 公共事务的公共性体现

公共事务所具有的是社会公共性利益。这里所谓的"利益",从正面意义上说,也就是人类为了生存和发展所必须具有的资源与条件。人们有各种不同的需求,按照心理学家马斯洛关于人的需求理论,人们的需求是可以分为不同层级的。①当人的需求没有受到限制,或者说,没有受到阻碍的时候,利益问题不会凸显出来。比如,当人对空气和水的需求可以不受任何限制地获得时,空气和水对人来说并不构成利益。可是一旦由于自然匮乏的原因,或者由于他人或者社会排他性的原因(在通常情况下,体现为两者同时的作用)出现了资源稀缺,此时所需的资源和条件就构成了利益问题。

事实上,我们可以看到的是,大量的利益体现为私人的利益。显

---

① 马斯洛心理学认为人的需求包括三个不同的层面:一是生存性需求;二是便利性需求;三是精神文化性需求。

然,只有那些为了社会成员共享的资源与条件,才构成公共利益。这里所讲的"社会成员",既没有数量的限制,也没有地域空间的约束。上述所谓"公共事务",也就是单个的个人或者家庭所不愿做、不能做、也做不了,但却又是人类的经济和社会活动所必不可少的事务,它实质上体现了全体社会成员共同的利益所在。

这里所说的公共利益,应该包括两层意思:一是体现社会成员长远利益的那些事务;二是体现全局利益因而全体成员都十分关心的那些事务。因此,公共事务与私人事务之间存在着一定的排斥性,但在很多情况下存在着互补性和相互依赖性。

所以,公共管理一般是指不以营利(即不以追求利润最大化)为目的,旨在有效地增进与公平地分配社会公共利益的调控活动。从这个意义上说,各公共部门追求的不应该是某个公共部门自身的利益。这正是公共部门不同于社会其他组织形式的主要特征,否则的话,公共部门就演变成为非公共部门或者私营部门了。

另外,人们还往往会将"公共利益"与"共同利益"不加区别地使用。其实,在这两者之间还是存在着质的差别的。无疑,公共利益具有共同利益的属性,但群体的共同利益并不一定就等于公共利益。两者的差别体现在"公"字上。只有那些具有社会普遍共享性的共同利益才是公共利益。某些个人或者某些群体有着相同的私人利益,这可以成为共同利益,但不能作为公共利益,比如俱乐部利益。

在对公共管理的界定中,之所以重点强调"有效地增进"与"公平地分配"社会公共利益,是因为通常人们谈及管理问题,更多注意的是效率,即解决资源配置的矛盾。讲究效率固然重要,但是,对于公共管理来说,经常要解决的是社会问题。有效地增进并公平地分配社会公共利益是公共管理的精髓。

现代公共管理所依据的应该是以一种开放的思维模式,动员全社会的力量,来建立一套以政府为中心的开放体系,它以最大限度地谋取社会公共利益为目标。通过提供公共物品(或公共服务),来满足社会公众不断增长的物质和精神利益的需要,实现社会的稳定与增进公共利益。

第二节　公共利益的内涵透视

在世界各国的学术研究中,学者们对公共利益的界定不尽相同。最为普通而基本的解释是,公共利益是指公众的、与公众有关的或为公众所需的利益。在英美法系和大陆法系国家中对公共利益的理解也有所不同。在英美法系中,公共利益也称为公共政策(public policy),主要指被立法机关或法院视为与整个国家和社会根本有关的原则和标准。该原则要求将一般公共利益(general public interest)与社会福祉(good of community)纳入考虑的范围,从而可以使法院有理由拒绝承认当事人某些交易或其他行为的法律效力。按照日本学术界的基本观点,公共利益或公共福利,应当是社会中个人利益的集合,是调整人权相互之间冲突的实质性公平原理。

我们认为,从公共管理的角度判断什么是公共利益时,应该考虑以下几个方面的特质。

第一,公共利益具有客观性。这表现在,它客观地影响着社会公众整体的生存与发展。公共利益不是完全主观地从不同的层级利益中剥离出来的,不因各个利益主体认识上的不同有所改变,而是独立地真实地存在于各种私人利益之外的利益。通过适当的途径和程序来判定的公共利益,可以达到客观存在和主观认识的统一。

第二,公共利益具有公众共享性、相对整体性、普遍性和共有性。公共利益不应是个体利益的简单累加,也不应是多数人利益在数量上的直接体现,而应是社会共同的、整体的、普遍的利益。因此,判断公共利益内涵时,不应仅仅考虑个体利益的正当需求,应在不同利益格局中选择利益综合体,维护公共社会的价值体系。总之,社会公共利益具有整体性和普遍性两大特点。也就是说,社会公共利益在主体上是整体的而不是局部的利益,在内容上是普遍的而不是特殊的利益。公共利益当然涉及多数人与少数人的利益问题,但并不能说涉及多数人的就一定是公共利益,对公共利益的界定还必须有一个价值判断。

第三,公共利益具有一定的动态性。公共利益在实体法上是一个广泛存在的概念,毋庸置疑,它又是一个动态的概念。公共利益范畴的最大特点,在于其概念内容的不确定性及其边界的弹性。这包括了利益内容的不确定性,以及受益对象的不确定性。利益的实质是某种价值取向,社会客观事实决定利益的形成和同一时期利益价值的内容,而社会客观事实本身是不确定的,由此利益内容也就具有了不确定性。受益对象的不确定性源于公共概念的不确定性,人们通常会将"公共"理解为许多个体的集合,然而,"许多"又是一个没有界限的概念。

另外,我们应该看到,尽管国家和政府会成为公共利益的代表(至少在名义上可以这样说),然而公共利益还是不能完全等同于国家利益或者政府利益。国家利益、政府利益与公共利益在某种程度上会呈现出重合状态。从历史的角度看,居于统治地位的社会阶层的职能总是包含着实现对一定公共事务的管理,诸如实现国家或民族的完整性、发展文化与教育、促进科技进步、合理开发和利用能源、增加社会财富等。这方面管理的目的与巩固统治阶层的地位和维护国家合法性之间存在着一定的重叠性。因为,这方面的管理也是一国全体公民在正常生活中所必需的。此时,公共利益与国家利益或政府利益是一致的,国家利益或政府利益属于公共利益范畴。

但是,从历史上看,当国家作为统治阶级进行阶级统治的工具时,其利益主体从根本上说是统治阶级,其占社会成员数量的比重与被统治阶级相比是少数的,这就出现了代表少数人利益的国家利益与代表多数人利益的公共利益之间存在着很大的不一致性。国家组织政府代表国家行使公共权力,执行公共职能,管理公共事务。因此,政府在一定意义上也可能成为利益主体。所以,在公共利益的判断中,我们还需要充分考虑到公共利益的历史性、条件制约性等尺度。

第三节 公共利益与公民个体利益的平衡

以政府为代表的公共部门在实现公共利益的过程中,可能会遇到与公民个体利益之间发生冲突的情况,这就带来了一个十分重要的问题,就是如何处理好社会公共利益与公民个体利益之间的关系? 对此,人们一直持有不尽相同的观点。归纳起来可分为两大类：一种观点认为，公共利益与公民个体利益之间是彼此相互独立的；另一观点认为，公共利益不过是公民个体利益的总和。

从理论上分析公共利益与公民个体利益的关系，可以形成这样的观点，这就是，公共利益与公民个体利益之间存在着辩证统一的关系。公共利益是普遍的、一般的、共性的，公民个体利益是特殊的、个别的、个性的，公共利益寓于公民个体利益之中，公民个体利益体现为公共利益诉求。公共利益不是简单地存在于公民个体利益之中，而是借助于公民个体利益以不同的形式和不同的强度表现出来。两者在一定条件下互相转化。一方面，公共利益可以转化为权利，进而转化为公民个体利益。公共利益转化为权利以后，主体被具体化。例如，我国《宪法》第45条规定："公民在年老、疾病或者丧失劳动能力的情况下，有从国家和社会获得物质帮助的权利。国家发展为公民享受这些权利所需要的社会保险、社会救济和医疗卫生事业。"这是公共利益转化为公民个体利益的立法例证。另一方面，公民个体利益也可以转化为公共利益。当公民个体利益遭受侵害，并引发人们对经济秩序和社会正义遭受破坏产生普遍共识时，这时的个体利益即转化为公共利益。

公共利益作为公民个体利益最终的价值取向，代表着长远的、共同的、总体的个人利益。通常两者是统一的，但在某些情况下，也会存在对立和冲突。一般认为，公共利益优于公民个体利益，这也就意味着只有公共利益能够成为限制和约束公民个体利益的正当理由。但公共利益并不总是优于个体利益。即使公共利益在数量上代表了多数人的利益，也不能简单地认定其具备了至高无上的优先性而可以随意牺牲被公正所保障的个人权利。在法理上，公共利益并不比公民个体利益具有当然的正当性和合法性，公共利益与公民个体利益并无本质上的优劣之别，各种权利及其主体在道德层面上是平等的。

公共利益的范围如果在实体上不能被完整列举的情况下，除设置兜底条款外，还可以通过程序来解决。由民主程序达成的不同利益群体通过充分表达机制所形成的公众意志，我们可以认定为公共利益的表达。城市的现代化应始终与民主化结合在一起，而城市化也必然带来民主化的要求。公共利益与公民个体利益本质上应该是一致的。在市场经济条件下,利益主体呈现出多元化趋势,公共利益与公民利益可能暂时地出现矛盾和冲突。法律是利益的平衡者,应当坚持法律至上的基本原则,坚持公共利益与公民个体利益得到同等的保护和尊重的原则。在具体操作层面上,政策法规的制定者应当树立公共利益与公民个体利益相互协调的理念,应当更多地注重公共利益与公民个体利益的平衡。唯有如此,方能更有利于公共利益目标的实现。不能一味地强调个体利益服从公共利益,否则可能导致一些社会矛盾的激化。

我国正处在全社会公共需求深刻变化的关键时期。2016 年我国的人均国内生产总值已经超过了 8 500 美元。[1]从国际经验和我国的实际来看,我们已经迈入了中等偏上收入的发展阶段,[2]正处在从一般温饱型社会向全面实现小康社会转变的关键时期,这也是社会利益关系及其公共需求深刻变化的关键时期。所以,搞好社会管理,处理好公共利益与公民个体利益之间的关系,处理好不同社会群体之间的利益关系,不仅具有理论的意义,更具有建设一个和谐的社会主义社会的重要实践意义。

处理好不同利益群体之间的利益关系成为政府公共管理的一项重要任务。而要处理好这些关系的一个先决条件就是要形成良好的利益表达渠道和利益表达机制。随着利益关系的变化,合理的、正当的利益表达和利益诉求开始成为广大社会成员,特别是弱势群体的公共需求。随着经济的快速增长和改革的深化,我国已进入全面调整利益关系的关键时期。随着收入分配差距的不断扩大,能否妥善、全面、合理地解决好不同利益群体之间的利益关系,既取决于政府实行社会再分配的力度,也取决于能否尽快建立起利益表达和利益诉求的有效机制。在这方面,应当主要处理好以下三个方面的问题。

首先是拓宽利益诉求和表达的正常渠道。从传统的公民利益表达渠道看,目前各级政府的信访部门作用有限,已很难适应利益诉求日益增长的需要。现在在一些城市地区开始利用政府网站、领导热线、领导

---

① 　根据国家统计局 2017 年 1 月公布的数据。
② 　根据世界银行的标准。

邮箱、市民听证会等方式疏通市民的利益表达渠道,取得了良好的效果,值得借鉴和推广。

其次是建立不同利益群体的利益表达机制。我国利益关系的深刻变化在于形成了具有不同利益诉求的群体,因此需要有不同的具体利益的代表者有组织地反映其利益诉求。一些学者指出,我国已经进入了一个不同利益群体博弈的时代。无论这样的判断是否准确,现实的情况是利益集团的分化已初步形成。从近年来房地产市场调控的情况看,利益强势群体与利益弱势群体之间存在着不同的利益诉求。强势群体的利益表达十分强烈,而中低收入群体的利益表达则比较弱。由于缺乏各种利益群体有组织、有理性地表达自己利益的机制,导致了一些群体性事件的发生,这应该引起政府的注意。如何科学合理地形成不同利益群体的利益表达机制,是我国公共管理目前需要予以研究解决的重要课题。

再次是更好地依法协调利益关系。近年来,由于相关立法的滞后,或者由于司法程序的效率不高,一旦出现利益冲突,大多数不是通过法律的途径来解决,而是习惯于找政府行政部门去解决。结果不仅让政府部门管了许多不该管的事情,而且其效果也并不理想。社会成员难以通过法律维护自己的正当、合法权益,这是我们需要综合治理并予以尽快解决的问题。

在现实的政府公共管理过程中,通常都需要通过具体执行部门来负责某一项或者几项公共事务的处理。于是,就可能出现对具体公共事务负有责任并从事管理的各部门之间的利益问题。当然也可能出现所要实现的公共利益与具体执行部门之间的利益不一致的情况。在出现这样的利益冲突时,公共部门首先必须站在公共利益的立场上考虑问题,不允许将部门利益凌驾于公共利益之上的现象发生。

实际情况表明,一些政府部门的利益可能会构成从部门行政向公共管理转型的障碍。建立一个公共服务型政府的前提条件之一,就是必须破除部门利益的障碍。我国行政改革路径依赖于行政部门的自我改革。由于部门利益的制约与驱使,改革目标的设定常常无法超脱部门利益、集团利益的狭隘眼界。所以,要确保向公共服务型政府转型的成功,须有政府与所谓"利益相关方"(诸如企业、行业协会、消费者)以及"利益超脱方"(诸如专家、社会公众、舆论媒介)共同参与管理、决策和评估。

第四节　政府公共管理需要诉诸公共权威

由于公共事务的管理关系到社会共同利益或者整体利益的实现,因此不可避免会出现不同群体间的利益冲突。这就要求从事公共事务处理和管理的机构必须拥有相应的公权力,也就是说拥有处理和管理公共事务的某种权威性力量,否则对于公共事务的有效管理和处理就可能无从谈起。这里的公共权威机构主要是指各级政府部门,以及其他相关的公共组织部门,如我国的行政性事业部门。

关于公共权力的产生,历来众说纷纭,难以形成统一的认识。大致说来,主要有两种相互对立的观点。一种观点认为,公权力是社会中的强者为维护自己的利益而以法律的形式制定并规范的,因此,作为公共权力来源的法律只是强权的合法化。另一种观点认为,公权力是人们相互平等地签订契约而达成"联合意志"的结果,因此,公权力不是某些强者的意志,而是社会公众的"公意"。按照前一种观点,在原始社会末期,氏族部落首领及其贵族阶级以强权破坏了原来氏族部落原始的生产、分配、交换、消费等社会习俗规范,建立起与氏族部落一般社会成员相对立的公共机构。此时,公共权力是随最初的公共机构的建立而形成,它不管公共权力是否符合氏族部落大部分成员的意志,也不管公共权力的形成和公共机构的建立是否经过由氏族部落大部分成员同意的一套程序。按照后一种观点,氏族部落首领和贵族阶级以强力形成的公共权力并不合法。卢梭在《社会契约论》中指出,"强力并不产生权力"。也就是说,以强力形成的公共权力和公共机构没有合法性。合法的公共权力必须反映社会成员公共的意志,并且,必须由部落全体成员以契约程序一致或多数同意授予公共机构。

按照一般逻辑,公共权力是全体社会成员共同意志的集中表现,因而才对全体社会成员具有普遍的约束力。但是,从历史上看,尚未有充分证据证明公共权力是由氏族部落全体或绝大多数成员以契约方式形成，并且以契约程序一致或多数同意授予公共机构。相反，历史上大量存在的是氏族部落首领和贵族阶级通过强力取得统治和管理社会的"公共权力"的事实。

尽管人们对公共权力的产生就像对国家、政府的产生一样仁者见仁、智者见智，但有一点则是共同的，这就是公共权力是人类社会发展到一定历史阶段的必然产物，它是与国家、政府的出现紧密联系在一起的。

作为行使公共权力的主体，政府是凌驾于社会之上的最具权威的公共机构。这一公共机构的出现，一方面预示着社会成员分裂为管理者和被管理者，以一部分人对另一部分人的控制作为存在的条件；另一方面从事控制和管理职责的公共机构及其人员，必须承担起维护社会生活的基本秩序、调节社会成员和不同群体的利益冲突，以及控制社会秩序和社会生活方式的发展方向等各种职能。这就使公权力的行使具有相对的独立性。总之，公权力具有处理公共事务的权威性。公权力是由社会共同需要产生的，其基本目的在于维持、调整或发展整个社会生活的基本秩序。

作为社会的控制系统，公共权力承担着将具有利益差别和冲突的个人与群体整合为社会共同体的职能。人类社会演进到原始社会末期，随着私有财产和阶级的产生，围绕财产私有权和公有权的阶级斗争极为尖锐复杂。一方面大部分公有财产，如土地、工具和食物等生产和生活资料已转归家庭实际所有；另一方面，氏族部落首领及贵族阶级得到了大量良好的生产和生活资料，有了影响别的氏族部落成员行为的物质基础，于是原来属于各氏族、各部落成员的职责如对内管理生产和生活等社会事务，对外保障部落安全、防御侵略等安全事务，逐步集中到氏族部落首领及贵族阶级手里。这样，原本社会的职能逐渐成为集团化和专业化的管理任务，社会内部分离出专业从事管理的人员和机构，他们所控制的管理权力也就取得了具有超越性的公共权力名义。

公权力的作用体现在以下三个方面：首先，公权力要维持社会生活的基本秩序，使其具有一定程度的稳定性，保证人类社会的生存与发展;其次,随着社会生活各个方面的不断变化与发展,公权力对某些变化了的社会基本秩序作出调整,以克服社会内部的一般矛盾与冲突,防止其向对抗方向转化;第三,根据社会发展变化的需要,公共权力还会推动和引导原有的生活秩序向一定的方向演变。

在社会成员之间的利益差异和冲突普遍存在的情况下,没有一批专门从事管理的人员和机构以社会整体的名义来行使社会管理职能,就无法保持社会基本秩序的统一。但是,这种秩序的维持毕竟是以社会中一部分人对另一部分人的控制,也即社会成员分裂为管理者和被管理者,由管理者对被管理者实施一定程度的控制为存在条件的。因此,一方面,公权力从其产生的那一天起,强制力量就成为其不可或缺的构成要素,它在维护既定的政治关系和社会秩序过程中起着不可替代的作用。这种公共权力在每一个国家里都存在。构成这种权力的,不仅有武装的人,而且还有物质的附属物,如监狱和各种强制机关。另一方面,公权力一旦产生,便具有了一种相对的独立性,行使公共权力的主体便有可能具有一种凌驾于整个社会之上的特殊地位。同时,行使公权力的主体的特殊利益取向便会渗透在公共权力的运用上。因此,公权力运用过程中利益关系的调整就成为公权力研究中的一个重要内容。

公权力的产生作为人类社会由野蛮状态进入文明状态的一个重要标志,其意义在于,社会形成了一个专门的机构来管理和运用强制力。任何个人不得以任何理由对其他受到法律保护的个人实施暴力伤害,除非是在特定情况下,为了自身的安全所采取的正当防卫的措施,这样私人之间暴力侵害行为就不再具有合理性和正当性。公权力作为社会成员公共意志的体现,自然享有了行使一种社会公认的人身强制的特许权。公共权力所具有的强制性,不仅能够有效地约束社会成员之间的冲突,而且可以在一定的社会范围内建立起统一的行使强制力的程序和标准,从而使形成普遍适用的法律秩序成为可能。

所谓公权力的强制性,是指社会成员必须绝对服从的权威性,这既是人类社会文明进化的结果,又是公权力实现对社会有效控制的必要条件。然而,公权力也有非强制性的一面。所谓公权力的非强制性,是指通过说服、教化、引导而使之服从的权力。与强制性权力相比，非强制性权力更容易被社会成员所接受，并能有效地实现公共管理目的。当然，公权力的强制性，或者公权力主体具有运用强制性公共权威的权利，并不意味着公权力主体可以随心所欲地支配公共权力客体，而是在一定的合理范围内，通过强制力保障社会规范的效力，维护社会的公共利益。这就是说，强制性公共权力的价值，主要体现在有能力限制那些非合作的反社会的行为，并保持对全体社会成员所具有的普遍约束力。在现代文明社会，公权力的这种强制性常常是以一定的制度、程序等形式体现出来，并借以维持行使强制力过程中的有效性和准确性。

至于非强制性的公权力，在公共管理中则有更大的施展空间，其形式世更加灵活多样，如提出公共规范、树立学习榜样、倡导某种价值取向和伦理道德、实施仲裁和调解、间接干预市场等。这说明，运用非强制性权力是公共管理主体在公共管理中的体现的主要倾向。

需要指出的是，近年来随着行政改革的发展，公共权力行使主体也开始发生一系列新的变化。其中最主要的就是政府的管理职能正在悄悄地变革。随着政府职能的转变、管理方式的更新以及权力的下放，政府把大量具体的执行性的公共管理职责转移出政府，由一些非政府的公益机构承担。从这个意义上说，目前我们所说的公共权力与传统意义上的公权力已发生了显著变化。如何解释这一现象，将是我们需要进一步研究的一项重要课题。

根据以上阐述，可以看出，政府公共部门对公共事务的管理是需要通过行使公权力来确保实现的，离开了公权力的运用和行使，政府就很难对公共事务实行有效的管理。

第四章　现代公共管理的范式演变

随着公共事务管理日新月异、纷繁复杂的发展,现代公共管理学科和学派也不断地推陈出新,理论与实践呈现流派纷呈的局面。尽管国际公共管理的理论学派不断分化发展,但仍然可以清楚地辨识出三大主要的范式。①这三大范式分别是:"公共行政"范式、"新公共管理"范式和"新公共治理"范式。本章就此作追溯、梳理,并对其核心要素做一对比分析,以便为公共管理的理论研究提供一个清楚且提纲挈领的框架和路径。

第一节　现代公共管理三大主导范式

我国公共管理的实践开拓和学科建设,都是伴随着 20 世纪 80 年代初以来的改革开放这一伟大实践过程,从无到有不断探索前行的。在这方面的首要驱动力当然是来自我国行政管理的改革与实践。然而事实上,无论是我国公共管理理论的探索还是实践尝试,均受到国际公共管理学科乃至其话语语境的深深浸润。

自 20 世纪 90 年代初以来,"新公共管理"这一公共管理领域的新

---

① 范式一词的英文表达是:Paradigm。最初源于自然科学学科的规范,诸如"牛顿物理学范式"、"量子物理学范式"等等。按照科学史家托马斯·库恩对这一概念的使用,"范式"概念,既包括了一个学科的基本原理,以及按照这样的原理进行试验、观察的规范与标准,也包括按照一致共识进行研究和试验的科学家共同体。不同范式之间存在着"格式塔"转换的关系。近年来,"范式"的表达也在社会科学领域中使用,尤其在当代公共管理的领域运用颇广。

范式逐步得到学术界认同以来,已经过去 30 多年时间了。从"新公共管理"实践上讲,事实上是从 20 世纪 80 年代初就已经开始了。而这一实践的实际推动者,在英国,就是时任英国首相玛格丽特·撒切尔夫人。在美国,则是与其同时的时任美国总统的罗纳德·里根。总体上看,"新公共管理"实践在当时主要盛行于英语国家。其中除了英国和美国以外,如澳大利亚、新西兰、加拿大和其他一些英联邦的国家,也都是这一新范式的积极的践行者。随着时间的进程,"新公共管理"范式在这些国家不仅在实践上取得了很大成功,而且在相关学科构建方面也是成就卓著。乃至人们时尚地认为,这一新的范式将会成为当今公共管理理论与实践的主导性框架。而在此重大变革发生之前,公共事务领域中处于"霸主地位"的则是所谓"公共行政"①范式。"公共行政"范式在国际公共事务领域居主导地位经历了百年以上的时间。然而在进入 21 世纪后的 10 多年中,公共管理学界开始更多地"超越"所谓的"公共行政"和"新公共管理"两大范式,纷纷采用所谓"新公共治理"②的范式。

从现代公共事务的大尺度看,我们认为,综合各种公共部门,其共同履行着两方面的管理职能:一个方面就是设计制定和实施公共政策,以对社会的各方面活动加以干预与调控;另一个方面则是面向社会公众,供给所需的各类公共服务(或称"公共物品")。正是在这两大公共事务管理的功能领域,"公共行政"、"新公共管理"和"新公共治理"这样三种不同的理念、范式或者说体制,为人们提供了理论和实践的方向性导引。

从各国公共管理体制和方式的历史演进与转换来看,这三种范式的依次顺序是先有"公共行政",然后有"新公共管理",晚近的是"新公共治理"。也就是说,这三种范式中形成最早,延续时间最长,并形成巨大而深刻影响的是"公共行政"(PA)范式。这一范式主导的时期是从 19 世纪后期一直延续到 20 世纪 70 年代后期和 80 年代初期。第二种

---

①　"公共行政"作为专用名词的英文表达是:public administration(PA)。
②　"新公共治理"作为专用名词的英文表达是:new public governance(NPG)。

继起的范式是所谓"新公共管理",其重要的影响时期是从 20 世纪 80 年代初持续到 21 世纪初。目前正在崛起并开始发挥重要影响的第三种范式,就是"新公共治理",它的重要影响从本世纪初开始一直持续到现在。

相对于"公共行政"范式来说,"新公共管理"范式持续的时间相对较短。与"公共行政"以国家主义和官僚制为特征的体系形成对照的是,"新公共管理"强调了市场和第三部门的参与。在此意义上,我们或许可以将"新公共管理"看做是从"公共行政"范式转向"新公共治理"范式的一种过渡形态。

按照历史形成的先后,这三种范式依次排序如下:

"公共行政"(PA)→"新公共管理"(NPM)→"新公共治理"(NPG)

诚然,一些读者可能会认为,将当代涉及公共事务管理的理论与实践做这样三大范式划分,可能会有过于简单化的倾向。事实上,从历史演进的角度看,这三大范式之间的确存在着同时相互重叠的情况。从一国的现实情况看,也存在着不同范式交叉使用的实践。比如无论是在"新公共管理"还是在"新公共治理"范式主导的情况下,也都还存在着"公共行政"范式所主导的所谓等级的"科层制"。

这里尝试在公共事务管理领域确认这三种不同的范式,强调的是将这三种范式加以"原形化"区别分析。就范式的本意来说,它包括了自身的核心理念、学理依据以及实践路径这几个不同的层面。这里围绕这三种范式在履行公共政策实施和公共服务提供这样两项公共管理基本职能方面各自所体现的不同特质,加以概要、比较与分析,并且考察它们各自面临的挑战及其解决方案。相信通过这样的解析,可以在很大程度上帮助我们对公共部门在其公共政策和公共服务基本职能履行方面所表现的不同风格与行动取向,形成总体性的清晰理解。

在这里采取"范式"划分的分析方法,并不意味着它们各自在制度层面上已经形成了固定不变的规定。或者说,这里只是作为一种理念性的假定,对各国在公共管理方面所采取的不同路径做某种批判性的考察。换个角度讲,这也可以形成一种有效的研究视角。其实在很大程度上,国际学术界对于这样三种范式的划分也正在逐步形成共识。

这里还需提示一下的是,人们关于"新公共治理"能否成为 21 世纪公共事务管理的主导范式,至今仍然是存在很大争议的。

第二节　三大范式的核心内涵及其转换逻辑

一、"公共行政"范式

"公共行政"作为一种学术研究领域,是在 19 世纪后期至 20 世纪初期公共部门先期发展阶段的实践基础上,逐渐形成并得到完善的。"公共行政"一直以来以英国政府公共部门所坚持的体制模式为原型。随后,逐渐地演化发展形成了较为成熟的关于行政管理的理论。关于"公共行政"的最早的表述,始于英国行政学者威廉·罗伯逊(Robson,1928)。"公共行政"作为政府管理的主要形态,后来为欧洲大陆国家(包括德国和法国)以及北美国家(包括美国华加拿大)所认同并接受,演化出欧洲和北美的形态。而且,欧洲大陆和北美后来居上,更多地在理论方面有所建树。众所周知的代表人物,就是"公共行政"的经典表述者——德国的马克斯·韦伯和美国的伍德罗·威尔逊。

"公共行政"作为一种实践模式,在 1945—1979 年间的西方各福利国家兴盛时期,达到其发展高峰。其间,各国行政当局很有信心地去面对本国公民在各种社会和经济方面的需求,满足他们"从摇篮到坟墓"的诉求。"公共行政"也成为社会各阶层成就其所憧憬的美好社会的主要手段,它的重要性体现在通过法制的行政程序来确保公民之间的平等待遇。

有关"公共行政"的核心价值要素可以界定如下:

(1)"法治"的主导地位;

(2)强调行政规定与指引;

(3)官僚体制在制定和实施政策中的核心作用;

(4)在公共组织中"政治—行政"的两分法;

(5)对增量预算的承诺;

(6)专业人士在公共服务供给方面的支配地位。

到了 20 世纪 70 年代至 80 年代,"公共行政"范式碰到了主要体现在两个方面的困境。其一是单一的政府行政部门提供公共服务,既效率低下又质量不高;其二是不能够满足公众在不同层面的公共政策参与要求。在福利国家和"公共行政"占支配地位的后期,旧的范式遭到来自各方日益强大的批评。首先是来自学界的批判,其次是来自社会公众所表达的不满,最后是来自政治精英们的抨击。在对"公共行政"范式的体现在实践和理论两个方面的批评中,最具毁灭性的论断是,"公共行政"作为一个学科现在已经陷于最终的衰落。人们断定,"公共行政"在实施公共政策和提供公共服务方面已经落入"旁观者"的角色。于是,所有这些都为"新公共管理"的崛起铺平了道路。

二、"新公共管理"范式

自 20 世纪 70 年代后期起,"新公共管理"理念开始得到传播。一种新的有关公共政策和公共服务的话语,首先是在公共管理实践的领域繁盛起来。这一话语中的强音是认为,应该打破原来范式关于公共部门与私营部门、关于官僚行政与市场之间僵硬的二分法。就其较为极端的话来说,新的范式断定,私营部门的管理方法和技术要比"公共行政"的官僚程序更为优越。相关假定前提是,将新公共管理范式的方法和技术应用于公共服务和公共政策领域,必将会带来这些领域在效率和效能方面的巨大改善。

有关"新公共管理"的核心价值要素可以概述如下:

(1) 接纳来自民营部门的经验与成效;

(2) 积极强化"管理"(就管理的自身意义,而非作为职业的一种延伸)和直接组织,在这里,政策实施在组织方面可以不受政策制定者直接控制;

(3) 在提供公共服务的组织内部注重企业家精神领导;

(4) 强调对投入和产出控制的评估,注重绩效管理和审计;

(5) 将公共服务分解到草根基层单位,且注重公共产品的成本管理;

(6) 至少在英/美和澳/新地区,越来越多地利用市场、竞争和合同来进行公共服务领域的资源分配与提供。

在科学研究的共同体中,鼓励大家关注公共服务的管理以及公共服务组织的管理,使其成为不同于公共政策过程的一个特殊领域。正是在所有这些方面,"新公共管理"均不同于传统的"公共行政"。就公共管理实践层面上看,这些理念导致了从事公共服务组织中的管理主义倾向,并得以作为内在、合法角色和职能的发展。这些均与原来公共部门中那种传统官僚形态的职业群体形成鲜明对比。

自从"新公共管理"范式向传统"公共行政"的公共政策和公共服务领域发起挑战以来,它虽然攻城略地取得了巨大的影响与成就,但是它自始至终都遭到来自各方面的质疑。

人们对"新公共管理"的主要批评集中在以下一些方面:

(1)"新公共管理"尚不能构成一种严格意义上的范式,它仍然是不同层面的一种组合。事实上,"新公共管理"涉及意识形态的、管理实践的以及研究倾向的不同群体。

(2)"新公共管理"的影响范围主要是在英语世界的国家以及一些斯堪的纳维亚国家,而"公共行政"则仍然在一些欧洲大陆国家占主导地位。

(3)即便是"新公共管理"本身在不同地区也是有分化的。比如说,就所关注的重点以及解决问题的着眼点方面,"新公共管理"即便是在英国和美国,也表现出相当大的不同。

(4)从历史的角度看,还是可以把"新公共管理"看做从"公共行政"中演化出来的学派,由于其缺乏完整的理论基础和严密的概念论证,故其影响力仍然不如"公共行政"。

"新公共管理"所遭到的最广泛的批评是,在一个日益多元化的世界中,它仍侧重于组织内部的管理,以及坚持将私营部门有些过时的技术应用于公共政策实施和公共服务提供领域。事实表明,这些方法很大程度上并不切实可行。人们日益注意到,无论是"公共行政"还是"新公共管理",均显示其理论上有很大的片面性。

"公共行政"的影响力在于其对公共政策制定所进行的基本政治性质的探讨,在于对公共政策制定和实施过程的复杂性的细致分析。不过,从"公共行政"框架内对公共政策研究的现有文献看,其在揭示不同实体和要素对于政策执行的影响方面的成果,还远不能令人满意。比如,它在这方面研究的一个倾向,就是仍然将政策实施看做一个"黑箱",缺乏清晰的有关政策过程的成果控制角度。从最糟糕的情况看,公共行政人员或者官僚们在这里常被描绘成为在政策实施中进行博弈的消极角色,阻碍着政治决策者的解决方案的具体落实。不时还表现为将新政策意图加以扭曲,以便服务于官僚自己的目标。

与此形成对照,"新公共管理"的优点在于能够将公共政策实施的复杂"黑箱"加以精确分解,帮助人们清楚地观察公共政策实施过程的不同环节。然而,"新公共管理"在这方面的分析也有其局限性和困扰。其具体表现为,"新公共管理"将公共政策过程仅看做提供公共产品(实现公共管理的基本任务)的相关环境。构成"新公共管理"致命伤的还在于,学术界认为在"新公共管理"范式中,公共服务被肢解了,形成日益碎片化的有关公共产品的理解。学界还认为,"新公共管理"在对公共服务组织的管理和治理方面,有其局限性和单向性缺点。

由此可以认为,无论是"公共行政"范式还是"新公共管理"范式,均尚未能把握21世纪人类社会所需公共服务设计、公共政策供给以及公共事务管理的复杂现实。在对以上两个范式作出这些评论之后,的确还迫切需要有一种关于公共政策和公共服务供给职能的更为综合的理解。这种理解应该可以超越"行政与管理"的二分法。这也就是"新公共治理"范式的尝试。

三、"新公共治理"范式

我们在对"新公共治理"范式讨论之前,有两点首先需要加以解释。其一,在此提出的"新公共治理"范式是作为对"公共行政"和"新公共管理"的一种超越,是作为应对21世纪公共政策实施和公共服务所面临挑战提供的一种回应方式。"新公共治理"作为一种概念性工具,可以有助于加深对这些挑战的复杂性的理解,也作为对当前公共管理者工作现实的一种反思。其二,无论是"治理"还是"新公共治理",都不能算是全新的用语。它们最初源自理论的或者意识形态方面的考虑。涉及这一领域的探讨,相关文献还是相当充分的。总起来说,相关研究可以涵盖以下三个外延广泛的范畴:"法人治理"、"善治"、"新公共治理"。

（一）"法人治理"

简单地讲,"法人治理"所关注的是组织的内部系统与过程,希望通过组织系统与过程内部的改进与完善,可以有助于各种社会组织运营方向及其责任的形成。就公共部门而言,"法人治理"最为关注的是,公共政策制定者与负责公共政策实施的高层管理者之间关系的改善。

（二）"善治"（Good Governance）

这是如世界银行、经济与合作组织（OECD）这类超越国家的国际组织近些年来所积极提倡的理念。它所关注的是社会、政治和行政治理等规范模型的运用和传播。"善治"的侧重点,是优先考虑基于市场机制的对公共资源的配置与管理。

（三）"新公共治理"

就我们所关注的重点来看,"新公共治理"范畴可以分解为五种不同的角度或者领域。分别概要如下:

（1）社会—政治治理。这里所关注的是社会内部的总体制度关系。这方面的理论认为,必须从总体上来理解这些关系及其相互作用,才能够进而理解公共政策的制定和实施过程。依据这样的角度,政府在公共政策方面不再具有优先的地位。就政府在该领域的合法性和影响来说,它也必须依赖于其他社会行为者。

（2）公共政策治理。在这方面,人们所关注的是政策精英与政策网络之间的互动。这种互动构建并主导着公共政策的过程。这一理念充分肯定各种利益相关者在政策网络中的利益及其政策诉求。

（3）行政治理。行政治理所关注的是公共行政的有效组织与实施,希望能够在对当代政府制度复杂性的把握方面重新定位。我们也可以从更加广泛的意义上,将其作为有关公共政策实施和公共服务提供的实践的一般代名词。有些学者,将"行政治理"作为一个包罗万象的术语,形成一种有关公共政策实施和公共服务提供的总体性理论。

在更为具体的意义上,学者们将"行政治理"的概念与"联合式行政"的理论结合起来,以便形成对传统意义上"公共行政"的重新定位,使其继续成为应对当今世界公共管理现实问题的领先学科。

（4）合约治理。这里所关注的是"新公共管理"的内部运作问题,特别是在提供公共服务过程中的合约关系的治理。按照这方面的理论,在所谓现代合约国家中,公共机构对提供公共服务的系统负有责任,但却没有绝对的控制权。

（5）网络治理。网络治理是近年来迅速发展起来的学科领域。这里所关注的重点是,自身形成的治理网络在得到或者没有得到政府支持的情况下,如何有效发挥其在公共服务提供方面的效能。与"公共政策治理"形成对比的是,这种治理理论重点关注网络在公共政策实施和公共服务提供方面所发挥的作用。

所有这些关于治理的理论视角,均对我们更好地理解公共政策实施和公共服务提供作出了重要贡献。我们所要论证的是,相对于前期的"公共行政"和"新公共管理"范式来说,"新公共治理"以其独特视野以及其在理论和实践方面的重大进展,已经形成为一种新的具有独立地位的范式了。

我们的看法是,需要加强对"新公共治理"范式的独立地位及其系统理论的探讨。这意味着,不是将"新公共治理"作为"公共行政"或者"新公共管理"范式的一个组成部分,而是让其成为公共管理领域可供选择的一种独立话语方式。这将帮助我们在 21 世纪政府的复杂角色背景下,能够更好地把握公共政策与公共服务职能有效履行的现实条件。

第三节　三大范式的学科背景及实践模式

根据以上分析可见,从国际视角看,公共管理领域前后相继演化形成了三种主要的范式。以上也对这三种相对独立范式构成的基本要素和各自特点加以分述。事实上,这三种范式均有其各自的学科背景、运作模式和理论依据。为了方便对这些范式进行对比分析,下面以矩阵方式将这三种范式的核心要素列出，以供对照把握。

表 4.1   "公共行政"、"新公共管理"和"新公共治理"三种范式核心要素对照

核心要素\范式	学科背景	政府模式	聚焦	强调重点	资源配置机制	服务系统性质	价值取向
"公共行政"（PA）	政治学与公共政策	单一制	政治系统	政策形成和实施	科层制	封闭的	公共部门伦理
"新公共管理"（NPM）	公共理性/公共选择理论/管理研究	规制	组织	组织资源管理与绩效	市场，古典或新古典的合约	理性开放的	竞争和市场功效
"新公共治理"（NPG）	制度与网络理论	多元制	组织与环境	不同价值、含义和关系的协调	网络，理性契约	有限开放的	分散和竞赛

"公共行政"范式深深扎根于政治学学科。对于该范式作出重要贡献的理论家中包括伍德罗·威尔逊（1887）和威廉·罗伯逊（1928）。"公共行政"范式的核心关怀是一个统一的一贯制的政府，一个按照科层制组织起来的政府。政府作为主要公共部门（且不说作为排他性的公共部门），承担着公共政策组织实施和公共服务提供的主要职能。从运作模式上看，政策制定和实施被纵向整合成为政府内部的一个封闭系统。该范式聚焦于政策制定和政策实施的循环。它的前提假设式是，有效的"公共行政"体现在公务人员对来自高层（体制内的所谓民选政务官）决定的公共政策的成功实施。由于这种体制的纵向整合性质，按照"公共行政"范式，科层制就是关键性的资源配置机制。因此，"公共行政"重点关注的是按照纵向线条的行政程序，为的是确保责任人对于公共资源的合法利用。"公共行政"范式的价值基础是这样一个前提假设：无论是公共政策的组织实施，还是公共服务的具体提供，政府公共部门始终居于垄断独占的地位。

当然，如大量文献所显示的，各国很多政治和行政领导人都早已提到了"公共行政"范式的失败。不过，作为一种公共服务设计和提供框

架的意义上，人们并没有完全将这一范式抛弃掉。比方说，尽管"街头官僚"理论试图解释在资源短缺的条件下"政策制定者—政策管理者"不同环节断裂的情况，然而，各国政府在行政管理的实践上也并没有把"公共行政"作为提供公共服务的一种框架在整体上予以放弃。

　　与此形成对照的是，"新公共管理"范式事实上是作为新古典经济学的一个衍生分支，尤其是作为理性/公共选择理论的一个派生物。"新公共管理"与"公共行政"范式不同，它所关注的并非铁板一块的政府。在这里，公共政策制定和实施至少在部分意义上，并非按照政府组合在一起的。相反，两者之间并不完全保持一致。公共政策的实施是通过一系列相互独立的服务单位组合而成的。从理想的意义上说，甚至应该是相互构成竞争的。政府在这里的关键作用就是进行规制。而这种规制通常按照一种"主体—代理"的模式来运作。

　　不过从公共服务提供角度看，"新公共管理"所侧重的几乎完全是在组织内的过程和管理。根据开放式系统的理论，"新公共管理"将公共服务生产模式化为一种组织内部过程。在一定的中介环境协助下，这样的过程可以将投入的资源转变成为成品（各种公共服务）产出。很明显，"新公共管理"所关注的重点与公共行政所关注的不同，它注重在生产各种公共产品过程中所体现出来的节约和效率。

　　如上所述，新公共管理关心在任何公共政策领域内不同服务单位间的竞争关系。这种竞争发生在横向组织起来的市场域限内部。在这里，资源配置的关键性机制在于形成各种不同的竞争组合、价格机制以及各种合约关系。在此基础上，形成了许多为"新公共管理"理论所追捧的各种不同的实践案例。"新公共管理"的价值基础是围绕着所谓"核算的逻辑"构建起来的，而其信念就是市场及其运作可以为公共产品的生产提供最为适当的场所。

　　如果我们将"新公共治理"看做公共管理领域新近出现的一种范式的话，那么可以清楚地看到，它与以上两种范式都不一样的地方是，该范式的牢固基础则是有关制度与网络的理论。"新公共治理"范式所提出的是一种新型的多元治理的理论。按照这种理论，多元而又相互依赖的行动者均会对公共政策和公共服务的职能作出贡献，因而得以形成多元的国家治理模式。在这里,有多重因素影响着决策系统,且影响政策的实施。

依据开放式系统理论,"新公共治理"所关注的是相关机构与外部环境压力间的互动。这种压力对公共政策的制定和组织实施,以及在这样的多元体制中的公共服务,一方面起到推动作用,另一方面又起到约束作用。正因为如此,"新公共治理"关注的重点很大程度上集中在不同组织间的关系上,也集中在过程的治理上。它所强调的是依据公共服务组织(PSO)与其环境之间互动,以及由这种互动带来的公共服务的有效性及其成果。

"新公共治理"的核心资源配置机制就是组织间的网络作用。其效能体现为在网络中组织与组织之间、个人与个人之间层面上的协商效果。重要之点在于,这些网络很少作为地位平等的各方之间的一种联盟,或者说,在各方之间存在着权力上的不平等。因此,这种网络互动作用最终能否取得成功,还有赖于其有效的运作过程。这类网络中的价值基础,通常表现为分散的和相互竞争的特点。①所以,"新公共治理"既是作为 21 世纪以来日益复杂、多元、片断化的公共政策和公共服务的现实产物,也是作为对这种情况的一种回应。

"新公共治理"在世界范围内的影响尚方兴未艾,包括联合国和世界银行等国际组织纷纷推行公共治理的理念。国际经合组织(OECD)在前些年,还专门组建了"公共治理委员会"来具体推进相关项目。至于"新公共治理"范式在我国的影响,近年来有逐步扩大深入的趋势。相关的问题值得我们另外花更多的篇幅去做深入研究。②

以上这三种范式在我国的公共管理领域,无论在理论层面还是在实践层面,长期以来均有着广泛而深入的影响,厘清它们之间的逻辑关系是一项十分广泛而系统的研究工作,在本章中未必能够全部涵盖。

―――――――――――

① 近年来政治分析的关键词之一就是所谓"新治理"的概念。这一概念意指范围广泛的各种不同的实体,诸如网络、公私合作制以及政策共同体等等。该领域还提出了所谓"超越政府的治理"理念。

② 党的十八届三中全会通过的《中共中央关于全面深化改革若干重大问题的决定》总论部分讲道:"全面深化改革的总目标是完善和发展中国特色社会主义制度,推进国家治理体系和治理能力现代化,必须更加重视改革的系统性、整体性、协同性。"

第四节　推动公共管理范式转型的动因分析

半个多世纪以来推动公共管理范式转型的变革动因主要来自以下几个方面：首先是来自公众对于公共部门的批评；其次是受到来自经济学、管理学和政治学新理论的深刻影响和引导；第三是来自强大力量的全球化过程的作用；第四是来自网络、信息以及计算机技术的变革和创新。

一、公众对于政府公共部门的新要求

自 20 世纪 80 年代早期以来，人们对公共部门的规模和能力不断提出批评。政府，尤其是官僚机构，总是成为让社区居民感到不满意的一个原因。与此同时，人们又要求政府为他们提供更多的服务。这些推动了公共部门的改革。然而，这不仅仅是促进了政府的改革，原来的关于公共部门在社会中作用的整个理念也都受到了挑战。

近年来，在西方发达国家，人们对于公共部门的批评主要集中在以下三个方面：

首先是公共部门的规模受到了批评。这方面的论据是，政府的规模太大了，耗费了太多的稀有资源。尽管有观点认为政府的扩张还在继续，然而在一些国家事实上政府规模正在缩小，削减政府开支几乎成了一个普遍的现象。在欧洲，有些国家公共部门的职能也削减了，如西班牙、意大利、德国和瑞典，这些国家在传统上公共服务部门的规模一直是比较庞大的。

其次是各国政府对于人们关于政府规模的论证一直在作出反应。人们提出，政府参与的活动是否太多了，认为其实可以有许多不同的选择途径。作为对于这些观点的回应，已有许多以前由政府主导的活动正回归到民营。尽管人们对 20 世纪 80 年代英国政府推行的私有化过程尚存争议，但自那以来，这在各国却成为了一般的倾向。在有些国家，如新西兰，也包括英国和澳大利亚等，那些被认为可以由民营部门

来提供的服务,都有可能回归民营部门,具体可以通过承包或者直接售卖等方式。

第三是政府的管理方式不断受到批评。也就是说,官僚主义的管理方式成为非常不受欢迎的管理形式。人们越来越认为,官僚机构的服务通常会是平庸和低效率的。假如有关的服务仍然让政府来提供,那么就需要形成另外的组织手段,而不再是官僚模式。

二、受到新理论的渗透影响

在20世纪70年代,一些保守主义的经济学家认为,政府只会带来经济问题,如限制经济增长和经济自由等。这些理论家宣称,有证据表明,根据他们的理论模型,政府如能减少干预行为,就可以增进经济效率,从而增加社会福利。人们不赞成通过官僚机构强制人们去做各种事情,而认为市场途径的效果会更好。

在这个时期形成了一种著名的经济学理论,通常被称为"新古典经济学",或者有的时候也称为"经济理性主义"[1](economic rationalism)。无论是政府、政策顾问还是官僚机构本身都拥护这种形式的经济学,在制定政策和提供服务方面都更多地利用政府内部和外部的市场。这种在经济思维方面的变化深刻地影响了公共部门的官僚机构。有更多的经济学家加入到政府部门,专业人员也比以前拥有更多的影响力。受到外部集团和思想库影响的政府经济学家掌握各种不同的经济理论,似乎可以提供比传统的公共行政中的那些含糊不清的概念更加精确、更加实用和更加连贯的理论。经济学家及其经济思维方式在科层体制的较高层面上正在替代传统的公共行政的观念,而经济理论也渗透到新公共管理的实践中。

经济理论在科层体制方面的具体应用就是所谓的"公共选择理论"[2]。这一理论为理论家们提供了可信的武器来支持他们的观点,这

---

[1]　这一理论对我国20世纪90年代的经济体制改革和政府公共管理体制改革,均有着重要的影响。

[2]　"公共选择理论"的主要代表人物是美国经济学家布坎南。

就是,传统意义上的政府过于庞大和效率低下,因此该理论与传统的公共行政模式形成了鲜明的对照。公共选择理论是将有关的微观经济学应用于行政和社会领域的经济思维的体现。

公共选择理论中有一个关键性假定,这就是,对于一个理性的人必须用激励系统来引导他的行动,不管他个人的愿望是什么,其行为都必须受到胡萝卜的鼓励和大棒的制约。这样的理论假定具有较广泛的合理性,它适用于任何不同的领域,同样也适用于政府部门。一般来说,政府官员就像任何其他人一样并非是完全受到公共利益的驱动,而是受到他们自身利益的驱动。从这个角度看,官僚们天生并不会很好地工作,因为如有机会他们就会使自己的效用最大化,会让他们自己的利益最大化,而不是公共的利益最大化。政治家不被信任,是因为他们关注的是选票和金钱。

公共选择理论家们通常得出结论是,"最佳的"成果总是由于市场发挥了更为重要的作用,而不是政府扮演了更加重要的角色。尽管这种观点通常具有某种意识形态的特征,也不能作为该理论本身的一条公理,但人们却因此论证,大量证据表明,市场常常要比政府的效果更好。

公共选择理论力图将其运用于公共事务的结果是好坏参半的。事实上,市场在各种环境下的运作效果也不见得更好。可以认为,公共选择理论关于人类个体理性的假定是过于大而化之了,它忽略了公务员的任何无私或者具有公益精神的行为。此外,还存在另外一些问题,如公共提供与私人提供之间的界限问题等。就一个社区来说,如以牺牲穷人的利益为代价来增进社区的财富,这在资金的使用上可能有助于提高效率,但却有可能带来高度的不平等。不过,公共选择理论在实践方面也指出了科层体制在划分方面的一些问题,并提供了一种可供选择的途径。它为缩减公共部门的活动提供了理论的支持。

三、全球化的强大影响

自 20 世纪 80 年代以来新的世界走向全球化的潮流也影响了公共

部门的管理。在公共行政的领域，就好比是在社会或者科学理论的其他领域一样，观念的传播和技术的影响是如此快速，乃至国家的界限都日益显得人为化了。与此同时，在全球层面上展开经济竞争的背景下，政府的效能成了构成国家竞争力优势的一个十分重要因素。

在实践上，存在着广泛的政府政策领域，均以某种方式影响到国家的竞争优势。这些政策领域包括：教育政策、国家预算政策、医疗卫生政策、反托拉斯政策、宏观调控政策、环境政策、财政政策以及货币政策，还有许多其他的政策。

向社会提供的公共服务的质量与国家的经济运营状况两者之间存在着关联性。一个国家的经济竞争力受到卫生、教育、职业培训、税收管理效率、鼓励中小型企业发展这些状况的影响。诸如教育、卫生、税收、调控、环境、财政和货币政策都对一个国家的竞争力有着重要的影响。这意味着从事公共行政的官员和管理人员的素质及其工作对于一个国家的全球竞争力具有的重要作用。所以，人们现在也要求公共服务部门比以往具有更大的创新和效能。

假如政府在国家竞争力的提高和走向全球化的过程中有着重要的作用，那么就必须考虑到政府的能力的问题。对于政府组织来说，在诸如货币供应、利率、对于资源有效配置、对于突发的通货膨胀或者经济萧条的应付能力等等方面，都提出了更加复杂、更加艰巨的挑战。

而传统官僚体制的行政模式可能无法提供在这个面临全球挑战时代所要求的那种能力。这就要求公共行政的模型能变得更加精致、更加深思熟虑，要求具有更加灵活的管理结构。在这方面，创新的企业管理模式对公共部门的管理模式的转型起了先导的作用。所谓的"新公共管理"模式就是在这样的背景下产生的。目前各国在公共部门管理改革方面的一个十分重要的特征就是不同国家具有一定的类似性，似乎在改革的方向上有着总体的一致性。在这方面较为明显的表现就是缩减政府的直接干预和参与的领域。其他方面变革的类似性则体现在诸如预算制度、宏观调控方式、促进竞争以及改变人事制度等等。造成这种类似性的一个主要原因也许在于，各国都有想通过改进政府结构来提升国家的竞争力这样一种共同的需要。

四、现代信息和网络技术变革的巨大推动

关于技术的变革会带来各种社会变革的看法似乎早就成了一种老生常谈。但是，在这里需要强调的是，技术的变革的确影响到了管理，尤其是政府的管理。

传统的行政模式也是随着纸笔的发展和打字机技术的进步而发展和繁荣起来的。在使用纸笔和打字机的时代，基本上是一张纸或一个公文的办公模式，如果要进行拷贝则是颇费劳动的。这种技术对于严格的等级体制来说是很理想的。公文按照等级上下传递以获得批准或者提供信息，组织机构也是在反映这种情况的基础上设计出来的。打印的公文旅行就是这方面的标志。公文旅行的程序就是按照排队打字的方式设计的，这从总体上也反映在相应的组织形式上。

然而，在20世纪早期设计出来的官僚制度到了20世纪晚期，对于快速变化、信息丰富、知识密集的社会和经济来说简直就无法发挥作用了。现在，人们可以方便地收集各种信息和数据并加以传递，可以被转化成为业绩的信息，反过来也会使得管理模式分散化。与传统行政模式的原始技术基础相比较，信息技术变化本身就可能导致政府管理方面的重大改变。信息技术，尤其是计算机等办公自动化设备的应用，改变了管理方式，甚至改变了传统的登记管理的模式。管理人员不必等待公文通过某个等级再传到他的手里，因为各种文本早已出现在他们各自的计算机屏幕上了。信息是分享的，可以以一种即时的形式从高级管理人员那里传递到基层。科层等级制度现在可以变得更加扁平，因为不再那么需要处理和传递信息的中间管理层了。

马克斯·韦伯的科层体制中有关注重时间内容的一个概念就是"办公室"，这是官员们工作的地方，是公众与其代理人打交道的地方，也是保持文件记录的地方。随着信息技术的发展，这种情况发生了变化。现在文件记录越来越多地采用电子的方式来加以保存，因而可以同时在不同的地点来获得这些文件。公共的交流也是电子的，有些公务人员可以在他们的家里使用计算机，而不用去办公室。从而，办公室

及其管理方式也必然发生变化。随着信息技术的传播,也就不再一定要人们呆在一个共同的地方以便具有组织的特征了。所以,选择与传统组织不同的形式也就变得具有实践意义了。

这方面的变革具有带来各种好处的潜力:对于信息系统的进一步利用,对于信息系统组织的方式改变,以及用于公共行政的信息技术的开发等等,这些都会造福于民,也造福于整个社会。因此,公共服务的改革和信息学方面的变革应该结合起来,共同创造一个 21 世纪的公共行政的平台。在不远的未来,电子政务的概念将不仅比目前靠递交书面文件的系统更加高效,还将使公共管理部门变得对于公众更加公平、对顾客更加负责。现代互联网网络平台的广泛使用,使得原来的科层体制的管理模式不再适应新的情况。信息和政令的传递可以在同一时间实现,并不存在时间差;公众和媒体的意见可以随时提供给各级政府部门,同时可以实现即时的回应,政府所需要的解决方案得以更便利地协商和沟通。于是,治理概念应运而生。

关于新的公共治理替代传统的公共行政,其主要理由包括:认识到公共服务的功能更具有管理的意义而不是行政的意义;作为对政府规模和职责范围的批评的反应;经济理论方面出现的变化;企业管理方面出现的相关变化以及来自新技术革命的影响;等等。总之,老的模式不再可行了,主导公共部门管理的一种新的范式已经出现了,它将引导公共服务从行政管理转向治理。需要强调的是,政府及其公共服务对于经济的成功和社会的整合来说是至关重要的。

以前那种行政的、僵硬的官僚模式现在无论是从理论上还是实践上都不再具有从前那样的信誉了。采取来自经济学和企业管理部门理论的公共管理新模式已经出现,并将整个地改变公共部门的运作方式。21 世纪的公共管理将不再是像在 20 世纪大部分时间里存在的那种僵硬、分层的官僚模式。尽管公共管理的新范式的准确形态尚不清晰,但有一点则是肯定的,那就是,公共管理不再会回到传统的模式上面去了。

第二篇　市场条件下的公共部门职能定位

第五章　市场机制与政府矫正

在采行市场经济体制的背景下,政府公共管理职能的界定在很大程度上是基于对政府与市场各自的边界的划分,以及对两者效能发挥的理解。本章就此主题结合我国提出的理论指导和实践进程展开讨论。①

第一节　发挥市场机制在资源配置中的决定性作用

我国经济体制改革的实质就是从原来的计划经济体制转向社会主义市场经济体制。这种转型的基本考虑就是市场机制在资源配置过程中可以发挥更大的效率。市场机制的效率发挥在于可以形成有效的竞争,对市场主体形成强大的激励机制。这是原有的计划经济模式所不具备的。

在市场经济中,有不同的市场类型,各类市场在配置资源效率方面有很大的差别。此外,市场在资源配置方面以及在社会公共目标的实现方面也存在着重大的缺陷,需要加以规范以及制度框架方面的建设。我国的社会主义市场经济体制,就是要建立起完全竞争的、开放的、全国统一的市场体系。同时,又必须纠正市场失效现象。因此,厘清政府与市场之间的关系对于公共管理主要职能的清晰界定具有重要意义。

---

① 党的十八届三中全会通过的《中共中央关于全面深化改革若干重大问题的决定》指出: "经济体制改革是全面深化改革的重点,核心问题是处理好政府和市场的关系,使市场在资源配置中起决定性作用和更好发挥政府作用。"

市场经济有四种典型的市场类型:完全竞争市场、垄断市场、垄断竞争市场和寡头市场。每种市场都有其自身的特征,市场效率差别很大。

完全竞争市场的效率最高,消费者得益最大。完全竞争市场的特征是:在市场上存在着大量的相互独立的买主和卖主;行业中的产品都是高度标准化的或均质的产品;各种资源具有完全的流动性,买者和卖者都能自由地进入或退出市场,不存在行业壁垒;买卖双方充分地了解市场交易时的价格等信息;作为卖者的企业无力影响市场价格。企业只是市场价格的接受者。消费者在市场中处于主动地位,消费者对经济中生产什么、生产多少、怎样生产等基本经济问题起着决定性作用。生产者必须按消费者的货币投向安排生产,以取得最大化利润。在完全竞争市场中,价格等于边际成本,也等于最低的长期平均成本。企业只有最优化地利用资源,才能在生产中将成本降到最低长期平均成本水平,价格等于边际成本使消费者能以最低的价格购买产品。因此,完全竞争市场是最有效率的市场,当企业实现利润最大化时,消费者从市场中获得最大的利益。

垄断市场的效率最低,消费者获益最少。垄断市场包括两种情况:一是指从卖方来说,由一家企业控制一个行业的全部销售量;二是指从买方来说,只有一家买方控制了全部产品的购买。垄断市场的特点是:对垄断企业的产品来说,不存在良好的、性能接近的替代品,市场上只存在唯一的卖者或者买者;垄断市场上存在着各种经济的、技术的、法律的以及其他方面的限制或障碍,存在着巨大的行业壁垒,使得其他企业无法进入垄断行业;垄断者是价格的制定者,拥有价格决定权。我国的铁路、邮电、电力、自来水、煤气等行业的企业都是垄断企业。在垄断市场上,企业可以通过限制产量和提高价格实现利润最大化,企业不必最优地利用资源也能取得超额利润,产品的成本远高于竞争市场中的最低长期平均成本,资源浪费比较大,资源配置效率很低。企业为了获得超额利润,其定价高于边际成本,这时产量也很低。消费者在垄断市场购买产品的损失是双重的:一方面垄断者将低效利用资源、资源浪费的损失转移给消费者;另一方面,垄断企业的定价高于边际成本,消费者从市场中的得益最低。

寡头市场的经济效率远低于竞争市场,但略高于垄断市场。寡头市场是指一个或几个厂商控制一个行业的全部或大部分供给。寡头市场的特点是:少数几个大企业控制了大部分市场份额或囊括了全部市场。由于少数企业占有相当大的市场份额,寡头企业都拥有较强的定价权;同时,企业之间的份额、产量决策是相互影响的。寡头企业的产品可能是相同的,也可能是有差别的;少数寡头因掌握着某种专利,控制着原材料、销售网点或有良好的声誉等原因,新企业进入寡头行业十分困难,行业壁垒很高。由于进入寡头行业有各种障碍,寡头企业可以在长期中获得超额利润。寡头市场中产品平均成本和边际成本都高于竞争市场,低于垄断市场。寡头市场定价高于边际成本。虽然垄断的市场中也存在生产不足和资源分配低效率的现象,然而由于寡头企业必须重视竞争对手的反应,所以寡头市场的价格稍低于垄断市场,资源利用效率也略高于垄断企业,消费者从市场中的获益也比垄断市场多些。

垄断竞争市场的效率低于竞争市场,但高于垄断和寡头市场。垄断竞争行业中存在着许多企业,它们各自生产着相似但不相同的产品。垄断竞争市场的特点是在一行业中,各企业生产同种有差别产品,例如众多电子企业都生产录放像机,但各企业的录放像机的功能有差别;每个企业占有的市场份额都较小、企业调整价格的能力很小、企业之间价格竞争的余地很小,一般通过促销、加强售后服务和提高产品差别等方式进行非价格竞争;垄断竞争存在着较小的行业壁垒。电子、服装等行业是典型的垄断竞争市场。垄断竞争下企业不能将生产成本降到最低长期平均成本点,同时,企业进行过度的非价格竞争也要耗费资源,因此,资源利用率低于竞争市场,略高于寡头市场。垄断竞争企业的定价也高于边际成本,但其利润率低于寡头市场,产品价格也低于寡头市场。消费者在垄断竞争市场上得益多于寡头市场,少于竞争市场。然而,消费者在垄断竞争市场上有更多的选择自由,可以从有差别的产品中选择更适合自己爱好的产品。

第二节　市场失效的主要表现

　　市场失效是指市场机制不能使资源配置达到最有效率的状态。资源配置最有效率和消费者获益最大的状态被称为帕累托最优状态或市场最优状态。达到市场最优状态的条件有三：最优交换条件、最优生产条件、交换和生产同时最优条件。最优交换条件说明消费者从市场交换中得到的满足最大化。最优生产条件说明所有的生产者都能以最优方式利用资源。交换和生产同时最优条件说明，不仅社会资源得到最优化的配置，而且消费者得到的使用价值最大化。这三个条件中任何一个条件不满足，市场都处于无效率状态。显然，能同时满足这三个条件的市场只有完全竞争的市场，其他的市场都是失效的市场。因此，市场机制并不总是有效率的。

　　在社会主义市场经济条件下，市场机制对社会资源的配置起基础性作用。然而，市场机制并非万应灵丹，它也有失效的时候，政府的干预能修正市场失效，提高资源配置的效率，协调社会成员的公共利益。导致市场失效的主要原因有八个：市场垄断，公共物品缺失，外部效应，不完全信息，不完善的市场，经济的周期性、失业和通胀，收入分配不公平与两极分化，非优效品存在。其中，前六项直接影响市场经济效率，后两项影响社会成员的利益，对经济效率有间接的影响。

一、市　场　垄　断

　　垄断的定义有狭义和广义之分：狭义的垄断是指一个行业只存在唯一卖者的市场结构；广义垄断是指一个或几个企业控制一个行业的大部分或全部供给的情况，它包括垄断市场、垄断竞争市场与寡头市场。

　　垄断市场中存在着垄断的力量，与垄断力量相关联的是进入壁垒，它排斥其他的企业进入行业市场。影响进入壁垒的主要因素为：规模经济效益、资本需要量、控制重要资源、行政性垄断、广告产品差异、过剩生产能力。

（1）规模经济效益。有些行业的生产成本随着生产规模的递增而递减。如一个城市设立一个大电厂给全城供电,比在每个街道都配备一个小电厂要省很多费用。因为电厂的规模越大,其效率就越高、成本就越低,因此供电市场上最终只会有一家电厂取得垄断地位。这种由不断增长的规模效益引起的垄断,又被称为自然垄断。

（2）资本需要量。某些行业需要大量的初始资本投资。潜在的竞争者无力筹集进入该行业所需的大量资本,只得望而却步。所以该行业中的企业能够维持其垄断地位,长期获得垄断利润。

（3）控制重要资源。如果一个企业控制了该行业生产过程中必不可少的原材料的全部供给,那么这个企业就取得了行业垄断地位。企业的垄断地位能够维持到这种原材料的替代品被发现,或者需要该种资源的技术被开发出来。

（4）行政性垄断。它包括授权、特许和专利等。政府授权烟草公司烟草专卖权,该公司就具有了行业垄断地位;劳动保护用品事关工人在生产过程中的生命安全,只有劳动管理部门发放许可证的企业才有资格生产,获得许可证的企业就具有一定的垄断能力;专利局赋予发明者专有权利,并在一定期限内保护他们的发明创造不被模仿,使他们拥有专利产品的垄断权,产品价格比较高。

（5）广告产品差异。因为做广告需要较高的成本,具有长期持续的效果和规模经济,所以,广告费限制了新企业的进入;产品的差异,尤其是通过创名牌而形成的差异,有效地阻止了竞争对手的进入。新企业必须比现有企业花更多的销售宣传费,导致新创办的企业需要更多的资本,由此提高了进入壁垒。

（6）过剩生产能力。某些行业中的过剩生产能力是阻碍新企业进入的有效壁垒。如果新企业试图进入该行业,那么,这个行业中所有的现有企业会充分利用过剩生产能力,增加产量,大幅度地削减价格,从而把竞争对手挤出去。

在寡头商场中,企业还会以固定价格阻止新企业的进入,这种价格又被称为限制定价。该行业中的企业通过固定各种价格,使自己的利润实现最大化,在这个价格水平,该企业能获得部分超额利润。然而,这个利润对潜在竞争者来说太小,不足以吸引竞争者进入该行业。

二、公共物品缺失

公共物品是指私人不愿意生产或者无法生产而由政府提供的产品和劳务,包括国防、空间研究、邮政、气象预报、灯塔、道路桥梁等等。

公共物品有两个显著的特点:一是非排他性;二是非竞争性。

非排他性是指难以排除或无法排除其他人从公共物品中获得好处。例如国防,每个公民都从中受到保护,没有办法排除任何人从中受益。又如每个消费者都能从气象预报中得到好处。

非竞争性是指消费者数量的增加不会引起生产成本的增加。例如电视节目接收者的增加,不会引起制作电视节目成本的递增;在多岩石的航道设置浮标的成本与通过航道的船只数量无关等。公共物品的非竞争性意味着新增加消费者享受公共物品的好处不会增加任何成本,或者说,新增加消费者引起的社会边际成本为零。

由于公共物品的非排他性和非竞争性等原因,市场一般不提供公共物品或提供的数量很少。例如,对使用海上航标灯收费是非常困难的,或是不可行的,然而建立航标灯的代价高昂,在此航道上行驶的每条船都能获益,但修建者个人收益甚微。所以,各条船的船主都希望建立航标灯,但都不愿意出资修建。即使是一个有很多条船的大船主,也要考虑其建立航标灯的成本与收益之比,仅在收益大于成本时,才会设置数量有限的航标灯。因此,市场一般不提供或只提供数量极少的公共物品,绝大部分或全部的公共物品都是由政府提供的。

三、外 部 效 应

外部效应是指在相互联系、相互作用的经济单位之间,一个经济单位对其他经济单位的影响,而该单位又没有根据这种影响从其他单位获得报酬或向其他单位支付赔偿。外部效应有积极的影响和消极的影响:好的影响或积极的影响被称为外部经济;坏的影响或消极的影响被称为外部不经济。根据经济活动的主体分类,又可分为:生产的外部经济和消费的外部经济;生产的外部不经济和消费的外部不经济。

生产的外部经济是指生产者的经济行为产生了有利于他人的影响,而生产者却不能从中获得报酬。例如甲企业培训的职工跳槽到乙企业去工作,甲企业无法从乙企业索回培训费,甲企业的经济行为对乙企业产生了有利的影响,就出现了生产的外部经济。

生产的外部不经济是指生产者的行为给他人造成了损害而又未给他人以补偿。例如位于上游的钢铁厂排放的废水污染了下游的养鱼场,使鱼的数量减少,钢铁厂又没有给养鱼场赔偿。钢铁厂的产量越高,养鱼场的损失就越大。

消费的外部经济是指当一个消费者采取的行动对他人产生了有利的影响,而自己却不能从中得到报酬。例如一个人养花种草,给邻近的养蜂人带来了好处,使其周围邻居可以免费观赏,养蜂人和邻居并不向他支付报酬,这些都是消费的外部经济。

消费的外部不经济是指消费者采取的行动使他人付出代价而又未给他人以补偿。例如吸烟者在公共场所吸烟,危害了被动吸烟者的身体健康,但并未向其支付赔偿费;集体宿舍的住户夜半唱歌,影响了他人的休息等都属此类。

当外部效应存在时,市场是无效的,达不到帕累托最优状态。因为,经济单位采取行动都要消耗一定的成本,因此经济单位采取行动之前要对成本与收益进行比较。在外部经济的情况下,经济单位采取行动的收益小于行动成本、行动的成本小于社会收益时,即使该项经济活动对于社会是有益的,但对于个体来说却是无利可图的,此时个体就不会采取这项行动。只有当个体收益大于成本时,经济单位才会实施该项行动。所以,在有外部经济的情况下,个体的活动水平常常低于社会最优水平。在外部不经济的情况下,经济单位采取行动的收益高于个体成本,而低于社会成本,此时即使这项行动对于社会是有害的,但对个体来说是有利可图的,经济单位为了实现其利益最大化,往往采取有害于社会的行动。一般而言,在外部不经济的情况下,个体活动水平常常高于社会最优水平。因此,外部性的存在,扭曲了价格机制,价格体系不能传达正确的信息,资源无法实现最优配置,达不到帕累托最优状态。外部效应导致市场失效,只有外部经济和不经济效应相互抵消时,市场价格才能恢复其正确传导市场信息的机制。

四、不完全信息(信息不对称)

不完全信息是指市场经济本身没有提供完备信息并有效地配置信息的机制,市场上供求双方对所交换的产品没有充分的信息。在理想的完全竞争市场上信息是完全的。然而,在现实经济中,生产者、交换者和消费者各方的信息是不完全的:生产者难以充分地了解在何时、何地、供给产品的数量多大能够恰好满足市场需求;消费者无法完全地知道所购产品的质量如何、价格是否公道;交易者没有足够的信息预测生产者和消费者的供需状态,难以从众多的经济行为者中迅速找到买主和卖主,难以顺利地达成交易。

在不完全信息商品市场中,消费者通常对所要购买的商品缺乏足够的信息,消费者常常通过价格、生产规模等来判断商品和质量。例如消费者会根据广为流传的"好货不便宜、便宜没好货"的理念判断产品质量,认为价格较高的商品,质量也比较高;认为企业的生产规模小,转产容易,会出现"打一枪换一个产品",其产品的可靠程度就低,而企业的生产规模比较大,该企业就会比较重视产品信誉,产品就比较可靠;对保修期长的产品就认为质量较高,因为对质量低劣的产品实行保修的代价很高,只有产品质量好的企业才愿意提供长期保修。

在不完全信息市场中,企业不仅难以预测消费者的需求,而且还面临同类企业的竞争,因此信息不完备对企业的影响更大。如在信息完全的市场上,企业降价就能扩大销量,但在不完全信息市场上,由于消费者和企业对价格反应有非对称性,故企业降价不一定能增加收益。因为消费者在不完全市场上寻找降价企业需要搜索成本,如果搜索成本大于商品降价的幅度,他就不去搜寻降价企业,而是继续在原企业处购买。也就是说,对于价格变动的信息,消费者和企业的反应是不对称的,企业降低价格,需求量不一定增加,这时企业降价的损失不能通过扩大销售来弥补。

在不完全信息的信贷市场上，银行为了防范风险、实现利润最大化，往往不按市场化利率发放贷款，而是实行信贷配给。因为，在不完全的市场上，企业在拖欠贷款方面比银行有更多的信息。企业比银行更多地了解贷款投资项目的风险和还款的可能性，然而银行为了其资产的安全，就只能控制贷款范围，鼓励效益好、资信度高的企业多贷款，对那些效益差、资信度低的企业，即使它们愿意支付较高利率，银行也不会发放贷款，即通常所说的银行是"嫌贫爱富"的。信贷市场除了利率机制外，配给机制也在起作用，当资金的价格——利率不能充分反映市场的实际需求，信贷市场失效。

五、不完善的市场

不完善的市场是指价格信号呆滞，交易不规范、不公正，经济单位不是独立的市场主体，存在封闭、割裂的市场。在不完善的市场中，价格信号不灵敏，不能真实地反映需求和供给的变化，会误导企业和消费者；在市场进入和交易活动的方式及各市场主体的责权等方面都没有规范及相应的监督机制时，假冒伪劣商品泛滥，欺诈价格盛行；国有企业等经济单位没有成为自主经营、自负盈亏、自我约束、自我发展的市场主体，企业有自主权却不需要为自己的经营决策行为承担相应的责任和风险，其经营行为必然游离于市场规律之外，市场主体行为不合理，市场机制无法发挥应有的作用；全国统一的大市场被分割为区域市场，这些封闭的区域性市场保护了地区的落后产业，抑制了区际分工与合作的发展，影响了资源的流动和地区优势的发挥，造成社会资源空间配置不合理。

六、经济的周期性、失业和通胀

市场经济自身不能抑制经济周期性波动、失业与通货膨胀。市场经济的基本规律是价值规律。在市场经济条件下，价值规律以生产比例间断性地遭到破坏、生产资料和社会劳动的巨大浪费为代价来调节社会生产,使社会再生产大体维持适当的比例。生产的比例遭到破坏时,经济处于萧条状态;生产的比例恢复时,经济处于景气状态。因此,经济必然出现周期性波动。当经济景气时,对劳动力的需求大,工人就业机会多,失业率低;反之,在经济萧条时,工人失业率较高。同时,市场竞争会促使生产技术水平提高,资本有机构成提高,相应地所需的劳动力越来越少,失业工人会相应增加。

另外,一国纸币的发行数量是由国家决定的,市场自身无力控制。因此,在市场经济国家中,只要纸币发行的数量超过商品流通中所需要的金属货币量,就会出现通货膨胀。通货膨胀导致价格信号扭曲,不能正确地引导企业进行生产,致使总供求失衡,市场效率低下。

七、收入分配不公平与两极分化

价值规律会引起生产者的分化。在市场竞争中,生产条件好的企业在市场竞争中处于有利地位,生产条件差的企业在市场竞争中处于不利地位,甚至亏本、破产。收入分配不公平最终使少数人发财致富,多数人贫困破产,甚至缺乏赖以生存的基本生活资料。收入分配不公与市场经济效率没有直接的关系,但有间接的关系。它会影响劳动者的生产积极性,并产生社会问题,从而影响生产的效率。

八、非优效品存在

优效品是指政府强制人们消费的物品,如汽车安全带、九年制义务教育等等。非优效品是指人们不根据自己的最优利益而消费的物品。如尽管有些人知道吸烟有害健康,但他们还是继续吸烟;虽然大家都知道系安全带可以减少行车事故对人体的伤害,然而还是有人不系安全带。因此,政府必须强制人们消费优效品,限制或禁止消费非优效品,以保护公众的利益。

第三节 基于公共理性的政府矫正

从以上讨论可以清楚地看到,市场经济无论是在实现有效的资源配置以及提升社会生产力的效率方面,还是在实现公共物品的提供,实现经济的稳定增长以及实现社会公平分配方面都存在着一些无法克服的缺陷。也就是说,假设在没有政府的情况下,单是市场机制并不能履行所有的经济功能。或者说,没有政府,市场机制将无法得以有效地发挥作用。

在这样的背景下,公共理性对于市场的矫正主要表现在以下一些方面:

(1)一个完善的市场,必须不存在自由进入市场的障碍,而生产者和消费者必须具有充分的市场知识。实践表明,这需要有公共部门或者政府的管制或别的措施,以确保市场具备相关的条件。

(2)由于成本的下降而带来的竞争不充分需要政府的管制。

(3)从更根本上说,如果没有一个由政府提供的司法机构的保护和强制,市场运作所需的合约安排和交换就无法存在。

(4)"外部性"的问题会导致"市场失效",它需要通过公共部门干预来解决。

(5)社会公平性的价值,需要对因市场体制和经过继承的财产权的转移所造成的收入和财富的分配加以调整。

(6)市场机制并不一定能带来高就业、价格稳定和社会所要求的经济增长率,它需要公共政策来确保这些目标的实现。

现代市场经济,就其运行状况或调节方式而言,是一种"市场+政府"的混合经济模式。即一方面是资源配置方式的市场化,把市场机制作为资源配置的基础和立足点;另一方面又因市场作用的局限性,而不能避免政府的调控和干预。正是有鉴于此,如何处理好市场配置与政府配置、市场调节与政府调节、市场机制与政府引导控制之间的关系,就成为市场经济各国普遍面临的一个重要的课题。这在很大程度上成了决定一国经济运行状况和资源配置效率的一个关键因素。

　　世界各国在具体国情、经济发展模式及其发展水平等方面有着诸多的差异,因而在处理市场与政府的关系以及在公共政策的制定、运用和选择上,也呈现出一定的区别。然而,这并不妨碍市场经济国家无例外地遵循和恪守如下的共同原则,这就是以弥补市场缺陷为出发点,以市场机制作用的正常、有效发挥为归宿。这可以说既是现代市场经济条件下公共管理的原则,也是公共管理的显著功能。也就是说,当市场机制不能使社会资源实现有效配置时,市场失效需要非市场的力量来纠正。政府作为社会最大多数成员利益的代表,被视为公平公正的非市场主体,承担着修正市场失效的任务。①

　　党的十八届三中全会通过的《中共中央关于全面深化改革若干重大问题的决定》总论部分讲道:政府的职责和作用是保持宏观经济稳定,加强和优化公共服务,保障公平竞争,加强市场监管,维护市场秩序,推动可持续发展,促进共同富裕,弥补市场失灵。

　　这也就是说,在社会主义市场经济条件下,当市场机制失效时,政府调控宏观经济能够提高社会资源配置效率,协调社会成员的利益,纠正市场失效。政府为了达到调控宏观经济的目标,运用各种调控手段,制定经济政策干预经济活动。协调的经济政策能有效地调节经济运行,促进国民经济健康、协调、快速发展。也就是说,公共管理对于现代市场经济起着规范、引导以及补充的作用。

　　我国在改革开放和社会主义市场经济建设的长期实践中,逐渐明确了政府公共管理的主要职能。公共服务作为政府职能的主导方向,在实现公共管理目标的过程中更需要组织并引导公民的参与。这在科学规范公共管理职能方面上升到了一个新的更高阶段。

---

① 世界银行在1997年的《世界发展报告》中指出,每一个政府的核心使命包括五个基本责任:(1)确定法律基础;(2)保持宏观经济的稳定;(3)投资于基本社会服务和社会基础设施;(4)保护弱势群体;(5)保护环境。

第六章　公共物品的有效供给

必要的公共物品供给无疑是政府公共管理的最为主要职能之一。这样的职能定位既是从政府与市场相互关系的成熟与否考虑出发的，也是依据政府与社会的关系的科学分析出发的，更是根据我国经济社会发展的现阶段客观需要提出来的。本章我们具体探讨这项主要的政府职能。

第一节　公共物品及其内涵

尽管市场可以提供各种货物和服务，但是在许多情况下，市场并不能提供人们所需的所有的货物和服务。仅靠市场机制并不能履行所有的经济功能，这就需要公共管理在某些方面来加以引导、纠正和补充。在市场无法有效地满足人们需求的货物和服务中，主要包括了诸如教育、法律和秩序、环境价值、国防、道路、桥梁、医院和卫生、福利服务和公共交通等等。这些无法完全通过市场来予以满足的物品和服务被称为"公共物品"，也可称为公共产品或公共品。公共物品是指与私人物品相对应，用于满足社会公共消费需要的物品或劳务。

所谓公共物品，按照经济学家萨缪尔森的解释，是将利益不可分割的产品扩散给社会全体成员，而无论个人是否想要购买这种产品。这就是说，公共物品是指产品或劳动的好处由社会成员共同享有。它与私人产品能够加以分割并分别提供给不同的个人的情况是根本不同的。正因为公共物品的这种利益不可分割性以及社会全体成员的利益共享性,决定了公共物品同时具有非排他性和非竞争性两个基本特征。

就公共物品的非排他性而言,绝大多数公共物品在技术上都不易排斥众多受益者,也就是说,这类公共物品的受益对象具有公众性,即使某些公共物品在技术上可以做到排他,但排他的成本是十分昂贵的,在经济上也难以行得通。比如,国防就是一种较为典型的非排他性的公共物品。政府负有维护国家主权、尊严和保障国家安全的职责,政府提供的这种国防服务,其受益对象是一个国家内的所有公民,而决非某一特定群体。

就公共物品的非竞争性来看,由于公共物品所具有的不可分割性以及全体社会成员的利益共享性,决定了公共物品常常处于非竞争状态。参与公共物品消费的社会成员的消费活动,只要保持在公共物品所提供的最大消费容量的限度之内,都不会增加公共物品生产的可变成本。比如,市政建设中为改善市民生活环境而建造的广场、绿地等,就属于非竞争性的公共物品。人们都可以在这里休闲、娱乐、参与消费,而并不需要交纳费用。但是,当某种公共物品产生消费竞争时,政府就可能采取某些限制消费人数的措施,如收取一定费用等。这时,这种产品就不再是纯粹的公共物品而变成一种需要限制使用的公共所有的资源了。

这一概念告诉我们,公共物品除了具备上述的"非排他性"和"非竞争性"这样两个经济学意义上的基本属性以外,从社会管理的角度看,公共物品还具有的基本属性即"具有广泛的公益性"。也就是说,它具有社会普遍的共享性和必需性。

由以上分析,我们可知,首先,公共物品是社会总产品中的一个大类。社会总产品简称为社会产品。按其物质形式,可以分为物品和劳务。物品的一般特点为:一是由人们生产出来的;二是具有物质形态;三是它的生产和消费两个环节可以在时间和空间上分离。劳务也是一种产品,因此也称为劳务产品或服务。劳务产品不同于实物产品之处在于:一是不具备或者基本不具备实物形态;二是生产与消费两个环节是不能分开的。由于政府为社会提供的服务也具有劳务产品的一切特点,因而也应当属于劳务产品。

必须指出,政府提供公共物品的基本方式是服务,无论是公安、法律、政府行政管理,还是教育、卫生,人们所获得的都是服务。政府的公共工程也是通过服务的形式为个人提供消费的,当你在收费公园漫步时,你购买的不是公园的产权,而是购买了公园的服务。当然,在少数情况下,政府也向人们提供物品。例如,抗洪救灾时政府为灾民提供实物。

其次,公共物品是用于满足社会公共消费需要的产品。我们知道,人的活动具有两重性,即既具有个体性,又具有社会性。作为个体性的人,就需要由一定产品来满足其私人需要,如衣、食、住、行、学、医等。而作为社会的人,他的生存依赖于社会环境,比如国防、治安、城市道路、卫生等,都是人们生活中所不可缺少的,这就形成了公共需要。而公共物品就是用于满足公共消费需要的。

例如,农民种田不仅需要靠自己的努力和精耕细作,而且需要社会提供一定的条件,如化肥、良种、水利等。在这些条件中,有些是需要通过市场交换来实现的,如化肥;有些则不是通过市场能实现的,而是要通过公共方式来实现的,如良种、水利等。

然而,不管其如何实现,这类产品同样需要有人来生产。这样,我们可以把整个产品世界分成两类:一类是私人产品,如农民自己的劳动、化肥等,用于满足个人消费需要;另一类是公共物品,如水利、种子等,用于满足公共消费需要。所谓公共消费需要,是指与每个人的利益有密切联系,但每个人又无法享受其消费独占权的那类消费的需要。对于私人产品来说,农民要消费它,必须先购买消费权,支付相应的费用。而对于公共物品来说,则消费关系较复杂,因为没有一个农民可以完全购买水利工程的消费权,即使他有能力购买,也会因为这样做将损害其他农民的利益而遭到反对。因此,他只能获得某一时间内水利工程的使用权,而且有时候,即使你不愿消费也无法拒绝。比如,在自流灌溉的北方,大水通常要灌溉所有农田,即使个别农民不想要水也难以拒绝。

总的来说,公共物品的外延涉及范围十分广泛。从法律、国防、治安、政府行政管理、大中型水利设施,到城市规划、公共道路、环境治理、环境卫生、防病防疫、天气预报、科学研究以及铁路、城市公共交通设施、广播、电视、教育以及抗旱、防洪等，都属于公共物品的范围。此外，随着科技进步，政府制定的各种计量标准以及规范的科学术语、文字等也属于公共物品。它们直接和间接地为企业和个人家庭的生产、生活提供服务，是社会总产品中不可缺少的部分。

第二节　我国处于公共需求增长的上升期

一国在经济发展的过程中，可能面临公共物品供求失衡的局面，并由此对经济社会发展造成严重影响。我国正处在从初步小康向全面小康的过渡阶段，这个阶段最突出的特点就是社会成员的公共需求开始发生深刻变化。改革开放以来，我国的经济社会取得了巨大的发展，人民生活快速地富裕起来。社会成员从追求温饱到追求小康，从追求初步小康到追求全面小康乃至富裕。

随着经济社会的发展，人们的需求结构也正发生着重要的变化。从公共需求和对公共物品的要求的结构来看，一方面，社会成员的个人总需求中，公共需求的比重越来越高；另一方面，社会成员从基本生存的公共需求到全面发展的公共需求，整个需求结构在不断变化。关于这方面发生的变化，可以从城乡居民的消费结构变化中充分反映出来。

例如，自改革开放以来，我国的恩格尔系数发生了很大的变化。农村居民的恩格尔系数从 1978 年的 0.677 下降到 2016 年的 0.35 左右。城市居民的恩格尔系数从 1978 年的 0.575 下降到 2016 年的 0.3 左右。[1]从恩格尔系数的明显变化中可以看出，社会成员在教育、卫生、住房、旅游方面的支出已经远远大于基本生存方面的支出（如基本食品支出等）。[2]社会成员对公共安全、公共医疗、义务教育、社会保险等方面

---

[1]　参见 2017 年 2 月 28 日，国家统计局发布《2016 年国民经济和社会发展统计公报》的相关数据。

[2]　根据国家统计局发布的《2016 年国民经济和社会发展统计公报》，在居民食品支出下降的同时，2016 年居民人均交通通信、教育文化娱乐、医疗保健等服务消费支出比重分别为 13.7％、11.2％和 7.6％，比上年分别提高 0.4、0.2 和 0.2 个百分点。居民耐用消费品拥有量也保持快速增长。

的公共需求已经成为需求结构的主体。

公共需求的数量呈现不断增长的趋势。我们可以看到,在社会成员的需求结构中,个人需求经过改革开放近40年的快速增长后,其增速开始趋于稳定,但在公共需求方面的增长却方兴未艾。城镇居民对教育、医疗、社会保障等方面的公共需求年均提高的速度越来越快。

公共需求的主体呈现不断扩大的趋势。事实上,不同收入群体居民的公共需求结构具有差异性。比如,中高收入群体可能更多地需要公共安全等方面的服务,而中低收入群体则更多地要求提供公共医疗、义务教育等方面的公共服务。目前,由于我国收入分配差距不断扩大,中低收入群体对公共医疗、义务教育、就业和社会保障的公共需求日益强烈。另外,广大的农村居民开始成为公共需求的重要主体。由于历史原因,我国的广大农民在义务教育、公共医疗、社会保障等公共服务方面,与城镇居民之间事实上存在着严重不平等。随着农村改革的不断深化和农村经济的发展,广大农民潜在的公共需求已开始转化为现实需求,因此广大农民将逐步成为我国公共需求的主体之一。如何实现城乡之间公共服务的均等化仍然是我们面临的一项具有长期挑战性的课题。

从另外一个角度看,公共需求的深刻变化将成为制约经济持续较快增长的重要因素。我们知道,在市场经济条件下,社会总需求是拉动经济增长的主要动力。而在社会总需求中,公共需求将成为越来越重要的因素。近年来,我国社会公共需求的数量迅速增长。而且,这种增长速度也越来越倾向于大于个人需求的增长速度。更好地满足社会的公共需求,可以更好地促进经济的可持续增长。

公共物品供给严重不足和公共服务的不到位是我国消费率低下的重要原因。消费是拉动经济增长的重要动力。这些年来,我国经济持续快速增长,而消费率却在下降。消费率的走低与经济的持续快速增长形成如此明显的反差,这其中的一个重要的因素就是公共服务的严重不到位。如公共医疗、义务教育、就业、社会保障已成为社会成员,尤其是中低收入者的主要经济负担。

满足基本的公共需求是建设和谐社会的重要保障。公共服务的有效供给和公共需求的基本满足不仅是制约经济可持续增长的重要因素,而且也是建设和谐社会的制约因素之一。按照公共利益和公共服务的要求,推进公共管理的转型和创新,为经济社会发展提供制度性公共服务,是新时期公共政策的基本目标和本质内容。

第三节   如何更有效地提供公共服务

近些年来,建设服务型政府已经成为一个国际公共管理的大潮流。如何更加有效地向公民提供质量更好的公共服务或者公共物品是公共管理学界的热点主题。

一、构建公共服务提供的竞争机制

提高公共部门服务质量的重要措施之一是形成提供公共服务的竞争制度。在公共管理机构中适当引入市场机制,有利于提高公共管理人员的使命感,进而能够创造性地、主动地提高公共服务的生产力,增强竞争力,并提高我国的公共服务质量与水平。

在公共部门引入竞争机制,包括多种促进竞争的方式和手段。其主要做法包括:

(1)打破垄断。建立新的竞争实体,开放市场允许新的竞争者进入公共服务领域。对垄断性公共产品提供部门进行适当分割,形成多个地域性的竞争实体。对垄断性服务机构实行控股比例限制,如不允许单个持股者拥有15％以上的股份等。对原有垄断行业经营范围进行重新划分和分割。在可以实施竞争的领域引入竞争。[①]

(2)放松管制以推动竞争。开放基础设施,使基础设施成为某种"共用承载器",可以向使用者征收一定的费用。基础设施的开放涉及电网、天然气输送管道、铁路轨道、电讯基础设施等。"共用承载器"的使用价格一般是拥有者和使用者共同协商决定的,但政府有时会根据

---

① 　如 2017 年初以来国家电网公司开始推行的体制改革。

需要实施批发价格管制和强制性干预。对企业零售价格进行控制,主要采取投资回报率控制和零售价格控制两种形式。

（3）公共部门与民营部门的合作与竞争。①主要做法包括在公共项目中引入民间资本、政府购买服务、代理制和合同出租制（又称竞争招标制）等,把政府公共部门的事务和业务承包给民营企业或营利机构。也可以在地方政府环境事务方面引入竞争招标制,如各地在垃圾清理、街道清扫、建筑物清洁、车辆维护、饮食服务等领域的已有实践。

（4）形成在社会服务组织间的竞争机制。公共服务传统的提供方式是垄断性的集中配置,划片服务或其他形式的客户分割是其主要特征。改革的方向是打破集中配置的传统做法,实行社会服务分散化和服务机构小规模化,给客户以自由选择的权利和便利,促使服务部门为赢得客户而展开竞争。

（5）形成市场检验制度。所谓市场检验是指在公共部门提供某项公共服务之前,先决定"是由自己生产还是向别人购买"。这也就是所谓的"预先抉择",主要是依次回答几个问题,如目前所从事的活动是否确有必要,这些活动和任务是否可以通过民营化的方式来提供,等等。市场检验还包括:确认活动的范围和性质、建立服务水平和质量标准、竞争招标和选择、协商和确定具体细节、监测和评价等步骤。市场检测要求除了承担某项活动的机构之外,还必须有另外的相关机构参与竞争。参与竞争投标的相关机构必须提供完整的成本报价,而不能仅提供一个简单的总成本报价。这主要适用于公共部门的一些技术性的项目和工作。各级政府都可以设定一些具体的指标,即确定有多大比例的工作任务必须通过市场检验程序。

二、建立政府公共服务的承诺制度

用公开承诺的方式把公共部门服务的内容、标准、责任等公之于

---

① 如自 2015 年以来,我国国家发改委和财政部大力推行的所谓"PPP"模式。即以招投标的形式吸引民间资本进入公共基础设施建设领域。

众,接受公众的监督,实现提高服务水平和质量的目的。作为竞争不充分的一种补救机制,公共部门服务承诺制度主要是针对那些具有一定垄断性质的公共部门和公共服务行业,指自然垄断性和半垄断性服务行业,如铁路、邮政、水电等;非营利性的公共服务行业,如环卫、城市公交、公共文化设施等;管制性服务行业,如户籍管理、公共安全、执照核发等。面向公众的承诺一般包括服务内容、服务标准、服务程序和时限、违诺责任等具体内容:

(1)服务内容和工作目标承诺。服务内容即公共部门承担的责任或者向公众提供的服务项目的具体内容。

(2)服务标准承诺。它是服务标准的公开化过程,同时也是服务标准的具体化过程。

(3)服务程序和时限承诺。主要指公共部门对提供服务程序和时限进一步明确化,包括明确资格要求以及办事必备的手续。办事程序合理化,从服务理念出发,审视和改进现有的工作程序,包括不同服务内容间的协调、简化服务手续、不同单位之间的信息交流与共享、避免顾客重复劳动(如填写内容相似的表格)、避免不同部门的重复劳动(如几个单位需要同样的手续与内容)等。工作流程应该简化和一体化,大力推进"一站式"服务,力争顾客在一个站点就能办完所需办的事情。确定办事时限并公开化。

(4)违诺责任。它是承诺方对顾客作出的单方面承诺,表明承诺者未能达到既定服务标准时将对顾客作出补偿,包括精神上的道歉和经济补偿,设立投诉电话并明确处理顾客投诉的程序。

(5)建设和完善承诺机制。包括外部监督机制、内部管理机制和技术保障等一系列制度安排。健全和完善承诺制的领导体制,在上层的行政机构设立公共部门服务承诺制度领导小组,其职责是对所实施的承诺制进行协调以及提供技术指导,明确公共部门承诺制的意义及其主旨。具体包括:制定全国统一的指导原则和基本要求(包括明确的服务标准、透明度、顾客选择、礼貌服务、完善的监督机制等);各部门和行业在总原则的指导下灵活划定各自的标准;及时了解各部门的进展情况,定期发布信息,总结和交流经验,设立跨部门的独立的监督机制。

三、提供均等的基本公共服务

所谓"公共服务",有一层重要的含义,即通常指在一定社会共识基础上,一国全体公民不论其种族、收入和地位差异如何,都应公平、普遍享有的服务。换句话说,如果把公共服务提供给任何一个人,那么也必须提供给所有人。所以,在一般意义上说,公共服务,尤其是基本的公共服务应该均衡提供给每一位权利对等的公民。

中国共产党的十七大报告提出,"缩小区域发展差距,必须注重实现基本公共服务均等化"。公共服务的最基本特征是其公共性,即公共服务的均等化,是指政府要为社会公众提供基本的、在不同阶段具有不同标准的、最终大致均等的公共物品和公共服务。公共服务均等化有助于公平分配,实现公平和效率的统一。

"基本公共服务"的概念,是在我国的具体国情条件下提出来的,它是指覆盖全体公民、满足公民的基本生存和发展需求的最为基本的公共服务。从《中共中央关于构建社会主义和谐社会若干重大问题的决定》来看,基本公共服务主要包括基础教育、公共卫生和基本医疗、社会保障和基础设施建设等方面。

当前我国在实现基本公共服务的均等化方面仍然存在比较突出的问题,主要表现在地区之间、城乡之间、不同群体之间,在基础教育、公共医疗、社会保障等基本公共服务方面的差距仍然较大,已成为实现社会公平公正的焦点问题之一。所以,实行公共服务均等化将成为未来公共管理的突出任务,需要经由顶层设计、相关制度性建设以及各级政府共同努力来予以实现。

第七章　社会事务的有效管理

　　根据国际社会的经验,有效社会管理的根本在于社会各利益群体的良好利益协调。而要正确处理各方利益,关键在于奉行公平、公正的原则。关于社会管理实际上可以从广义的和狭义的两个不同尺度上加以理解。广义的社会管理事实上已涵盖了公共管理的大部分范围。我们这里的"社会管理"仅指狭义上的社会管理,也就是指具体的社会性事务的管理。在此意义上,社会管理应该成为公共管理的一个不可或缺的组成部分。本章主要讨论社会管理的基本原则与目标、实现社会分配的公平正义、社会管理体制的改革与创新。

第一节　社会管理的基本原则与目标

　　建设民主法治、公平正义、诚信友爱、充满活力、安定有序、人与自然和谐相处的社会主义和谐社会,要求我们必须提高管理社会事务的本领、协调利益关系的本领、处理人民内部矛盾的本领、维护社会稳定的本领。

　　应该适应社会主义市场经济发展和社会结构深刻变化的新情况,深入研究社会管理规律,更新社会管理观念,推进社会建设和管理的改革创新,尽快形成适应我国社会发展要求和人民群众愿望、更加有效的社会管理体制。

　　应该坚持把最广大人民的根本利益作为政府公共管理的基本出发点,要正确把握改革发展与稳定的关系,切实落实维护社会稳定的工作责任制,确保社会安定团结。

社会管理的基本价值取向是社会公平和公正。我国当前改革新阶段的制度创新和制度建设必须依据社会公平公正原则。客观上,经济发展的主要动力是与社会公正状况息息相关的。社会的安全运行和健康发展也都离不开社会公平公正。经过长期努力,我国已经具备了建立社会公平保障体系的能力。所以,我们现在应当做和必须做的,就是顺应社会发展的基本趋势,依据社会公正的原则,搞好社会管理的制度性建设。

社会管理主要目标之一,就是要保持收入分配和财富分布的公平合理性,防止两极分化的趋势。社会主义市场经济的目标之一是社会成员共同富裕,这是符合广大人民的共同利益的,也是社会主义优于资本主义之处。市场机制在一定程度上会加剧两极分化,为了避免市场经济中收入差距不断扩大化的缺陷,政府要制定合理、有效的收入分配政策,调节社会成员的收入水平,同时,要建立社会保障体制,保障低收入阶层的生活,以维护社会公平和社会稳定。

这里的公平主要指收入与财产的分配平等问题。市场机制有利于效率的提高,但同时也产生了收入与财产的分配不平等问题。在历史上,人们对不平等的关注与争论要早于效率问题的争论。在现代社会中,不平等的问题受到社会各界更多的重视。公平问题从现实意义上说的是分配问题,它直接关系到社会各阶层利益的调整。公平的含义与价值判断密切相关。不同的人,价值判断不同,这就决定了对公平的标准很难达到一致。这也正是在公平这一政策目标上始终存在着激烈争论的原因。

分配不均是市场机制的内在缺陷。市场机制调节分配的原则是基于人们对经济贡献的大小。那些社会中的弱者与机遇不佳者贡献小、收入就低,那些社会中的强者或幸运者则由于贡献大而收入偏高。这种贫富之间的对立自从市场经济一经产生就存在了,而且在历史的发展阶段上还有不断加强的趋势。在私有财产制度下,富者收入的积累,财富的增加,使贫富对立更为尖锐。由不平等所引发的社会问题也引起了社会的广泛关注,这就是公平问题日益受到重视的原因。在公共政策的制定上存在着如何在效率和平等之间保持平衡的问题。就其本质来说，单纯追求效率则会导致社会分配的严重不平等现象。

就市场经济的效果来说，作为社会的导向价值，就是效率。市场经济确保的是在不加限制的供求关系下最为有效地利用资源。价格机制确保了对资源的最为有效的利用。不过，这也可能使人们忽略了其他的价值。

在公共管理中引入"公平"的价值取向是没有什么争议的，但关于公平的标准是什么？应该如何实现公平？需要达到什么样的公平？对于这些问题，各方仍然存在很大的分歧。公正、公平、正义在英文中可以用同一个词"Justice"来表达。作为社会规范和价值体系的组成部分，"社会公正"始终是一个极具争议的概念。在市场经济制度中，社会公平作为一种"程序公正"或作为"机会平等"，能够被许多人接受，但是，作为"结果的公正"则会引起异议。

改革开放后，中国建立与完善社会主义市场经济体制，在社会分配方面实行"效率优先，兼顾公平"的原则，取得了明显效果。人民的温饱问题已经解决，生活水平普遍提高，绝对贫困人口大幅度下降，教育普及程度显著提高。有了过去30多年发展所提供的物质基础，中国在社会公平方面取得了明显的进步。但是在市场经济环境中，收入分配的差距也在迅速扩大，同时，还存在种种不公正的社会现象。[①]因此，"全面建设小康社会"的进程，也就是在经济增长的同时不断促进社会公平的过程。那么，我们所追求的社会公平是什么含义呢？

这里让我们参照一下国际通行的关于社会公正的理论。诺贝尔经济学奖获得者阿马蒂亚·森教授将社会公正理论归纳为三个学派，即功利主义、自由主义和罗尔斯的正义理论。

功利主义是19世纪以来最有影响力的社会公正理论，其代表人物为边沁、马歇尔和庇古等人，传统的福利经济学和公共政策经济学很长时间内是以功利主义为基础的。功利主义原则依赖于效用，评价社会

---

① 2006年10月召开的党的十六届六中全会通过了《中共中央关于构建社会主义和谐社会若干重大问题的决定》，其将"促进社会公平正义"作为构建社会主义和谐社会指导思想内容之一，明确"社会公平正义是社会和谐的基本条件"。

公正的标准是社会中个人福利总和的大小。在一个体现社会公正的社会中，其效用总和为最大，而在一个不公正的社会中，其效用总和明显低于应该达到的水平。

自由主义的代表人物是诺齐克和哈耶克等人。他们认为财产权等各项权利具有绝对优先的地位，人们行使这些权利而享有的"权益"，不能因后果而被否定，不管那后果多么糟糕。所谓社会公正不过是幻想而已，作为社会评判标准的唯一有价值的东西是法治所定义的正义。

美国哲学家约翰·罗尔斯的正义理论以两个原则为基础，一是每个人都应平等地拥有最广泛的基本自由权，二是社会分配在个人之间的差异以不损害社会中境况最差的人的利益为原则，而且地位和职务应向所有人开放。

阿马蒂亚·森的社会公正理论将自由作为首要目的，认为发展可以看成是一个扩大人们所享有的真实自由的过程，同时，自由也是发展的主要手段。他认为，政治自由（表现为言论民主和自由选举）有助于促进经济保障。社会机会（表现为教育和医疗保健）有利于经济参与。经济条件（表现为参与贸易和生产的机会）可以帮助人们创造个人财富以及用于社会设施的公共资源。

上述几种公平理论都是以规范的市场经济体制为前提，来讨论社会分配的公平与否以及减小或消除不公平问题。

对于所有转型国家来说，产生大量社会不公平的原因不是市场体制本身，而是市场体制的不健全，如市场发育不全，缺乏法规管制，一些人利用信息不对称或所处特殊地位和特殊关系牟取利益等等。因此，从社会公平来讲，加快社会主义市场经济体制的建设具有重要的意义。

从社会公平性的角度看，不公平是内在于市场机制的（所谓"市场的内在失灵"）。市场机制决定着资源的使用和收入的分配。在市场机制充分发挥作用的情况下，资源配置由其价格所引导，因此，配置结果应是有效率的。但由于资源的稀缺程度不同，资源占有者在市场中所处地位和所获得的收入就不同，因此收入分配结果总是令人失望。资本相对稀缺，使得资本所有者在分配中处于有利地位，而简单劳动者总是相对过剩，他们除了自己的劳力之外不拥有其他资本，因此在分配中总是处于不利地位。

由于技术进步、资本有机构成的提高，财富的总量扩大了，但是劳动的边际产量则下降了，由边际产量决定的工人工资水平下降，大部分收入作为利润和租金归于财产所有者。因此，对于广大劳动者来说，市场经济是有效率的，但收入分配则是不公平的。

地区之间、企业之间和个人之间进入市场的条件也是不平等的。经济学家在解释各个国家和地区之间的经济发展时，把资本、劳动力和技术进步之外的三个决定因素归结为：地理、开放和制度，这三方面的差异对经济发展水平有重大影响。由于所处的地理位置不同，我国东、中、西部的发展差距正在扩大；老国有企业受着体制限制，又承担着各种沉重的社会负担，难以与新的企业平等竞争；不同年龄段的职工，其个人条件及形成这些条件的社会历史因素不同，决定了他们之间的"平等"竞争也必然是不平等的。凡此种种，必然导致市场竞争中地区之间、个人之间收入差别的扩大。

自由主义和平均主义是两种极端解决办法。自由主义对市场经济中大量的社会问题视而不见，而坚持只要人们有了自由、民主等权利，就必须接受市场经济的后果。这也是许多西方国家政府在各种国际舞台上反复倡导的。平均主义则是另一种极端，它要求结果的绝对平等，而忽视了由于失去激励，经济发展也就失去了动力。平均主义否定了市场经济的基本原则，在人类发展的目前阶段也就抑制了社会公正存在和发展的物质条件。因此，当前仍有反对平均主义的任务。

功利主义以全社会福利最大化为目标，但是它以"效用"为基本分析概念，忽略了权利、自由等非效用因素；它注意了全社会福利总量，而忽视了总量在社会成员中的分配。

罗尔斯的社会正义理论区分了基本的政治权力公平和经济方面对待差异的原则。森将人的自由作为发展的目的和手段，二人以不同的方法建立起社会价值体系的基点，因而都具有重要的积极意义。尤其是森对于阐释市场经济中的社会公平和提出校正不公平的办法，提出了很有价值的思想。但是其对"自由"的提法太过学术化，它是人们天生应该享有的，还是别人给予的呢？

科学社会主义的思想产生于对以私有制为基础的资本主义市场经济发展所出现的消极后果的批判。社会主义追求的一个核心目标是人与人之间的平等。实现社会平等的条件是物质的极大丰富和人的充分自由发展。显然,实现社会主义的目标将是一个相当长的历史过程。要实现物质极大丰富这一条件,就需要实行市场经济体制,以发展生产力。因为迄今还没有更好的办法来协调人类社会的复杂经济活动,也没有更好的规则来激励人们去满足彼此的需求。而要实现人的充分发展这一条件,则需要在相当长的发展过程中,把人作为发展的中心,给予充分的关注。

我国的社会主义制度,决定了追求解放生产力,发展生产力,消除贫富两极分化,最终达到共同富裕的目标不会改变。但是,我们目前仍处于社会主义的初级阶段,对于社会公正的要求也还只能是基本的,即同现阶段我国生产力和整个社会发展水平相适应的。现实的要求是每个社会成员都应平等地享有:基本的政治权利,包括选举权、迁徙权、言论权等基本的自由权利;基本的生存权利,包括维持生存和人类再生产的基本物质条件、基本的卫生保健、基本的安全保障;基本的发展权利,包括接受基础教育、平等地进入市场等。

党的十八届三中全会以来,中央制定了大规模的扶贫计划。事实证明,在基本权利方面的"公平优先"政策,对全社会运行效益的提高也起到重要作用。可以预期,随着经济和社会的发展,上述各项基本权利也会不断提升和扩充,经过物质文明和精神文明建设以及制度建设方面的几代人的长期、持续的努力和积累,我们就可以达到社会平等的理想目标。

第二节　实现社会分配的公平正义

在现代文明社会,在收入分配的公平问题上,各国的实践基本上都履行以下三条共同标准:

第一是贡献标准。亦即按每个人以其能力和努力程度对经济活动所作出的贡献大小进行分配。通过市场机制而进行的分配所依据的正是这个标准。各种生产要素的所有者根据边际生产力原则获得报酬就是这种标准的运用。这种通过市场进行的分配称为"功能性分配",也称为"一次分配"。①

第二是需求标准。亦即根据生存水平的必要性进行分配,并通过社会保障的形式来实现;这种标准是要纠正贡献标准所引起的问题。由于财产分配的不平等,因此收入差别往往并不是由本人的能力和努力程度所造成的。但人们对生活必需品的需求并没有很大差别,另外生存是每个人的基本权力,这样就需要按需求标准来校正按照贡献标准所产生的种种问题。按这种标准进行的分配是为了减少收入差异,保证每个人的基本生存条件,因此被称为"人为的分配",也称"二次分配"。

第三是机会均等标准。或者说是分配决定过程的公平正义。这是一个分配准则公平与否的问题,而不是指分配公平本身。提出这个标准是出于能否公平地确立分配方式这种考虑。

一般来说,实现公平的分配政策采取了与上述三个标准相一致的形式,而不是以其中的一个作为唯一的标准。但在实现中,不同的国家对公平标准的侧重有所不同。例如,瑞典等福利国家更加重视需求标准,而美国、日本等国则更重视贡献标准。哪个标准更加合理往往取决于社会大多数人或决策者的价值判断。

围绕这三项基本政策目标还有许多具体政策目标。在这些基本政策目标之外,也还有其他出于不同考虑的政策目标。例如,扩大社会需求,增加公共物品供给;扶植和保护某些地区或某些产业的发展,改善生态环境等。

参照发达国家的实践经验,在我国当前的社会主义市场经济体制下,在缩小社会收入差距实现社会公正方面,我们有必要采取一些重要的政策措施。

首先是征收个人累进所得税、征收财产税(目前我国称为"房产

---

① 2007年召开的党的十七大报告进一步提出了"合理的收入分配制度是社会公平的重要体现",并将初次分配也要实行社会公平这一原则写进了中央文件。

税")和遗产税。由于个体在自然和社会禀赋方面存在很大差异,必然带来收入方面的很大差异,各国通行的做法是实施个人所得方面的累进税制。而在资本与劳动力之间的不平等,首先是源于财产占有的不平等。诺贝尔经济学奖获奖者詹姆斯·米德曾建议针对资本财富征税,对财产所有人征收财产税,尤其是个人所拥有的消费性财产,如地产、房产等。对这种财产的征税应是经过评估的,税率应是累进的。合理的财产税可能会影响个人储蓄的水平,但对投资意愿的影响应是较小的。

其次是加大教育和公共卫生事业的投入,目标是实现基本公共服务的均等化。劳动者所拥有的知识和体力是其主要财产,在市场经济中,收入与受教育水平的高低相关。提高教育和健康水平是改善收入分配状况的一条重要途径。我国目前教育方面的紧迫任务是:完全普及九年义务教育;着力提高农村文化教育水平;加强对劳工的在职教育,尤其是务工农民的职业技术培训。九年基础义务制教育能使社会取得很大的收益,教育经费应由公共财政支付。对于农村贫困家庭子女,应实行九年教育全部免费的政策。我国务工农民数量已达2亿多人,随着城市化和工业化的发展,从农业转移出来的农民还会继续增加。农民的农业技术培训可结合农业生产进行,而工业和服务业的培训则需根据市场需求有针对性地进行。在农民工相对集中的建筑业、制造业等行业,应以企业为单位由政府与企业合作举办培训班;对于分散在服务业的农民工,则应举办类似社区大学式的技术学院,采取民办官助的方式。目前我国对国企下岗职工的培训有专门的经费支出,但对农民工则没有相应的经费和渠道,这方面要有专门安排,走出一条国际少有的参加者规模以千万计的职业培训道路来。公共卫生的投资与教育同样重要。对于除自己的体力和脑力之外别无所有的劳工,身体健康是他们获取收入的主要条件,一旦生病,将是全家陷入贫困的主要原因。因此,加强公共卫生体系尤其是农村医疗卫生体系建设,是从起点上缩小差别的重要措施。

第三是在当前的农地转让中充分保护农民利益。我国基本的公有财产是土地,最能体现中国经济社会主义性质的是农村土地制度。3

亿多农户在村或组范围内共同拥有土地的所有权,而每个农户平等地拥有使用权,这种土地集体所有制是各国少有而极具中国特色的。但是,这种最能体现社会公平的制度在从生产领域转入市场流通时,却变得最不公平。农地转为非农用地必须经过国家征用,政府给出的地价远低于市场价格。这一地价差额或者转为国家基本建设开支的节省,或者转为各种"工业区"招商引资时企业家建厂成本的降低,更多的则是转为房地产开发商及大量的"房虫"、"地虫"的暴利。农民土地的地租收益应归土地所有者。站在社会的立场上,国家则可以对这部分收益收税。

第三节　社会管理体制的改革与创新

为解决我国社会管理相对滞后的问题,当前必须加快更新社会管理观念,加强和完善政府社会管理职能,提高政府和社会管理的能力,建设完善的社会管理制度。

一、社会管理理念的更新

第一,要树立起公共财政的理念。在现代的政府管理理念中,满足社会公共需求应成为政府财政的首要目标。建立公共财政是为了满足全社会对公共服务的需求,在此基础上建立起政府的治理制度安排。①公共财政具有公共性和非营利性两个基本特征,其收支活动主要通过公共预算来实现。公共财政的提出明确了财政支出必须以公共支出为目标。公共支出必须保证国家机构正常运行,对各类社会事业提供必要的财力支持,为各类公共服务提供必要的资金支持,对各类公益性或非营利性项目提供必要的财政援助。我国目前公共财政支出结构中还带有明显的"建设财政"的特点,公共财政支出被大量用于那些本该由市场发挥作用的领域,政府公共财政支出中经济建设支出过高,用于社

---

① 党的十八届三中全会已经提出了建立财权与政府事权相对应的财税制度的战略任务。

会性公共服务的支出偏低。因此,必须加大我国公共财政支出中的社会公共服务的比重。

第二,要实现从传统社会管理到现代公共管理的转型。传统社会管理的特征之一是简单地强调社会控制和政府单一地分配社会资源。公共管理则强调不以营利为目的,旨在有效地增进与公平地分配社会公共利益的调控活动。在现代公共管理中,政府作为公共管理的核心主体,社会组织与更大范围的公众参与一起构成公共管理的不可或缺的主体。在社会管理中,政府应该鼓励和引导包括各类社会组织在内的公民积极参与。①

第三,要实现社会发展资源的有效配置。由上可知,社会管理是政府的重要职能,但并不意味着涉及社会服务的项目必须由政府大包大揽。在社会管理和社会服务的领域可以打破政府垄断,适当引入竞争机制,充分发挥政府、市场和非营利组织三方面的作用。应该在社会管理和社会服务领域引导社会组织和公众的参与,开展社会服务项目的绩效评估。为了加强和完善政府社会管理的能力和体制,首先是将社会政策集中在政府重点关注的公共福利活动上;其次是把社会政策从行政传统中释放出来;再次是转向一种社会合作机制,即政府、企业与社会部门之间需要建立一种合作互动的良性关系,以缓解社会矛盾,适应日益多样化的社会需求。为了提高对于公共资源的利用效率,可以在社会管理领域适当引入一些市场手段。

第四,要推进社会事业的全面发展。推进社会事业发展是完善政府社会管理职能,统筹经济社会协调发展的重要任务。按照我国计划经济时期的理解,“事业”特指没有生产收入,经费由国库支出的社会活动。在计划经济条件下,“事业单位”是受国家机关领导,不从事经营性活动,经费由国家包揽,不进行经济核算,提供非物质产品和服务的社会组织。社会事业是指中央和各级地方政府领导的社会建设和社会服务,是与行政部门和企业相并列的活动。就更为具体的定义而言,社会

---

① 党的十八届三中全会在这方面也已经提出基本原则,即“党的领导,政府主导,社会协同和公民参与”。

事业是指国家为了社会公益目的,由国家机关或其他组织利用国有资产举办的,从事教育、科技、文化、卫生等活动的社会服务,也就是通常说的"科、教、文、卫、体"等活动。

但是,从当前的发展形势看,原有的社会事业已经远远不能覆盖社会发展所需要的内容。所以,要强化和完善政府的社会管理职能,仅仅依靠发展社会事业是不够的,必须以社会事业为依托,通过公众和企业的积极参与,推动社会的全面发展。同时,要加快事业单位改革,全面推进事业单位及社会事业管理体制改革。改革的目标是要提高政府管理社会生活的能力。这对于构建社会主义和谐社会具有重要的战略意义。

二、完善社会发展的管理体制

长期以来我国之所以出现公共需求与基本供给不足之间的深刻矛盾,一方面是因社会发展资源的投入不足,另一方面则是社会发展资源配置不合理所造成的。前者是社会发展资源配置数量问题,后者则是社会管理体制方面存在的问题。社会发展资源投入不足,一方面是因对于社会发展的性质认识不清晰,在经济快速发展过程中,没有能够使经济发展成果及时转化为社会发展资源;另一方面则是由于缺乏对社会发展资源的全面认识,没有建立起有效动员社会发展资源的机制。社会发展资源配置不合理的原因在于忽视体制的力量,没有把制度因素也作为一种发展动力。经验表明,公平本身就是驱动发展的内在动力。我国人口众多,人均经济发展水平尚不高,社会发展资源相对不足,这是我国社会发展资源投入和配置中的基本问题。

不过,我国现有社会发展问题并不完全是由资源不足造成的,部分是由于资源的配置或认识不到位造成的。比如,从国际比较角度来看,我国的慈善捐赠占国民生产总值的 0.45%,而一些发达国家则达到了 6% 以上;我国从事社会服务的非营利组织尚不及发展中国家平均水平的 25%;我国志愿服务参与率按目前 7 000 万人计算,为 5%,美国为 44%。

　　社会发展资源的社会化,有助于解决当前资源短缺的问题。从物质资源的角度看,现代社会发展资源应当包括三个大类:一是政府的资金投入,主要是公共财政的支出;二是社会对于社会发展的投入,包括社会各界对于社会事业的财物捐赠、时间捐赠和知识捐赠;三是企业对于社会发展所承担的责任。社会发展资源的产出,就是人民生活水平的不断提高、科技教育的持续发展、社会保障的不断完善、社会安定有序等,此外,还包括消除贫困、建立社会安全网等。从制度方面上,社会发展资源还包括:(1)政府制定的有关社会发展的法律、法规、发展规划、社会设施和服务标准等;(2)企业、政府和社会在社会发展领域中形成伙伴战略关系;(3)社会组织的自律与他律等。这些制度性投入的产出是社会结构完善、社会公平与公正。整个社会发展资源的产出包括两个方面,即各类公共事业发展水平的提高和社会结构的逐步完善。

三、完善社会分配与保障体制

　　社会发展资源主要来源于第二次分配和第三次分配以及其他形式的慈善活动。目前,我国正在形成三个层次的财富分配体制和社会的广泛参与。收入分配改革应当成为新时期建立和完善社会主义市场经济体制最基本的内容之一。

　　第一层次分配以市场分配、劳动所取得报酬为主,目的是提高效率。未来一个时期,随着分配制度改革的深化,资本、技术、管理等要素将更广泛和大量地进入分配领域,这一方面会有助于调动劳动者参与经济发展的积极性,但另一方面居民收入分配的差距扩大也会带来新的矛盾和新的问题。因此,采取一定的措施保证改革的公正性,扩大改革的受益面,加快收入分配体制改革应当成为今后一个时期的改革重点。

　　第二层次分配是以国家财政税收及其再分配为主。实施国家的社会福利和社会保障,目的是促进社会公平,也就是我们通常所说的建立和完善公共财政。为了完善第二次分配制度,政府财政支出要坚决从一般性竞争领域退出,公共财政的支出内容必须以"公共物品和服务"为标准来界定和规范,加强财政管理,提高财政资金效率,深化财政支出管理体制改革;按照公共财政要求,合理界定财政支出范围,调整和优化支出结构;实行向不发达地区和弱势群体倾斜的转移支付制度。

第三层次分配是社会慈善活动。慈善事业就是动员社会力量进行社会救济和从事公益活动,是包括社会保障制度建设在内的社会建设的重要组成部分。慈善具有两层含义:一是爱全人类,这种爱通过个人的善举或通过捐献钱物来促进人类的福利和生活质量;二是指通过捐赠、提供服务或其他志愿活动来减轻人类的痛苦和灾难。慈善是改善人类的生活质量的活动。一方面,慈善在其含义上具有法律意义,但又不仅仅局限于达到免税之目的。另一方面,慈善还包含对贫穷、处于困境和劣势状态人群的救济,促进教育科学技术发展,建设公共建筑、纪念建筑物以及出版科学著作等,以减轻政府负担。如果说第二次分配是第一次分配的补充,即政府弥补市场不足,那么第三次分配则是第二次分配的补充,即以社会捐赠弥补政府分配之不足。"第三次分配"是通过免税等激励机制,以个人自愿为基础,以法律为保障。一方面通过慈善捐赠从物质上和精神上缓解某些群体的困境,从心理上、情感上消除不同社会群体之间的隔阂和对立;另一方面动员社会资源推动公共福利事业,诸如教育、科技、文化、卫生、公共服务等等,走出单纯依靠政府发展公共服务和提供公共福利的有限圈子。

完善社会发展资源管理体制,有利于建立一个适合我国国情的社会安全网。包括我国在内的发展中国家的"绿洲"式社会保障制度,仅覆盖占劳动力少数的正规部门职工和公务员。这种社会保障制度与社会保障体制之外社会群体的需求之间有着巨大差距。目前许多国家还不能达到保护承受力差的阶层的目标,相反,资源向所谓精英集团转移会引起社会不稳定。因此,建立一个廉价、覆盖面广泛的社会安全网是发展中国家面临的一个重要课题。

根据我国目前的经济发展水平,中国社会保障的性质只能是维持在社会平均较低水平上的"基本保障",但可以以商业保险和社会互助为补充。必须建立以现有社会保障体系为核心，以社区服务等各类非营利组织的社会救助为基础，成本低廉的社会保护体系，充分发挥政府、市场和社会在社会保护中的不同作用，发挥社区服务、非营利部门和志愿者在社会救助和社会互助中的作用，并使社区服务、非营利部门和志愿者的社会救助活动成为社会保护的重要组成部分。毫无疑问，在动员各类社会发展资源参与社会公共服务提供的过程中，政府导向、政府法律和法规将起到非常关键作用。

第八章 发挥政府的有效管制职能

除了以上两项管理职能以外,政府公共部门还负有对市场以及社会秩序进行规范和监管的职能。这也就是所谓"管制"①的职能。对于经济和社会的管制职能在各国政府那里也已经得到了共识。政府提出了市场监管职能,事实上,管制要比一般的市场监管内容更为广泛,也更加综合。

第一节 关于管制的概念与理论

广义上的政府作为拥有公权力的公共组织,负有为法律和秩序提供框架、为经济稳定提供条件的作用。即便像美国纽约证券交易所这样的资本市场,也要受到公共部门的行为指导,如受到"证券与交易委员会"的监管。人们期望政府能提供良好的法制和秩序,以便能够得到和平、有序和安全的生活活动。这其中就包括了由法院来实施的商业法规和合同法规等等。

一、关于管制的概念

管制从根本上说就是通过法律来允许或者禁止在社会或经济中的

---

① "管制"一词的英文表述是:regulation。该词国内也有翻译为"规制"。本书统一表达为"管制"。

一些活动,如建立关税、提供许可证,或者允许和调控劳动力市场。政府在这方面具有强制性的权力,正是这一点使它与私营部门乃至其他社会部门区别开来。管制既可以是微小的非侵入性的,如收集统计数据,也可以是高处罚性的绝对禁止,如禁止毒品走私等。

管制可以是经济层面的,或者是社会层面的。经济层面的管制,其目的在于鼓励企业和其他的经济部门从事某种经济活动,而避免另外的一些经济活动。社会层面的管制,则通常被看做是试图保护公众和消费者的利益,大多数是涉及质量标准、安全水平和污染控制等。工商部门的管制范围是十分广泛的,既包括财经管制,如对利率、汇率、境外投资的管制等;也包括在更加广泛意义上的公司制度,如公司注册登记,产品的价格管制、质量管制、数量管制,以及各种产品或包装标准等。一些特定的行业通常还需要得到许可,如必须符合职业健康、安全和环境标准等。最后,管制还体现在依据某种贸易惯例或者反托拉斯的立法,限制任何市场勾结和垄断的倾向,鼓励市场竞争。

二、关于管制的基本理论

管制理论是从国家干预主义理论中派生出来的。它主要研究在市场经济体制下政府或公共管理机构如何依据一定的法律、法规对市场微观经济行为进行制约、干预或管理。这一理论也被称为管制经济学。

管制理论认为,市场的局限性和市场失效是政府或公共管理机构进行管制的必要条件。政府或公共管理机构针对市场失效的现象,设计出相应的管制制度来调控市场,约束和规范经济主体的行为,以保证整个社会经济规范有序地运行。

相关的管制内容通常包括以下几个方面:

(1)公益事业政策中的管制,主要以处理自然垄断为目的,以维护帕累托效率。

(2)保护消费者权益、公开信息、保护知识产权等法律中的管制,主要以处理信息不对称为目的。

(3)针对外部不经济问题进行的社会性管制。外部不经济性反映了某一经济行为主体不付费而得到收益或增加了另一行为主体的成本。在这一不公平的情形中交易费用的存在使得市场自身难以解决，因而需要借助政府管制来加以解决。

（4）针对非价值物品进行的社会性管制。有些物品或经济活动市场可以有效地调节，但与社会公德相冲突，如色情、毒品等，因此需借助管制来加以禁止或限制。

（5）财税、金融政策中的管制，主要以保证分配的公正和经济稳定增长为目的。

（6）社会福利和社会保障制度中的管制，主要为了提供公共物品。

（7）民商法及反不正当竞争法中的管制，主要是为了解决不完全竞争问题。

（8）产业政策和振兴科技政策中的管制，以处理多样化市场失效等相关问题为目的。

（9）保护环境、土地及自然资源、劳动保护等政策中的管制。

在上述管制中，（5）和（6）属于宏观经济层面；（7）中涉及的反垄断在西方通常由司法部门处理，称为间接管制，一般不纳入政府管制的范围。余下的管制都属于直接管制，它们均具有由政府直接干预的特点。现代管制理论又将上述直接管制分为经济性管制和社会性管制。经济性管制是指针对特定行业、公用事业、交通、通讯及金融等处于自然垄断方面的管制。社会性管制是针对外部不经济和非价值物品方面的管制。

微观经济学已经证明，在自然垄断、外部效应、信息非对称性等场合下，市场不能自行达到完全竞争状态。而且，即使市场达到完全竞争均衡，也不能保证实现人们所合意的资源帕累托最优配置，因为竞争性市场机制不能自行解决收入的公平分配、社会福利保障和医疗保险、"有害商品"等诸如此类问题。有人因此将前一种情况称为"第一种市场失效"，将后一种称为"第二种市场失效"。这就客观上要求政府必须出面干预和进行管制约束，以实现资源最优配置和社会福利最大化。

因此，那种认为市场经济就意味着企业可以不受政府制约而自由行动，自由地在各个市场之间进出的看法是不现实的。实际上，即使在英、美这些所谓最自由的市场经济国家中,政府对企业的管制也是大量且普遍的。例如,美国有立法依据的独立管制委员会就有 14 个,著名的有证券交易委员会(SE)、联邦电力委员会(FPC)、联邦通信委员会(FCC)、联邦能源管制委员会(FERC)、民用航空委员会(CAB)等,几乎涉及经济活动的各个主要领域。日本则直接由邮政省、运输省、大藏省等政府职能部门依据《电信事业法》、《铁路事业法》、《银行法》等专项法律对所涉及行业内企业实行进入(准入)管制和价格管制。

实际上,政府对经济活动的管制行为自从政府诞生以来就有,但目前发达市场经济国家规范的政府管制体制则是以 20 世纪 30 年代资本主义大危机为背景建立起来的,并在凯恩斯国家干预主义盛行的影响下,于 20 世纪 50—60 年代达到顶峰,形成了一套以对自然垄断行业进行价格和准入管制为中心的庞大的政府管制体系。

但几乎与此同时,以价格和行业准入为主要手段的传统政府管制制度也暴露出很多严重的弊病,主要有:(1)被管制企业内部低效率或无效率;(2)阻碍技术进步的产生与运用;(3)管制成本及关联费用不断增高;(4)管制当局自由裁决权过度,以致"寻租行为"泛滥;(5)"管制时滞"与瞬息万变的市场环境不相适应,造成企业和消费者损失。

这些弊端自 20 世纪 80 年代以来一直遭到很多经济学家的严厉批评,称之为"管制失败"或"政府失效"。同时,20 世纪 70 年代以来国际经济环境发生了很大变化。首先,以信息技术和其他高新技术为中心的新技术革命的发展,令许多产业结构发生了深刻变化,削弱了政府管制的技术基础。其次,以跨国公司为主角的国际资本、人才、信息流动加快,全球一体化进程进一步得到加速。再次,20 世纪 70 年代的两次石油危机冲击使美日等主要发达国家陷入"滞胀",财政赤字扩大,无力维持日益庞大的政府管理费用。这些客观因素的作用,加上关于政府管制的理论上的突破,使得放松管制和改革管制变得越来越紧迫。

第二节　放松与改革管制的趋势

自 20 世纪 70 年代以来,西方国家开始了放松管制和改革管制的进程,促成这一进程的主要原因有如下几个方面。

<h2 style="text-align:center">一、产　业　融　合</h2>

现代科学技术革命的进展促进了产业融合,使产业之间或产业内部出现了替代竞争,如电信业(电子计算机与电话、电信与邮政)、运输业(铁路、航空与公路)、能源(电力、石油与煤气),因而全部或部分地改变了一些行业的自然垄断性质,使一些行业由自然垄断向竞争性结构转变。在这样一些已经改变了自然垄断性质的行业中放松管制,正是适应这些产业迅速发展的需要。

这方面最典型的是电信业。20世纪70年代以前,由于当时的技术所限,一个国家电信业的基本业务——电话需要有统一的网络,电信业所需投资较大。为取得规模经济效益和避免重复建设,统一规划、统一建设、统一经营和统一管理就十分必要,因此电信业被认为是具有自然垄断性质的产业。70年代以后,电信业迎来了放松管制的时代。随着电子计算机技术的发展,电信服务(以电话为主体)与信息处理服务(加工处理信息)之间的界限已不明显。信息处理企业借助通信线路,不仅输送处理数据,而且也开始了通信处理服务(不改变通信内容只改变形式的传送,所谓附加价值通信网服务)。与此同时,由于交换机的电子计算机化,电信企业也开始提供附加价值通信网服务,在通信处理领域内发生了"产业融合"。

此外,在现代科技的带动下,电信业务与邮政业务之间也存在着替代竞争。随着电信业的高速发展,人们之间的交往大量地采用直接、便捷、高速的现代通信手段,特别是互联网络的应用,在一定程度上取代了传统的邮寄业务,在民用、工业、商业和外贸等方面发挥着日益广泛的作用;邮政业务也在技术手段和服务方面不断加以改善,以迎接电信业的挑战。

由此可见,在现代信息传输、积累、处理技术迅速发展的时代,各产业之间的隔墙越来越虚置,而产业间的企业相互渗透、相互竞争则进一步加强,以往按各自产业所进行的管制已经失去了实际意义。因此,对这种因技术革新而出现产业融合的产业,放松管制是不可缺少的。

二、自然垄断行业专业化分工的要求

自然垄断行业不同于一般行业的一个重要特点,是它以网络供应系统的存在为基础,因而具有自然垄断性。这也成为对自然垄断行业进行管制的理论依据。然而,问题的关键在于自然垄断行业的生产全过程是否都具有自然垄断性。回答是否定的。例如,电力产业包括电力设备供应、电力生产(发电)、高压输电、低压配电和电力供应等业务领域,其中只有高压输电和低压配电属于自然垄断性业务,而电力设备供应、电力生产和供应则是非自然垄断性业务;铁路运输中,客、货承运与路网的铺设维护,显然各有不同的职能;通讯、燃气供应等其他几个行业也可大致作出类似的划分。

可见,必须对自然垄断行业中不同生产环节上的业务性质作出区分。那些固定网络性操作业务(包括网络的生产、建设、维护和管理)具有自然垄断性,应该维持独家垄断;而网络运营以外的环节,则不属于自然垄断性业务,应该进行多家竞争。西方国家放松管制的实践正是遵循了这一规律,即在非自然垄断性业务领域引入竞争,在自然垄断性业务领域仍保持独家垄断和管制,这样就不会破坏网络供应系统的规模经济效益,也不会导致重复建设的浪费和恶性竞争。

第三节　如何提供高质量的管制

尽管从国际上看,自 20 世纪 70 年代以来的政府管制改革主要关注的是放松管制。但是,放松管制并不意味着要取消管制。事实上,放松管制的过程往往与侧重于不同重点的新的管制的产生如影随形。各国的改革实践表明,放松管制之后,管制者与被管制对象都面临着许多问题。所以,管制改革的目的并非在于消除管制,而是要提高政府管制的质量。

国际经合组织(OECD)的一份研究报告认为,良好的管制需要遵循以下的原则：(1)管制必须服务于明确的政策目标，应该有助于这些目标的实现；(2)管制需要具备良好的法律基础；(3)管制的社会成本必须是正当的，管制带来的社会收益应大于给社会总福利造成的损失；(4)管制给市场带来的损害必须最小化；(5)管制要通过市场激励等机制促进改革与创新；(6)管制必须清晰、简明、实用；(7)某一具体的管制必须与现有的其他管制和政策相协调一致；(8)政府管制必须尽可能与国内、国际的有关竞争、贸易和投资的规则相互协调。国际经合组织的报告认为，评价一项管制的优劣，必须以这八条原则为准，只有符合这些原则的管制才是良好管制。

美国全美咨询中心将良好管制的原则归纳为以下五条：(1)独立性，亦即政府管制规则的制定与执行必须客观、中立、没有偏私，不可为某个利益集团所左右；(2)开放性，亦即政府管制必须为公众所知，公众应有机会参与政府管制过程；(3)有效性，管制同样需要追求高效率，最小投入、最大收效是良好管制行为的标志；(4)清晰性，管制目标必须清晰，管制规则必须容易理解；(5)可靠性，政府管制必须建立在充分研究和实践的基础上。

虽然各国的政府管制体制与管制改革内容各有特点，但对于良好管制的理解还是具有一致性的地方。所谓良好的政府管制，应该是能够真正实现经济效益与社会公正的高质量管制。总结各国的研究成果，良好的政府管制应该遵循以下的准则：

(1)管制必须体现公共利益。管制是应公共利益的要求，控制市场力量造成危害的一种途径。政府管制是公共权力的运用过程，因此，管制的目的应当是实现公共利益的。良好的政府管制必须遵循公共性原则，这就是说，管制的目的不是为了实现管制者自己的私利，也并非如俘获理论所说的为被管制者的利益服务。政府管制规则的制定与执行过程需要综合权衡各个方面的利益，而非为某一利益群体所用。良好的管制必须能保障公众的基本权利，这是管制公共性的表现之一。如果政府管制损害了公众的基本权利，妨碍了公众基本自由之实现，这样的管制就偏离了公共性原则。显然，管制的目标并非为少数人服务，而是为了提升整个社会的福利水平。从理论上说，衡量一项管制的效果在于,这项管制既不损害任何一群体的合法权益,同时又有利于社会总福利的提高。

（2）管制必须体现合目的性。管制必须是实现一项公共政策目标所要求的。也就是说,管制必须具备充分必要的理由。管制是为了消减市场失效的危害,而并非代替市场机制。管制是为了解决问题而不是制造问题。所以,良好的管制具有明确与正当的政策目标。只有出现了市场失效和公共利益受损的情况,管制才可以介入。如果管制所干预的是正常的市场交易行为,那么结果将是造成社会总福利与个人权益的损失。由于政策目标和现实情况的动态性,管制的合目的性必须接受经常审查。如果出现了这样的情况,亦即随着时间的推移,目标问题已经得到解决或者已经过时,则管制就丧失了其必要性,需要及时地予以废止。良好的政府管制必须是合目的性的,也就是说是有的放矢的。

（3）管制必须具有透明性。管制必须简单易懂,做到目的明确、规则清晰、语言表达通俗。管制服务于公共利益,如果不具备透明性,社会和公众就难以参与或监督管制的过程。结果,管制就可能无法体现公共利益与公众意愿。因此,管制的全过程都必须实现透明化,政府管制规则的制定过程必须广泛听取社会各阶层以及相关利益群体的意见。管制的出台与执行都必须杜绝"黑箱操作",而应该向全社会公开,接受社会舆论的监督。公众有合法、顺畅的途径参与管制规则的制定与执行过程。管制结果必须如实公之于众。为了使管制更好地具备透明性的特征,要求管制的制定和表述必须遵循简明的原则,力求达到既有利于管制的实施又方便公众与被管制者的理解。政府管制规则的数量并非越多越好、越细越好,过多过细的管制规则只能给公众带来麻烦,给政策执行造成不便。良好的管制规则不宜过多,应避免重复,尽量条文简洁。具体规则力求表述准确、意义明晰,防止规则出现漏洞或产生歧义,规则之间应相互协调,避免出现矛盾。政府管制规则的文字表达应尽量做到浅显直白、通俗易懂,便于最大多数公众和被管制者理解。

（4）管制必须具备可行性。管制的目的在于解决公共问题,管制规则是需要付诸实施的。所以,管制措施必须行之有效。良好的管制必须是具有可行性的管制,但同时也必须认识到政府管制存在一定的局限性,也就是说,管制并非包治百病的万能药方,因为政府的管制效能也是有限的。期望管制去实现政府能力边界之外的目的,其结果将是管制失效。政府只管该管和能够管好的事情,这对于管制的效能来说也同样适用。可行性原则贯穿良好政府管制的全过程。在管制决策作出之前,必须审慎考察是否具备相应的物质与非物质条件,管制规则必须适应当前的社会经济状况和政府能力。管制规则的条文必须具有可操作性,管制者必须具备足以执行管制政策的知识存量和技术能力。管制效果必须可以用现实的技术手段进行测评。管制的可预见性后果应该是社会乐于见到的。各国实践表明,管制通常因为缺乏必要的实施条件而流于失败。所以,良好的管制必须遵循可行性的准则。

(5)管制必须遵循法制的原则。现代民主国家遵循法治原则,坚持法律在整个社会中的权威地位。管制作为政府行为的一种,也应该遵循法治的原则。从一定的意义上说,政府管制本身就是一种特殊的立法与执法行为。管制必须依据一定的普遍性规则,而不可恣意行为。经合组织的研究认为,政府管制必须有良好的法律基础。这也就是说,管制必须遵守公认的法律原则,管制规则的制定必须依据一定的法律程序,管制规则的内容不得与宪法及其他相关法律冲突,即管制规则之间同样需要相互协调一致。另外,管制的执行也必须遵守现行法律的相关规定,管制者的行为不得超出法律许可的范围,更不能作出违法的行为。管制必须遵循法定之程序,尊重公民的保留权利,不可滥用权力。

第九章　政府部门的宏观调控职能

在市场经济体制的条件下，也不意味着可以排斥公共部门对经济与社会的各项管理。相反，仍然需要更加有效而全面的治理。在这里，政府公共部门的管理很大程度上体现为对宏观层面的政策调控，而避免在微观层面上对经济活动过多干预。

第一节　宏观调控的重要意义

改革开放以来的社会实践使我们深刻地认识到，在发展社会主义市场经济，推进现代化建设的过程中，市场机制与政府宏观调控总是相辅相成的。市场机制和政府宏观调控都是社会主义市场经济体制的有机组成部分。因此，宏观调控将贯穿于改革开放和现代化建设的全过程。宏观调控不存在何时结束的问题，只不过需要根据不同的情况，适时地改变它的力度、方式和方向而已。

我们自始至终要充分发挥市场配置资源的决定性作用，同时需要提高驾驭社会主义市场经济的能力，需要根据不断变化的经济运行情况加强和改善宏观调控，注意克服市场本身的缺陷，这两者都是不可或缺的。加强和改善宏观调控，又必须自觉遵循市场经济规律，正确认识和处理市场和政府的关系。只有正确处理发挥市场机制的作用和加强政府宏观调控的关系，才能既保持经济发展的活力，又保持经济运行的平稳，促进国民经济持续快速与协调健康发展。

市场经济并不是完全自发形成的，政府承担着组织改革、培育市场主体、促进市场发育的任务。我国的社会主义市场经济是在政府的规划和引导下进行的。在传统计划经济向市场经济转轨的过程中,原有的管理体制已不再适应当前市场经济中出现的问题,新的与市场经济相适应的管理体制和法律体系又不完备,因此,政府要不断地根据改革进程中出现的新问题和新情况,调整改革的方案、安排改革的程序,制定与市场经济相适应的法律法规体系,建立起宏观调控体系和微观管理体系,以规范市场行为,确立市场经济效率。总体上说,是要给市场经济主体创造一个公平竞争的环境,保护消费者利益,逐步形成全国统一开放的市场体系。

政府干预市场经济活动,目标是纠正市场失效。政府通过宏观调控调节总供给和总需求,减少经济周期性波动。政府运用直接投资方式增加社会总供给,调整产业结构。政府采取必要的规划引导和财政金融手段调节总需求和物价水平,抑制通货膨胀,保持宏观经济的均衡,实现经济结构的优化和升级,促进国民经济均衡稳定地发展。政府运用行政、法律和经济的手段治理污染,保护环境,消除有害的外部性,提高社会成员的整体利益。政府使用法律和行政方式,反垄断、反不正当竞争,维持市场的竞争秩序,改进市场效能。

从各国的实践看,现代市场经济,都需要有政府的宏观调控手段。无论发达国家还是发展中国家,政府从未放弃过对国民经济的宏观调控与干预。我国在市场发育和竞争还不充分并受到国际资本挤压的情况下加入 WTO,近几年来又受到国际经济波动的巨大冲击影响,就更需要政府及时、有力、有效地进行宏观调控。这种调控主要体现在:运用规划手段进行中长期发展目标设计,运用政策手段进行间接调节,运用法律手段实施规范性约束,乃至在必要的情况下运用行政手段加以适度管制。

宏观调控能够起到优化资源配置的作用。政府运用因地制宜的公共政策①能有效地调整总供给和总需求,弥补市场不足,抑制通货膨

---

① 　发达国家较为普遍采用的调控政策包括货币政策和财政政策,以及在不同程度上采取的产业政策、区域发展政策等。

胀,熨平经济周期性波动,使社会资源得到充分的利用,协调社会成员的利益,增进社会福利,促进经济持续稳定地发展。

第二节　宏观调控的主要目标

就我国当前政府管理的实践来说,是要实现城乡、地区、经济社会、人与自然、对内对外五个方面的协调发展。为了实现全面协调的发展目标,就必须加强政府的宏观调控能力。就好比开空调一样,热了要开冷气,冷了要开暖气。要见事早,动作快,避免大起大落,更不能酿成大错,造成国民经济大的损失。

政府调控的目标是多重的,这些目标构成一个体系,就经济发展来说主要为四大目标,即实现增长、物价、失业率和国际收支的基本平衡。以下分述这四个主要目标。

一、经济的平稳增长

一国经济实力的提升,国民财富的增加,都有赖于经济的增长。所以,政府一般来说都比较关注经济的增长。目前国际上用来衡量经济增长的主要指标就是"国内生产总值"(GDP)和"国民生产总值"(GNP)。以下我们列举国内生产总值和国民生产总值的计算方法。

一是国内生产总值(Gross Domestic Product,GDP)的计算。

(1)生产法。

$GDP = $ 一国家或地区的所有常驻单位在一单位时间内(通常为一年)所生产和提供的终端产品和劳务的价值总和

(2)分配法。

$$GDP = 利润 + 工资 + 税收 + 资产折旧$$

(3)支出法。

$$GDP = 总消费 + 总投资 + 净出口$$

生产法、分配法和支出法三者只是计算方法的不同,结果是一样的。

二是国民生产总值（Gross National Product，GNP）的计算。

$$GNP = GDP + A - B$$

$$GDP = GNP - A + B$$

其中，A 代表本国公民或公司在境外投入的生产要素所创造的新增产值与收入，B 代表外国公民或公司在本国境内投入的生产要素所创造的新增产值与收入。

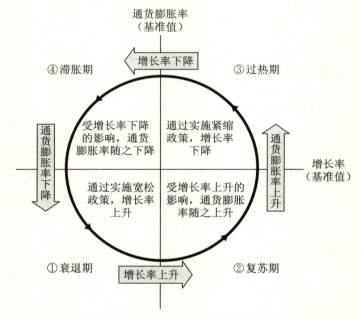

图 9.1　以增长率和通胀率变化为标志的经济周期机制

在经济的周期性变化过程中，要求政府采取与经济运行逆向的宏观政策调控手段，以抚平因周期性波动带来的不良社会后果，诸如通货膨胀、失业率高企、资源与环境问题等等。

近年来，我国经济发展进入"新常态"，经济结构调整优化，经济增速由原来的高速增长转变为中高速增长，经济增长率将会保持在6.5%—7%之间。经济需持续均衡增长，是指在平抑和消除经济周期性波动的同时，实现宏观经济的长期稳定发展。

　　经济的增长需要由投资、消费和进出口所谓"三驾马车"来拉动。经济新常态下,更应该关注消费需求的拉动。长期以来,我国的投资增长都保持在20%以上,长此下去会导致严重的生产过剩。投资的最终目的是为了满足群众的消费需求。消费需求是最终需求,投资只是中间需求。我们要纠正长期以来的投资率高、消费率低的现象,引导消费增长,激励经济的健康发展。

　　另外,用 GDP 衡量的经济增长还只是经济发展中的一个重要指标。我们在宏观调控的过程中,一方面要关注 GDP 的增长,另一方面也不能迷信 GDP。因为,经济的增长既可以通过诸如资源和能源的投入来实现,也就是采取外延式的增长,也可以通过科技进步和劳动生产力的提升来实现。人类可用的资源和能源是有限的,尤其是不可再生资源和能源的消耗是有限度的,环境压力的承受度也是有限的。我们不仅需要有金山银山,更要留给子孙后代以青山和绿水。所以,我们必须改变粗放式经济增长的模式,建设能源和资源节约型的社会,这就必须采取通过科技进步和劳动生产力提升的内涵式的经济增长模式来实现经济的可持续增长。

二、物价的基本稳定

　　物价稳定是指一般价格水平的稳定。一般价格稳定不是指每种商品的价格固定不变,而是指价格指数不变,即没有通货膨胀。通货膨胀不是指个别商品价格的上涨,而是指反映在价格指数上的物价的普遍上涨。根据通货膨胀程度的不同,一般可以将它们划分为:温和通货膨胀、高通货膨胀和恶性通货膨胀。

　　由于市场经济运行的周期性波动,也会带来物价的周期性波动。在经济过热的时候会带来高通货膨胀,这也是市场失效的表现,所以,现代政府的一项职责就是防止通货膨胀和实现物价的基本稳定。通货膨胀的危害性表现在商品的价格指数失效,由此导致价格信号失真,市场机制扭曲,资源配置失误,因此带来经济运行的低效率。另外,通货膨胀还会带来国民财富的不合理分配,导致严重的社会不公现象。因此,政府宏观调控的主要目标之一就是防控通货膨胀,保持物价的基本稳定。造成通胀的原因主要有成本推动型和需求拉动型等。所谓"成本推动型"的通货膨胀,指的是因诸如生产原材料等涨价造成生产成本上涨带来的商品价格的上涨;而所谓"需求拉动型"的通货膨胀,则是指因需求过旺带来物价上涨。具体地讲,造成成本推动和需求拉动的因素又是各不相同的。政府必须善于分析造成物价上涨的原因,对症下药,有效、及时地控制通货膨胀的趋势。

当然,由于需求不足或者生产过剩的原因,经济运行中也可能出现物价普遍下跌的趋势,这就是所谓的"通货紧缩"。通货紧缩的现象同样也是政府必须予以注意的。因为,通货紧缩会加重经济的不景气,会使企业的利润率下降,并可能造成一些企业的倒闭,从而带来严重的经济问题。因此,政府应该通过宏观调控来消除可能造成通货紧缩的各方面因素,如刺激消费、防止生产过剩等等。

三、实现充分就业

如上所述,宏观经济政策的目标,一是实现充分就业,二是保持物价基本稳定,三是促进经济适度增长,四是争取国际收支平衡。其中特别要关注的是提高就业率,降低失业率,正确处理经济增长率、通货膨胀率、工人失业率三者之间的比例关系,尽可能寻找这三大比例之间的最佳平衡点,这就需要有娴熟的领导管理艺术和高超的宏观驾驭能力。

我国作为世界第一人口大国,劳动力资源十分丰富,解决劳动就业问题始终应当成为政府的第一要务。近几年我国城乡劳动力出现了结构性失业趋势,加入世贸组织之后劳动就业形势更加严峻,因此政府要把劳动就业目标作为政府的首选目标,列入各级领导的政绩考核范围,纳入经济社会发展规划。同时,要简政放权,①鼓励投资创业,千方百计创造就业机会,广开就业门路,确立以就业为核心的长期经济政策。

---

① 我国自十八届三中全会以来,在政府行政管理领域坚持简政放权的取向,取得了明显的效果。

充分就业从理论上说反映的是自愿失业者都能够获得就业机会。所谓非自愿失业是指人们愿意接受比现行工资更低的工资仍然找不到工作引起的失业。在充分就业时,自愿失业(人们不愿意接受现行工资而造成的失业)和摩擦失业(生产过程由于工作的季节性、工种转换困难等等原因形成的难以避免的局部的、暂时的失业)仍然不可避免。

所以,充分就业并不是指人人都有工作,而是要把失业率维持在一定的水平之下。这种失业率要在社会允许的范围之内,也就是为社会所接受。实现了充分就业时的失业率就称为"自然失业率"。失业根据不同的原因可以分为四类:自然失业、自愿失业、周期性失业、隐蔽性失业。

(1)自然失业是指由于经济中某些难以避免的原因所引起的失业。比如,劳动力的正常流动引起的摩擦性失业;劳动力与劳工市场结构刚性引起的结构性失业;技术进步引起的技术性失业;某些行业劳动力需求的季节性变化引起的季节性失业等。

(2)自愿失业指由于工人拒绝接受现行工资和工作条件或者企图寻求更好的工作而放弃原有的工作引起的企业。

(3)周期性失业又称为需求不足的失业或非自愿失业,指由于经济萧条对劳动力需求不足而引起的失业。

(4)隐蔽性失业指有职无工的现象。也就是说,虽然有就业但劳动的边际生产力为零的就业状态。

充分就业并不是要消灭各种失业,而是要消灭因需求不足引起的周期性失业,当然还包括隐蔽性失业。

我国仍处在经济社会转型的关键时期,因工业化和城市化带来的新增就业成为摆在各级政府面前的一项重要挑战。"十三五"期间,我国每年仍需安排约900余万人的城镇新增就业,另外还要安排近1 000万人的农村转移劳动力。因此,各地政府必须考虑到我国现阶段的国情,因地制宜地制定政策,尽量安排好劳动力的就业,这是关系到国计民生和建设和谐社会的大事。各级政府及各有关职能部门应切实把改善就业环境和增加就业岗位作为重要职责,充分运用税收、货币、收入等调控手段,力求实现我国的充分就业目标。具体来讲,政府可以采取以下一些政策措施来促进城乡就业。

一是大力扶持就业容量大的中小企业。中小企业是吸纳就业的主渠道。我国目前的民营中小企业已经占到企业总数的 90% 以上,创造了 60% 以上的全国就业。经验表明,凡是中小企业多的国家和地区,就业压力均比较小。凡是大企业居多的国家和地区,就业压力则较大。目前,世界多数国家均将对中小企业的扶持作为政府的工作重点之一。如美国政府专门设立小企业局,每年约有 10 亿美元的资金用于扶持小企业。政府对小企业实行贷款担保,担保风险由政府承担 30%,银行承担 70%。欧盟一些国家规定,只要投资 500 万美元创办中小企业,就可享受政府 5—10 年的税收减免、低价建设用地或基础设施建设支持等优惠政策,同时企业每创造一个就业机会便可获得最高额为 6 000 多美元的就业奖励。瑞士是目前世界上失业率最低的国家之一,主要原因之一是政府十分重视发展中小企业和服务业。在瑞士企业中,雇员在 50 人以下的非工业企业占企业总数的 97% 以上,而员工超过 250 人的企业只占企业总数的 1%。

二是大力发展第三产业,尤其是新兴服务业。在许多国家,第三产业是吸纳就业人员最多的产业。目前,发达国家第三产业的从业人员已占就业总数的 75% 以上,美国这一比例早在 1997 年时就达到 81.2%。我国近几年来在服务业的就业人数迅速增加。这也是目前尽管经济增速有所下降,而就业问题并不突出的重要原因。第三产业的比重上升[①]吸纳了大量的就业,尤其是新毕业大学生的就业和创业。目前,我国服务业新增就业主要集中在互联网、电商、金融、保险、审计、会计、社会福利、社区服务、信息咨询、中介服务等新兴服务行业。从一些发达国家情况看,第三产业的从业人员也主要集中在新兴服务业,尤其是社区服务业。北欧一些国家在社区服务业的从业人员已占全部从业人员的 40% 以上。因此,大力发展第三产业,尤其是新兴服务业,将会有效地改善我国城镇就业的结构性矛盾。

三是加大对促进就业资金的投入。我国各级政府今后对城镇失业

---

① 根据国家统计局数据,我国产业结构优化转型,2016 年全年第三产业增加值占国内生产总值的比重为 51.6%,比上年提高 1.4 个百分点,高于第二产业 11.8 个百分点。

人员的资金投入重点,应逐步从基本生活保障转移到促进就业保障上来,并应加快建立各项促进就业的专项资金。目前,多数工业发达国家均已建立了这种基金。瑞典《就业保障法》规定,将国内生产总值的1.7％投入到扩大就业岗位及劳动力市场建设方面。新加坡政府大力投资兴办吸纳劳动力多的各类社区服务实体、劳动服务企业和流动市场,仅流动市场全国已发展到 500 多个,创造了大量就业岗位。一些国家还对自主创业的下岗职工提供急需的启动资金贷款担保。鉴于我国目前通货膨胀率较低,银行资金存在大量存差的现状,应通过扩大信贷投入增加投资的办法,加大政府对生态、环保、公共服务、卫生等公益事业的开发性资金的投入,直接对城镇失业人群创造就业岗位。

四是有效实施对劳动者就业能力的培训。目前对失业者再就业能力的培训,大多存在培训机构不规范、培训课程不对路、培训费用过高、培训单位与用人单位相脱节等诸多问题,致使一些失业者经培训后仍在失业。对此,我国可以借鉴国外的成功经验。许多国家政府规定,失业者只有在愿意接受职业培训和能证明其在积极寻找工作的情况下,才能领取失业救济金并且规定领取救济金的时间不能超过一定期限,以此来鼓励失业者更加积极地为求职而接受培训。同时,大多数国家的就业培训机构是在政府统一规划和指导下进行,并对失业者在培训期间的学费和部分生活费实行减免,培训经费则由政府向培训机构提供。为减少培训的盲目性,多数国家政府不断跟踪劳动力市场的变化及时调整培训内容,最大限度地发挥培训对促进就业的作用。

五是转变就业观念,积极发展非正规就业形式。长期以来,我国考虑正规就业的因素较多,而采取措施发展非正规就业不力,在一定程度上加剧了就业的矛盾。因此,发展非正规就业和弹性就业形式,应成为我国今后相当长时期内解决就业出路的重点。政府应从多方面政策上鼓励失业人员从事社区服务、以工代赈、清扫环境、维护交通、植树种草、接送儿童等非正规就业工作,并实行季节工、临时工、小时工、轮岗制等弹性灵活的工作形式。要积极引导无业人员树立"职业不分高低"和"劳动光荣"的观念。

六是培育和发展全国统一有序的劳动力市场。建立全国统一、竞争有序的劳动力市场,不仅可以缓解失业者求职无门、用人者招人无路,以及一些人没事干和一些事没人干等就业与需求信息不对称的问题,也可以疏通和加快地区之间、城乡之间、行业之间、部门之间的劳动力转移和流动。目前,很多发达国家都已建立了全国统一的劳动力市场和用人信息网络库,随时为失业者提供国家就业规划、政府就业指导、企业招工信息、培训服务信息、专家职业分析、心理咨询、推荐工作岗位、申请失业补助等各种就业信息咨询。这种通过市场机制对劳动力资源及时和有效配置的方式,可以大幅降低劳动力流动的成本,有效扩大就业。

七是通过立法实现就业服务体系的制度化、专业化。就业服务体系不仅涉及就业标准的界定、就业目标的确定、就业政策的制定、就业措施的实施、就业服务机构的资质审核、就业项目的落实、就业能力的培训等诸多问题,还涉及一系列有关就业法律、法规和条例的制定和实施。目前我国还未形成这样一整套沿着制度化、经常化、专业化、社会化方向发展的城镇就业工作的运行机制。因此,根据市场需求建立劳动者自主择业、市场调节就业、政府促进就业的法律、法规和机制,是我国下一步就业工作的当务之急。

八是深化教育体制改革,调整人才培养结构。我国目前的就业矛盾既存在总量问题也存在结构问题。结构问题主要反映在教育体制、教育结构和专业设置等方面。例如某些专业人才过剩致使部分大学毕业生就业困难,而有些专业如软件人才短缺;在普通教育与职业教育结构上,由于忽视职业技术教育导致技术工人严重不足。因此,应根据社会经济发展对人才的需求结构调整教育结构,缓解目前人才培养结构与市场需求相脱节的矛盾。

四、实现内外经济的平衡

国际收支平衡是指国际贸易(包括商品和劳务)的平衡和国际资本流动的平衡。这不仅影响到国内的稳定,也会影响到国际的稳定。

我国自改革开放以来,经济的对外开放程度不断提高。我国的对外依存度(进出口总额占国内生产总值的比重)仍然高达 40% 以上,目前已经成为世界第一大货物贸易国和第一大出口国。自 20 世纪末以来引进外商直接投资的比重不断加大,长期保持世界第二大外资引进国的地位。

在经济全球化的国际背景下,在我国对外开放程度不断提高的情况下,政府的宏观调控决不能局限在国内的范围之内,必须综合考虑到国际的因素。要考虑到国内国际的经济运行的平衡,同时,也必须实现国际收支的平衡。

多年以来,我国的经济增长更多地依赖于对外出口。从国民经济长期稳定增长的角度看,这样一种经济结构应该逐步加以适当的调整,应该通过内需的拉动来激励经济的平稳增长。

经过 30 多年的实践摸索,我国在调控国际国内经济的平衡增长方面已经取得了很多的经验和很大的进步。但是,面对复杂的国际经济运行局势,我们还需不断学习提高这方面的能力,以使我国经济能够保持长期、平稳、较快速度的发展。

第三节 宏观调控的主要手段——公共政策

公共政策是现代公共管理的重要组成部分,是政府宏观调控社会、经济活动的基本手段之一。公共政策,顾名思义是指公共领域里的行为规范、准则或指导。从一定意义上说,它也是法律的基础。在中国从传统的高度集中的计划经济体制向社会主义市场经济体制转轨的过程中,几乎所有重大的改革措施都是通过公共政策来推动的。

一、公共政策的重要性

为了改善人类自身的生存状态,人们创造了公共政策作为协调人与人之间、人与自然界之间共同发展的调控手段。从这个意义上说,20 世纪是政策科学形成与发展的世纪。

　　进入 21 世纪,科技革命迅猛发展,产业结构调整步伐正在加快,国际竞争更加激烈。在严峻的形势下,经济结构的调整,社会主义市场经济体制的发展,对外开放的扩大,都遇到了许多新问题和新挑战。因此,在着重研究和解决重大战略性问题的同时,还应着重研究和解决好政策性问题,充分利用政策调控手段,正确处理改革、发展、稳定之间的关系,推动经济发展和社会全面进步。

　　制定公共政策是现代政府最基本的职责之一,也是公共管理机构实施公共管理的依据和主要手段。这里所说的政策,是指政府为实现一定时期的战略目标而制定的行动准则和措施,具体实施形式表现为法规、条例、决定、命令、规则等。公共政策的制定与实施之所以成为公共管理的主要内容之一,是因为任何一项公共政策的制定与实施,总是与政府所要解决的政治、经济或社会问题紧密地联系在一起的。

　　一般说来,任何时代、任何政府都会面临一系列需要解决的社会问题,比如劳动就业、社会保障、城市交通、公共安全、基础设施等。在当今时代,各国几乎都面临着环境、人口、资源等方面的社会问题。在我们的日常生活中,除了前面提到的一些社会问题外,诸如教育、文化、社会福利、公共卫生、住宅、市政、能源交通等,都属于公共管理的重要内容。政府的重要职责之一,就是要针对公共管理中的问题,按照一定的程序和方法,制定出解决这些社会问题的公共政策,从而促使社会的协调与发展、推动社会的进步。

二、公共政策科学

　　从最广泛的意义上说,凡由一定的主体作出、同时对政策客体产生了一定影响的要求、希望、规定、制度等等都可以被视为主体的某种政策。就主体与客体发生的关系而言,政策具有明显的行为特征。公共政策则是指其主体是国家公共法权主体的政策。就世界范围而言,公共政策科学化的重要性已为多数国家和地区所认同,并在广泛的政策实践中得到应用。那么,现代公共政策的科学界定是什么呢? 现代公共政策又是怎么发生、发展的呢？本章讨论这些问题。

可以认为，公共政策是第二次世界大战结束后社会科学领域里发展最迅速、影响最大、应用领域最广泛、实证性最强、社会效用最明显的学科之一。公共政策之所以会在较短的时间内迅速地兴起和发展，既与现代社会的特征相联系，也与公共政策学科的特征相联系。

现代政府所面临的已不再是个别的、单一的、简单的和基本稳定或一再重复出现的社会矛盾和问题，而是大量的相互关联、相互制约的愈来愈具复杂性、尖锐性、普遍性、专业性且变化发展的各种社会矛盾和问题。与此同时，社会公众所关注问题和兴趣的焦点，也不再是抽象的理念或原则问题，而是那些与自身利益密切相关的特殊的公共政策问题。比如，犯罪与社会安全、公平与经济发展、种族与社会和谐、战争与外交方针、污染与环境保护，以及住房、卫生、社会保障、公共交通等一系列的实际问题。由于这类问题直接关系到人们自身境况的改善，因而人们对这类问题的关注度与日俱增，并因此造成了对政府制定公共政策的能力、程序、方式以及公共政策质量的要求日益提高。包括社会科学和自然科学在内的诸多学科的不断发展为政策科学的形成提供了一定的理论基础和实用技术，现实压力和未来需要则为其提供了有力的发展动力。从这一意义上说，政策科学的产生和发展是有其历史必然性的。

政策科学由于其具有明显的跨学科特点并被广泛应用于各类社会问题的解决，故其所涉及的学科边界是模糊的。但是，公共政策的主体理论、主要技术方法以及基本的学科范畴还是清晰可辨的。一般认为，公共政策所注重的，是应用人类社会一切可能的知识以及与知识相关联的直觉、判断力、创造力，以更好地制定政策。对所涉及的政策问题，它不仅强调对组成政策的诸元进行分解式的单体研究，而且要求对诸元之间关系的结构及其作用力以及由此而产生的特质进行整体性的分析。

与此同时，公共政策十分注重对政策制定系统本身的研究和改进。换言之，公共政策一方面强调对政策适用者或社会对象的分析，另一方面则注重对政策制定者及其所属系统、程序、方法的优化。总之，公共政策是一门典型的大学科。就公共政策的历史发展阶段而言,所谓现代公共政策通常是指 20 世纪 50 年代以后,以拉斯维尔等人为代表的以科学理性为特征的政府公共政策。

三、公共政策的发展趋势

与传统的政府政策相比较,现代公共政策具有下述主要的特征。

（一）政策内容丰富化

人们愈来愈强烈地意识到,政府的以公共政策手段为核心的公共管理能力之于社会和国家发展的重要的、不可替代的作用。与政府的职能扩张相联系,政府的公共政策的内容亦随之出现了明显的丰富化。这可以从几个方面加以理解:

首先,随着近年来一些发达国家的金融危机和经济危机的不断出现,包括欧美在内的很多国家改变了政府传统的所谓"守夜人"的地位,转而通过各种形式广泛地介入社会经济活动。政府通过中央银行制度控制货币投入量、利率和汇率,通过税率、税种、关税调整产业结构,通过国家投资引导企业行为取向等等,由此成为强大的、主动的行为主体。在日本、韩国等东亚国家,政府不仅制定经济规划、经济发展战略,而且制定用于规范企业行为的经济管制等经济政策,政府政策深刻影响到企业的行为选择。

其次,随着政府社会职能的扩展,政府大大强化了社会公共权力主体的地位和作用。政府在诸如社会公平、社会保障、社会安全、国民教育、公共交通、环境保护、自然资源保护等方面制定了大量的公共政策。这一类公共政策涉及的领域之广泛、程度之深刻、规定之细致,使每一个公民从生到死都不可避免地生活在政府的影响之下。

第三,政府公共政策的内容亦随着人类事务的日益增加而在日益丰富化。例如,外层空间的开发和利用问题、公海的共同开发和利用问题、核能的和平利用问题、防止和克服种种社会危机问题。这类问题的出现是永无止尽的,因此处理这类问题的公共政策的进步与发展亦不会终止。

（二）政策问题日益复杂化

现代社会问题是错综复杂的，公共政策因此也具有了相应的复杂性。公共政策的基本原理是，不可能依据简单的政策去解决复杂的社会问题。政策复杂性可以从以下几个方面加以理解：

（1）政策问题具有相关性。相关性是现代公共政策的主要的政策视野之一。按照系统论的观点，任何因素（因子）都存在于一定的系统之中，任何系统都与另一些系统密不可分。因此，相互依存、互为因果构成了事物的普遍规律。就人类的认识水平而言，人们可以观察和理解现实世界诸多事物的相互关联性，如野生动物与人类生活相关，科技开发和整体工业水平相关，经济体制与经济发展速度、规模、内涵和持续性相关等等。据此，公共政策的价值标准不能只考虑现实的、直接的、直观的政策后果，还必须同时考虑未来的、间接的、潜在政策影响。当然，由于认识水平和现实条件的局限性，每一项公共政策都很难同时周全地判断所有相关的政策因素。

（2）政策目标具有多重性。公共政策在思维特征上是一门选择性科学。公共政策的目标选择具有多重性。譬如，抑制通货膨胀与加快经济增长都是政府的政策目标，但两者之间显然存在难以兼顾的矛盾。实践证明，抑制通货膨胀必须减少货币投放量，而加快经济增长则正好相反。经济快速增长有助于解决失业问题，但减少失业也可能加重通货膨胀。在诸如实现社会均富与激活增长动力的平衡中，在选择"大炮与黄油"等一系列的公共政策问题上，政府会因为政策目标的多重性而陷入两难境地。

（3）政策问题具有动态性。政策问题的动态性表现在两个方面：一是指政策环境或政策对象的变化；二是指政策本身包括政策制定系统的变化。即使政府最充分地考虑到了几乎所有的政策因素，但由于未能准确地判断变化的速度，也会直接影响到政策的实际效力。

四、公共政策的逻辑过程

作为实际的公共政策，从其提出到实施完成，需要有一个过程。这一过程的各个发展阶段通常具有内在的逻辑关系，并表现出逻辑的完整性。一般来说,一项合理的公共政策的逻辑过程会包括以下几个阶段。

（一）政策问题形成

这一阶段包括三个较为细化的阶段,即政策问题、政策诉求和政策分析。政策问题是指,由于客观情势发生了变化,特定的主体感受到了这种变化,并由于自觉价值标准、经济利益、自我意识等受到伤害而发生困惑、不满、愤怒等,于是向政府提起有关政府公共政策的既定诉求。在这里,"客观情势"可能是自然性的,譬如泥石流、洪水、飓风、地震等等自然灾害,也可能是社会性的,譬如交通混乱、危害公众、毒害青少年、税赋不均等等,还可能是自然与社会混生的,譬如环境污染、保护野生动物等。

政策诉求是指,国家政治体系中的非官方的社会行为主体或者公共权力主体,就所面临的问题向政府提出的要求政府采取行动或不采取行动的意愿表达。由于这种要求具有明显的目的性并以政府的公共政策行为为诉求对象,因此也称为政策主张或政策要求或政策倡议。政策诉求的范围极为广泛,从政府应当做什么这样的基本主张,到对某一问题采取特别行动这样的具体建议,均属政策诉求之列。政策诉求关心的是政府应当做什么和通过什么方式做。大如外交政策、国民税收政策,小如移民政策、宠物政策等等,都有可能成为政策诉求的问题。值得重视的是,不同社会群体在同一问题上的政策诉求也常常存在差异,甚至截然不同。这对政府公共政策的公正性、合理性,对政府制定和执行公共政策的能力都构成了直接的挑战。另外,公众政策诉求的形式亦值得给予充分的注意。

政策分析是指,政府面对复杂的政策诉求和复杂的价值标准,按照一定的原则组合起以政策问题专家为主体的政策分析者的组织,而政策分析者会根据一定的理念,应用一定的方法进行比较研究、预测研究、可行性研究,并以此作为政策选择和决定的基础。政策分析体现了政策分析者的世界观、价值观、人生观。通常,对政策分析的结果会提出若干种可能的备选政策方案。

（二）政策决定

这一部分可以归纳为三个较为细化的阶段,即政策选择、政策决定和政策宣示。政策选择是指,在政策分析者所提出的可供选择的政策方案的基础上,政策决定者基于自己的价值偏好、人生态度、谋略思想来判断客观情势、权衡利弊、确定价值,择优选择自认为最佳的政策方案。政策选择不同于政策分析,其主体已经由政策分析者转换为政策决定者;政策选择亦不同于政策决定,这一阶段政策决定者也还需要研究情势并进行对比分析。

政策决定是指,政策决定者最终作出的用以确立公共政策行动的法律地位,指导公共政策的活动方向,确定公共政策的活动内容的决定。政策决定包括了政府的法规、法令、命令、规定、立法和司法解释等多种形式的政府行为。一般说来,政策决定会经历一个互动的过程,尤其是重大的政策决定,通常都是某些合力的结果。

政策宣示是指,在政策决定最终作出之后,通过一定的法定的或约定俗成的方式,譬如记者招待会、白皮书、文件、公报等等,政府正式向公众晓以政策决定。政策宣示也称为政策声明。从广义上说,政策宣示包括了一切国家公共权力主体的关于公共政策的公告。在政府价值判断标准出现混乱的情况下,其政策宣示有可能出现模棱两可、含糊不清、前后错位、自相矛盾的现象。

（三）政策实施

政策实施同样可以概括为三个较为细化的阶段,即政策执行、政策结果和政策修正。政策实施是指,政府在"行动"的界面上与各种行为主体实际发生关系的政策行为。如果说政策宣示是政府所"言",那么政策执行就是政府所"行"。政策执行也称为政策输出。从最广泛的意义上说,政策执行可以用来泛指政府所做的一切事情。在正常的情况下,政策执行是与政府的政策宣示相一致的。但由于多种复杂的主观的或客观的情势,在许多情况下,政府所言与政府所行会出现一些偏差。换句话说,政府所说的未必都是政府所做的,政府没说的未必都是政府未做的。公共政策过程的复杂性由此可见一斑。

（四）政策结果

政策结果是指,因公共政策的实施而对社会、公众等产生的影响。由于政府享有公共法权的权威地位和作用能力,因而对社会和公众有着直接和巨大的影响力。公共政策的实质问题就在于政策对社会和公众产生了什么样的影响。在这方面,公共政策决定的基本的价值判断标准在于,既定的政策是好的还是坏的、是积极的还是消极的;公共政策研究的目的就在于如何提高公共政策的质量。

(五)政策评估

所谓政策评估,也就是根据某些特定标准去判断一项公共政策是否具有价值,或者有什么样的价值。有关政策评估的对象,学术界存在很多歧义,其焦点在于,政策评估究竟是以政策结果还是以政策方案作为评估的对象。从总体上来说,政策评估的意义包括以下一些方面:

首先,政策评估是检验政策效益和效果的基本途径。一项政策正确与否,只能以实践作为唯一的检验标准。而政策评估就是在大量收集政策实际执行效果和效益信息基础上,运用科学方法分析判断政策是否实现了预期目标,以及在多大程度上实现了预期目标,政策所产生的社会效益、经济效益、生态效益如何等等。

其次,政策评估是决定政策走向的依据。一项政策的制定往往是决策者依据有限信息,凭借有关技术和方法对现实情况所作的判断,其中假设成分太多,确定性因素太少,故难以正确驾驭。因此,必须根据政策实际执行状况的评估来决定该项政策是应该延续,还是需要修改调整,或者需要予以废止另选新的政策。

再次,政策评估是改善政策执行不力,提高行政效率的重要保障。政策执行不力与行政效率不高一直是困扰政府部门运营的两大难题,缺少有效的政策评估机制无疑是政府机构改革面临失败的重要原因之一。通过对政策执行过程的评估,能够及时发现执行中存在的问题,有助于及时加以纠正,这样可以有效地监督、预防执行机关怠于执行或执行走样,保证政策被正确贯彻实施,促进行政效率的提高。

政策失败的原因,除了有政策自身正确与否的因素外,不少是因政策执行中的偏差造成的。因此,"政策执行"受到广泛的关注,政府十分重视政策的执行及执行绩效的分析评估工作。各国MPA教育的公共政策课程中,也有不少关于政策执行尤其是绩效分析方面的课程。

(六)政策修正

政策修正是指对既定政策在实践中的错误或缺憾进行改正。一般而论,政策修正不涉及既定政策的方向或性质,而只是在原有政策的基础上进行局部的、有限度的改变。从这种意义上说,政策修正的要义在于调整而不是改变。政策修正是在政策反馈的基础上作出的。

所谓政策反馈,通常是指对已经付诸实行的政策的实际情况作信息反馈。对于有效的政策实践而言,政策反馈是积极的有意识、有目的的一种政策行为。在有效的政策反馈的基础之上,政策决定者也会组织有效的政策评估,继而进行政策修正。

第三篇　公共管理的主体性分析

第十章　公共组织的特征

现代社会需要应对的社会事务无论就其内容和范围都是十分广泛的，这就需要有多种类型的公共组织来予以承担。毋庸置疑，其中最主要的主体应该是政府部门。也就是说，从事公共管理职能的是以政府为主的各类公共组织。本章将对各类公共管理的主体分别予以分析。

第一节　公共组织的属性分析

一、公共组织是服务于社会共享性利益的组织

人是以社会群体的方式存在的，任何社会群体都会采取某种组织形式。所谓组织，也就是人类有意识地为了某些具体的目标而构建起来的群体。根据这样一个定义，组织是自从人类最早期开始就已经存在的人类生存条件的一部分。所以，组织在人类社会是无处不在的。在现代社会中，每一个个体都处于多重的组织类型中。

从历史上，我们可以看到，许多古代文明已经都建立起了一些著名的团队，以便相互协调努力来完成一些共同的组织目标。就这方面的例子来说，在建筑巨大的金字塔的过程中，早期的埃及人就面临着这方面的问题。一个古埃及金字塔占地面积约 5.3 万平方米（13 英亩），高度约 147 米（481 英尺），是用平均 2.5 吨重的 230 万块石头堆建起来的。要完成这样一座金字塔需要用 10 万个人工作 20 年。仅仅是为这10 万人在 20 年的时间里组织食物和住宿供应就已经不是一件简单的

事情了,更不要说整个工程的复杂程度了。同样的例子还有在公元前3100年的埃及人让尼罗河改道这样的巨大的全国性工程。

古代罗马人就已经具备了用十分精制且复杂的社会组织结构来管理整个庞大帝国。这也体现在巨大城市罗马城的规划组织中。在罗马城的组织系统中,包括了整体城市的下水道系统,在城市人口流动的高峰时期的单向交通、交通警察以及精细的道路系统,等等。所有这些都要求人们组织群体行为,每一个人都在这样的整合组织框架中从事分工给他们的工作。这些就是人类为了完成一些复杂的目的,而设计出精制的组织架构以完成一些重要的管理任务。

所以,从历史上看,服务于社会共享性利益的组织形式出现得很早,具有着悠久的历史。然而,在不同历史时期,随着社会生产力的发展,以及社会目的的不同,公共组织形式也会发生革命性的变化。总体来说,人类社会组织正在变得越来越复杂和精致。

从一般意义上看,人类组织本身就是"利益共同体"。这就是说,组织是人们为了某种利益考虑而联合起来的社会形式。而公共组织则是为谋求具有社会共享性利益的共同体。公共组织作为一种组织形式,它自身也有组织成员的共同利益,但这些利益不一定全都是公共利益。

在现代社会中,大多数公共组织都是国家的产物。它们是按照法律建立起来的,并且有赖于公共的资源。公共组织的这种基本的政府特征深刻地影响到公共组织所依存的环境。

比如,财政部和红十字协会都是公共组织。①但是,人们可以看到,尽管这些组织在某些方面是相同的,但它们在另外一些方面则又是十分不同的。它们都由公职人员来领导,都按照等级制对上级负责,都遵循一些文件规则和程序来行事。最重要的是它们都必须对公众负责,它们都细分为一些职能部门,并采取特定的劳动分工。但是这些组织之间显然也存在着差异。它们的规模不一样,它们采取不同的技术路线达到自己的目的,并通过不同的方式来实现其功能。进一步说,两者

---

① 需要说明的是,红十字协会作为国际共性的组织,在我国它是作为政府的组成部分,而在世界许多国家,红十字协会都是作为非政府组织形式存在的,包括国际红十字组织本身。

的最终组织使命（目标）是不尽相同的。

表 10.1　按公共性递减顺序排列的组织形式谱系分布
（从上往下公共性依次递减）

1. 政府
2. 公共事业单位（如教育、卫生部门）
3. 国有企业或公共公司（邮政等公共事业管理部门）
4. 政府赞助支持的公司（政府建立的上市公司）
5. 一些政府项目或机构（医疗保障、公共住房计划）
6. 依靠政府合同和补贴的非营利组织（如美国原子能委员会）
7. 从政府获得大部分收益的民营公司（如美国国防项目承包商）
8. 受严格法规管辖的民营公司（从事公益事业）
9. 从事私物品生产，但从政府合同获得部分资金
10. 受到一般性政府规范的民营公司（如健康管理）
11. 民营企业

二、公共组织的文化特点

任何组织都有自身独特的文化，它是在一个组织中形成的关于核心任务以及人事关系的看法。就如人格是对于个人而言的，组织文化则是对于组织而言的。就像一般意义上的人类文化一样，组织文化也会从一个世代传到下一个世代。

组织文化反映在内化了的"规范"上。无论是对公共部门还是工商业部门的研究都表明，组织文化会具体地影响到组织的活动方式上。

因此，在此意义上的组织就像是人一样，有着具体的思维方式、感觉和行动方式。需要强调的是，组织文化不是某种比喻，组织文化是实际的思想、感情以及行为的系统。组织文化是可以触摸得到的，它的特征体现在组织设计和管理系统上。

组织文化显示为组织的信念系统，通常体现在语言和象征上。组织礼仪就是这样的信念体系的行为反映。一个组织的文化具有约束力，并使其与其他的组织区分开来。在宏观的层面上，我们可以确定公共管理者所共有的主导组织文化。公共管理的文化是基于一套价值基

础上的,即所谓的"公共服务的意识形态"。可以把这些价值的核心内容大致概括为以下几点:

(1) 公共行政部门是执行公意的机器,是作为人民的代表。公共部门体现了人民的一般利益,或者说公共利益。公共部门不能成为少数特权阶层利益的代表。

(2) 公共部门的官员是人民的公仆。

(3) 从事公共服务的官员应该具备各种公共的美德,如努力工作、诚实、公正、智慧、诚恳、公平和值得信赖。官员的行为应该是无懈可击的。

(4) 公共部门的官员应该服从组织,而不是突出自身的利益。

(5) 公务员应该高效和节俭地履行自己的义务。

(6) 对于公共部门官员的任命应该是出于他们的长处,而不是某些人的特权。

(7) 公共部门官员应该像其他公民一样服从法律,按照法律行事。

公共部门的组织文化应该体现这些一般的价值。同时,不同的部门也会因职能不同而有着各自特殊的价值。例如,政府审计部门的管理者就应该严格地坚持公共开支的规则和规定,不能有半点灵活。然而,负责残疾人工作的公务人员在做法上就应该有一定的灵活性,因为每位残疾人的个体情况不同,这应该是他们首先要考虑的问题。所以,审计部门的组织文化与残疾人管理部门的组织文化会有所不同。这些在组织文化方面的差异源于不同机构的任务或者管理方式上的差异,也源于他们所在的环境存在差异。组织文化并不总是有助于组织机构的效能的,但应该是符合公共部门管理的多元价值这一指导思想的。公共部门管理的主导文化并不是一成不变的,它是经过不断积累形成的,并且始终在动态地变化着。

三、公共组织的结构分析

那些集中关注结构和技术的互动作用以解释组织行为的文献通常被称为结构分析。有些结构分析也包括了组织环境的概念。结构、技术、环境及其互动可能会影响到组织变革的方向。

组织结构指的是一个组织中的协调系统,包括岗位描述、岗位协调的政策和程序以及负责确保协调的管理的作用。技术指的是使组织目标相联系的任务网络。

组织机构的建立都是为了服务于组织的任务和目的,服从组织的特定职能。组织目标的实现需要形成某种适合于治理的技术和结构。公共组织的管理并不是从员工开始然后再构造组织的结构和技术来适合于员工,而是反过来,即将结构和技术等要素作为组织变革的控制变量来处理,然后再要求员工适应该组织结构。

从结构的角度进行组织分析的假设前提是,首先,组织角色应描述占据这一角色的员工的类型,而处在这一角色中的员工则应表现出组织所希望他们扮演角色的特质和行为。其次,不同岗位还应附有具体的激励机制,这种激励机制会引导员工的行为,并将员工置于特定的路径中。最后,这种路径又进一步将员工导向其角色,使其成为特定场景中的产物。

在评估结构和技术对于组织变革影响的时候,通常要考虑到的另一个变量就是组织环境。在这点上,无论是公共组织还是商业组织都是开放的系统,因此,组织系统与环境之间有着互动的作用。

第二节 公共组织与商业组织之比较

现代社会是由许多不同形式的组织所构成的,但从总体上加以区分的话,可以分为两个大类的组织类型,即公共组织和商业组织。这两类组织无论是从组织构成的依据、组织活动的目的和形式,还是从各自所面对的问题来加以对比,两者之间有着根本的不同之处。

首先,公共组织通常依据法律成立,其预算大多来自对社会公众的税收。在一些文献中,公共组织通常被称为非市场组织,以便与那些生存依赖于市场供求法则的组织区分开来。公共组织与商业组织不同之处在于它们的宗旨是不同的,它们为保持自身存在所获取资源的方式也是不同的。

商业组织（企业）的最终目标就是使利润最大化，这意味着，如果不能做到使利润最大化，它们就不能在市场上生存下去。公共组织则与此不同，它们是依据法律来获得自身存在权利的，并通过税收获得资金来源，它们的宗旨是为社会提供公共服务。政府作为公共组织部门，其同时也是国家政治制度的组成部分。

商业组织必须关注微观效率，就是说，商业组织追求的是在一定的投入条件下获得最大的产出。公共组织的目标则是实现社会宏观意义上的效率，同时还要考虑到资源分配方面的平等和公平。在具体提供公共服务方面，公共组织也要考虑到以较少的成本实现最大的公共效用。因此，公共组织对于效率的衡量标准与商业组织不尽相同。

换句话说，我们可以就组织所具有的公共性的程度来加以理解。我们相信在这两类组织之间的差异是重要的，因为这种差异会带来某些特定的管理功能（如战略管理和管理信息系统等等）。在公共组织和商业组织之间存在的差异，构成了不同的管理背景和前提条件，这就限制了商业组织中所形成的许多管理理念被直接地照搬到具体的公共组织中。

也有一些学者采用了"公共主导"和"商业主导"的概念，目的是让人们注意到公共性在程度上的差异。如上所述，有些组织的情况是具有过渡性质的。比如有的组织具有商业性质，但却和一些公共机构一样依赖公共的资金来源。也有一些公共组织，如政府所有的公用事业部门，其经济来源主要有赖于销售收入，这与商业组织差异不大。这方面的例子还有邮政服务、公园景区服务以及许多沿海城市的港口服务等。这类组织有的时候会成为争议的对象，这就是，究竟让这类组织完全按照商业模式来运作，还是按照对公共组织的要求来运作？还有一些非政府组织或第三部门组织，它们所履行的职能也类似于政府部门。就像政府机构一样，许多非政府组织显然是没有利润指标和激励的，通常履行的是社会的和公共服务的任务。最后，还有一些非营利组织以某种方式与政府合作，结果模糊了两者之间的差异，如红十字协会等。不过，我们在这里将努力把大多数的公共组织与商业组织区分开来，以便专门讨论公共组织为其管理人员所提供的特定的工作环境。

其次,公共组织和商业组织在经济活动方面也不尽相同。大多数商业组织在经济上是双向的,而公共组织在经济活动方面则是单向的。商业组织要能够销售其产品以挣得足够的钱来覆盖成本并获得利润,它们才可以将业务进行下去。因此,市场代表的是一种商业企业竞争市场份额的系统。商业企业必须让消费者购买足够数量的产品,以获得足够利润,才能生存下去。

与此不同,公共组织则缺乏这样的"市场曝光",在经济上是单向的。尽管它们也会从市场上来获得资源,但在另外的阶段则不需要面向市场。这是因为,一般来说,公共组织并不出售它们的产品。因此,公共组织并不具备市场提供的可以用来衡量其业绩的信息。公共组织的经济活动是由一些监督机构来控制的,其中包括执行机构、立法机构或司法机构。公共组织的财政来自于预算或者收费结构,没有市场曝光的机会,这就会影响到其衡量群体(组织)或者个体(个别工作人员)业绩的效能。在此意义上说,所有的政府机构都是非市场的组织,市场不能提供如对商业企业那样的表现为价格和利润形式的反馈信息。

在公共组织与商业组织这个连续的谱系中,存在着广泛的所谓的混合性组织,它们可能既受到政府机构监督,也受到市场的控制。它们可能与监督机构进行协商,以便获得在某一特定领域提供服务的权利,甚至是关系到它们将要收取的费用等,如各类收费的公用事业组织。不过,混合组织也可以具备某些由市场进行测度的标杆。

公共组织缺乏可以用作衡量尺度的价格和利润指标,但并不意味着就没有可加利用的标杆。这样的标杆是存在的,不过,可能会更加复杂一些。

第三,公共组织与商业组织所面对的问题存在差异。公共组织面对着各种不同的问题,如城市需要的道路建设、自来水和下水道建设等等。事实上,在我们国家的每一个地方都有学校和医院,帮助人们解决教育和就医的问题。对于这些问题的解决方案并非对或错可以评判的,它只能是"好或者还不够好"的评价。换句话说,对于这些问题的解决答案,很少有直接的或者最终的为公众一致同意的评价。

不过,公共组织与商业组织之间的差异也并非绝对,就它们都必须在不同程度上考虑到公共利益这一点上,它们都具有一定的公共属性。此外,近些年来,公共组织的管理模式也有不少是受惠于商业组织的经验成果。近代的商业组织是随着机器大生产而建立起来的。在美国则是与铁路紧密联系在一起的。铁路公司是最早的现代商业企业,它雇用领取薪水的专业管理人员。铁路公司反映出了组织的合理化和科层化的过程。铁路不仅就其采取的技术上来说是科学的,就其所带来的组织结构来说也是符合科学原理的。可以说,铁路的管理实践的演化推动了当代管理方式的进步。

我们所关心的是,铁路带来了新的组织结构,这种组织结构导致了新的管理方式。铁路在地理上的分布要求有不同于工厂生产的管理技术。铁路的管理要求有新的信息系统和计算技术,以便让管理人员获得管理这一新的行当所需的信息。铁路也要求管理人员具备高水平的专门技术。铁路的发展要求雇用一批经理人员来监控在广袤的地域运营的活动,还要任命从中级到高级经理来监督、评估和协调对日常运作负责的管理人员的工作。铁路产生了新的内部行政程序的类型,新的计算和统计控制。在20世纪初出现的大规模生产演进,以及大规模生产和大规模分配的整合,也让厂商得以通过提高生产力而降低了成本。由铁路首先发展起来的管理结构和程序,扩散到不同的企业部门,提高并发展成为现代的产业组织,后来也被引用到公共组织的部门管理中。

总的来说,公共组织与商业组织之间存在着重要的差异,这种差异表现在以下几个方面:

(1)组织依据不同。公共组织是依据法律组建的,而商业组织则是社会自发组织的,虽然也需要经过在公共权力部门注册登记。

(2)追求目的不同。公共组织的基本特点在于它的公共性,与商业组织相比有两个方面的特点:一是相对于商业组织来说具有更为宏观的考虑;二是公共组织的利益出发点不是部门组织本身,而是具有社会性。

(3)财政来源不同。公共组织的经济主要来源于财政,而商业组织则依靠市场经营。

（4）业绩评估标准不同。业绩标准主要是衡量实现公共利益的程度。这里有一个成本和效率的问题，但总的出发点还是以较少的成本实现最大的公共利益。这一点十分重要。

公共组织与商业组织的差异是相对的。同为社会组织的管理形式，两者之间存在着相互补充和学习借鉴之处。

第三节　公共组织的管理

一、公共组织的管理涉及两种效率

效率及其实现机制始终是一般管理也是公共管理的核心课题。随着学科的演进和发展，效率的概念也有不同的含义。公共组织的管理应该包括两方面的效率，即组织效率和配置效率。

所谓组织效率，是指各公共管理主体作为一个组织是如何通过内部管理或资源的内部配制来实现其目标的，也就是所谓的狭义效率。不过，组织效率还只是为公共部门能够及时提供更高质量的公共物品创造了可能的前提。这是因为，效果取向和顾客取向实际上都更关注最终的有效性，而不是潜在意义上的可能性。换言之，即使公共管理主体的组织效率很高，但它所提供的公共物品或公共服务有可能是脱离公众需要的。从这个意义上说，在公共管理中引入市场机制的目的不仅在于创造竞争环境，更在于赋予公众自主的选择权和集体的判断权。因此，组织效率首先是效果取向的，其次是应该由公众（作为公共物品的消费者和顾客而存在的）来评价的，即顾客取向的。只有这样，才能实现公共管理的有效性。

所谓配置效率，特指公共管理资源基于竞争机制，在各公共主体之间，乃至在公共主体与民营部门之间进行竞争性配置所带来的总体效率。正如现实中不可能有完全竞争的市场一样，这里所说的竞争机制也不可能自动地发挥功效。因此，主导性的推动力量必不可少，这在根本上取决于政府与市场的关系模式。

就政府与市场关系来看，两者在一定情况下是可以互补的。这从一方面来说,可以适用于公共物品供给的市场机制。从另一方面来说,政府也可以成为推动市场化的改革主导力量,同时发挥其在公共管理主体体系中的核心地位。这种核心地位是由政府掌握公共权力并负有公共责任的本质属性决定的。

因此,组织效率与配置效率两者之间存在着相互促进的关系。一方面,组织效率的高低可以用来衡量公共管理主体能力的强弱,从而为在竞争中取得公共资源奠定了基础,它也是配置效率实现的一个前提。鉴于政府的独特地位,政府组织效率的高低具有重要的意义,这是政府作为主导性的公共管理主体应该实现的直接目标。另一方面,配置效率的提高,也有利于政府自身管理效率的提高,两者是相辅相成的。关于提高公共管理的配置效率,在本书第二部分做了着重论述,这里重点讨论公共部门组织效率提高的问题。组织效率的提高取决于内部资源的配置状况和内部管理水平的高低。这两者在本质上都可以归结为组织管理体制和管理模式的结果。

二、公共组织的管理规划

(一)规划的含义

规划是所有公共组织的首要职能。规划包括两层含义:一是指制定目标和为实现这些目标所作出的种种选择;二是指在一定的法律法规范围内,舍弃某些选择,制定系统的工作程序。根据不同的侧重面,对规划的理解可以从以下几方面来看:

(1)规划是目标的确立和各种限制条件的评价过程,即"三思而后行"。

(2)规划是为具体行为制定特定的目标,以及实现这些目标的手段。

(3)从广义上讲,规划是制定公共组织在未来一段时间内所要实施的目标,以及为实现这些目标选择最佳的方案和路径。

(4)规划是为达到既定目标,对公共组织的行为所作的必要协调。

(5)规划就是使预计要发生的事情变成为现实。

(6)规划是试图预测未来将要发生的事情,并为此而制定种种措施以防止意料不到的变化。

（7）规划意味着已经预见未来将要发生的事情，并在当前作出必要的安排，以便和这种预见相一致。

（8）规划是对有关选择方案的评估，以及为实现这些方案所采取的手段。

综上所述，这里的所有定义均强调三个重要方面——面对未来、备选方案和理性选择。这就是规划的要素。

衡量一个规划优劣的标准是：规划必须简明扼要地陈述清晰而明确的目标，并包含所有的行为过程；规划应该具有一定的灵活性，以便对发生意料不到的事件时能够作出必要的调整；为一些难以确定的因素保留必要的灵活性；允许经常性的可行性监督检查；已经传达至每一个有关的人员；具有与所制定的目标相符的资源。

上述标准可以概括为：整体性、连续性、灵活性和准确性。

（二）制定规划的必要性

在公共组织的管理中，规划的作用是积极的，它可以使管理活动不至于受到外来变化因素的干扰，使工作沿着既定的目标进行；它有助于细分目标，激发思维。公共管理人员通过规划，自然也获得了评价工作的工具。规划的一个特点是目标的确定，据此，社会就可以把有限的资源投入到一定的目标上，达到资源的合理配置。

从现实来看，由于通货膨胀和成本的日益提高，对许多公共事务（如公共工程）的投资也比以往大得多，这对管理提出了更高的要求。比如，要求尽可能地减少惰性、拖拉，保持工作人员之间的协调和默契，杜绝资金的浪费。在制定规划的时候，必须牢记这样一个原则，给予公共管理人员对所执行的规划提出问题的可能性和权利，这对规划的顺利实施是至关重要的。

一个好的规划能够引导不同部门和单位围绕中心目标规范管理行为，并经常对照检查。各部门根据规划采取最佳的组织和管理行为，这就避免了各自为政，使整个工作进程更趋合理，因此规划本身还能产生效率和协调的效果。值得一提的是，对下属而言，规划还具有规范和约束的作用，也使上级部门对他们的监督和工作绩效的衡量有一个基本的依据。

（三）制定规划的前提和步骤

规划的制定实质上也是管理目标的细分和实现过程，因而，它是有一定前提的。其主要包括以下三个方面：（1）明了规划的目的、本部门的任务和职责；（2）挑选最佳人员，以配备到关键的职位上；（3）为了目标的实现，制定一系列行为约束办法。

规划的制定主要由高级管理人员来承担。规划的酝酿过程实际上是与不同的利益集团、社会不同成员谈判的过程。因此，制定规划必须遵循一定的程序和步骤，以保证规划的合理性。这些步骤包括：（1）目标的分类；（2）对现状作深入的调查和评估；（3）权衡各种规划的选择，选择实施路径；（4）确定最佳的方法。

（四）规划的类型

在公共组织的规划中，长期规划和短期规划是两种主要的形式。所谓长期和短期是相对而言的，不同的情况下差别较大。一般说来，3年或3年以上者为长期规划。长期规划是指导具体管理性规划的规划，必须在充分考虑诸多因素的前提下作出。这些因素主要是：（1）明确目标，了解哪些是必须做的；（2）对当前本部门运行状况进行自我评估，了解自己处在什么样的位置上；（3）和其他部门的规划进行比较，了解相近部门当前的状况；（4）了解哪些规划是可行的；（5）决定采用何种路径；（6）决定由何人来承担，并排出工作日程表；（7）设计反馈和规划评估，及时了解实施的效果。

短期规划是与具体公共事务管理最为密切的一种规划形式，通常是长期规划中的一部分，规划时限一般为一年或更短。其作用是将长期规划分解为很多具体的目标。如果说高级管理人员主要在长期规划中发挥作用的话，那么中、低级管理人员就是短期规划的具体实施者。制定短期规划也同样要考虑上述七种因素，所不同的是它更着重于过程的管控。

如果将规划体系比作金字塔的话，那么越往下，时限就越短，目标就越具体、越细化、越注重于任务的具体实施及完成时限。在公共管理中，最常用的短期规划莫过于年度财政预算的编制了。预算不仅是一个最终规划，而且规划中每一件事都必须经授权方同意才可施行，并都是具体地和资金的使用管控有关。

三、公共组织的组织行为

根据不同层面的公共管理人员对管理工作的贡献,可将组织工作主要分为两个层面:第一层面的工作主要是由高级管理人员承担的,目的是实现公共组织或本部门某一宏观的管理目标,这被称为"组织行为";第二层面的工作主要是由中、低级管理人员完成的,在具体运行层次上,根据现有资源和约束对宏观管理目标进行细分,这被称为"重组"。为了阐述的方便,在大多数情况下,均使用"组织行为"一词。

从本质上讲,组织行为是为了某一特定目标而对权力所作的组合过程。如在美国纽约等大城市成立了"政府理事会",目的是将国家、城市、城镇和城市内的行政区的权力集中起来,以实现依靠单个地方政府的力量所不能达到的目标。又如,交通设施的建设和空气污染的治理,它需要政府和社会方方面面力量的共同努力。也就是说,为了有效地实现某一公共管理目标,就要对某一公共组织或主管部门进行权力的重新组合,或建立新的公共管理机构。在一般情况下,每个组织都会产生较高的权力成本。

(一)组织者

由上可知,对公共组织的授权是需要有法律依据的。但是事实上,要求授权的原因是来自不同的利益群体和变化着的外部环境对立法机构的不同要求。以美国为例,当工会或妇女组织等一些利益群体向州政府施加压力的时候,通常意味着他们要求对相关的管理措施作某种修正。而当能源危机发生时,许多州就会根据公众的要求将政府对能源的管理从公共事业委员会中分离出来。当然,在考虑公众的这些要求之前,权力部门会向上级汇报,咨询这种结构安排是否可行性。如果所涉及的问题技术性较强,那么高级管理人员也会和中、低级管理人员一起,从实际操作的角度对这种结构变动进行探讨。

(二)组织的种类

公共组织的类型主要有以下三种。

（1）根据公共服务的中心目标确定的组织形式。这些中心目标包括医疗保健、教育、征税等。教育系统包括小学、中学和中等专业学校等。医疗保健则包括急诊、门诊、医院和长期保健部门。

为了一定的公共目的而兴办项目通常很容易得到公众的理解和支持。这是因为这些项目不仅能够满足公众的需要，而且也将创造更多的就业机会，从管理者到专业人才，都有大量需求。在此种组织方式中，如果说会有什么问题的话，那么主要还是在公共目标之间如何作明确区分。比如说，当医疗保健部门考虑开办上门医疗业务时，他们同时还需要考虑的相关问题有水质、卫生、停车等，因为这些问题是和上门就医密切相关的。

（2）政府根据办事程序而确定的组织形式。建筑工程的申请和施工、诉讼案件的办理等均需要按照一定的程序来进行，并要调动工程师、律师等专业人员组成必要的组织机构。这种组织机构的优点是它们汇集了大量的专业人员。相比分散在不同的部门和组织中的专业人员，将专业人员集中起来可以为公众提供更好的服务。自然，由这些组织出面招聘专业人员，所达到的质量也会更高。

但是，根据办事程序来设立组织机构并不容易得到公众的理解。由于这里人才济济，因此这些部门的人均工资成本一般都比较高。

（3）根据管辖地域而设立的组织形式。公共组织为了有效处理公共事务，会根据地域管辖的需要设置相应的管理机构。其好处在于：便于当地公众的参与；可根据当地实际情况对工作程序作出必要的调整；有助于对公共事务的快速反应。如果治安警察和消防部门设置合理，那么当意外发生时，警察和消防人员就可以迅速赶到现场进行处理。

公共组织的设立在选择何种组织形式时也会遇到问题，其困难在于如何对服务质量做到一视同仁。总有一些社区接受了相对好的服务，另一些社区的服务则相对差些。为了满足公众一视同仁的要求，所需付出的协调成本是相当高的。

值得一提的是，采取何种组织形式并没有明确的界限。以医疗保健机构为例，有关公共管理机构的设置既要依据一定的工作流程，也要面对一定的服务对象，当然，地域因素也是不能忽视的。总之，出发点都是为了实现一定的公共目标。

（三）高级管理层的组织

在设立一个新的组织之前,高级管理人员需要权衡这个机构对实现公共目标的作用。在组织形成过程中,至少要考虑以下三个问题:首先是所设立的组织必须发挥相应的作用,与中心目标相一致。其次是减少机构内部以及机构和机构之间的摩擦。新的组织机构的设立只能有助于工作的开展而不能起阻碍作用。高级管理人员的职责是着眼于设立并维护新的组织以处理社会公共事务,并使技术程序、正式的政策法规和文书程序按组织运作的要求组成一个密不可分的整体。最后,高级管理人员还必须协调组织内各部门和外部社会各集团之间的关系。

同时,中、低级管理人员则需要考虑另外一些问题:设立的组织机构能反映所要实现的各项目标吗? 其中的工作人员能理解他们的工作吗? 组织条例中是否已经为日后条件的变化留出必要的调整余地? 也就是说,他们必须对高级管理层的意图、目的了如指掌。组织就是对人员的调配和安排,目的是通过职能和责任的落实,更好地实现拟定的目标。为此,必须处理好为实现这一共同目标而组织起来的个人和集体的主观努力和客观能力之间的关系,最大限度地减少摩擦,取得最大的绩效。

（四）中、低级管理层的重组

组织向下级延伸,进入正式运作,这实质上是一个重组的过程。在这一过程中,起主要作用的是中、低级管理层。从广义上来说,重组就是把具体操作者的工作和组织的目标联系起来,操作者的工作就是直接向公众提供管理和服务,而组织的目标则已经体现在总体工作规划中。这种联系的过程就自然包括了重组的成分。从字面上来看,重组一般是指对组织机构作比较大的、非经常性的变动。但是在这里,重组指的是中、低级管理层在组织中的作用。这里包含两个过程:一是将大的目标分解为众多小的目标,以发挥专业聚集的作用;二是努力将这些小的目标联系起来,以产生协作效应(这种协作效应大于单个个体效应的简单相加之和)。由于既需要专业化,同时又要保持组织的协作性,因此,中、低级管理层在努力使自己的工作紧扣高级管理层制定的中心工作时,就必须不断进行重组。

四、公共组织间的相互协调

协调工作是公共组织的主要功能之一。在日常管理中,把众多的机构、部门组织起来是经常发生的事情。特别是当公共管理服务项目出现增加或削减以及规章制度发生变化的时候,组织协调工作显得更加重要。简而言之,协调就是根据一定的时间、数量和质量要求向公众提供最佳服务。

协调之所以在公共管理过程中具有十分重要的地位,原因在于:(1)要执行任何一项公共管理措施并使其获得成效,都必须调动和组织各方面的力量;(2)当一个公共组织为了某一项措施的实施而要求另一个组织的配合时,通常情况下另一个组织对该措施已有所了解;(3)每一个公共组织都必须克服由其成员带来的、不利于完成所分配任务的离心作用。鉴于上述原因,协调的重要意义显而易见。

（一）协调的含义及其功能

在公共管理中,协调是一个比较宽泛的概念。最具有代表性的表述主要有:协调是为了一定的共同目标,对个人行为进行连续性规范、调节的过程;协调就是调节各主体的利益关系,使其根据一定的时间要求及时运作起来,为管理目标的实现作出最大的贡献;协调就是为了某一个目标,在一种群体性的工作中将不同的力量组合起来,即在管理过程中将各主体功能进行有机组合;协调是管理功能、管理行为和管理运作之间的重构、统一、调和和整合过程。

总之,对公共管理中的协调的不同表述主要说明这样几个问题:具体执行的人和最终结果以及部分和个体之间和谐地组合、统一及整合等。在一定程度上,协调的诸多含义同时也说明了其功能的多样性。例如,在一个机构内部,协调的作用可以概括为建立沟通渠道和杜绝有悖于实现整体目标的管理行为。

协调中的沟通是连接人的行为和管理目标的桥梁,它主要由中、低级管理层来实现。在很大程度上,沟通是通过提高公共组织内部的信息有效交流来实现的。在管理工作中,沟通是必不可少的。其原因之一,由于时间的关系,决策层往往会忽略他们所下达的指示或所采取的行动中与整体脱节的地方。其原因之二,高层管理者的指示经常是在匆忙中下达的,如通过电话、个人交谈甚至通过一纸信笺等,因此会缺乏必要的交流。其原因之三,专业人员大都以完成本职工作为目的,很少考虑如何将自身的工作纳入整体目标中。

因此,公共管理者需要经常在日常管理工作和所预期的目标之间进行沟通。那种认为通过任务书或组织制度就可以自动实现沟通的想法是不现实的。

有悖于整体目标的行为通常称作"管理脱节",意指工作程序的相互背离,这是协调工作中的重点和难点。在任何级别的公共组织中,内部管理行为都是围绕着不同的目标来进行的。例如,在一个公共组织内部,高级管理人员因事务繁忙,总是需要预约才能与其见面,为了报销差旅费需要收集所有正规发票,为了完成某项工作,需要花费大量的时间提前准备有关仪器设备,等等。这些为了适应不同需要的工作程序,或多或少已经成为提高效率、实现公共管理目标的障碍。

（二）高级管理层的协调

在当今的公共管理过程中,协调工作为各级管理层所广泛重视。总的看来,高级管理层主要是在协调外部环境和在本部门内部构筑协调机制方面发挥作用。其主要机构是协调委员会。

协调委员会能行使外部协调和内部协调双重职能。对很多公共组织来说,该委员会的权力是由法律赋予的,它可以在各种利益集团之间进行有效斡旋。该委员会通常是由上级指定两个或两个以上的人组成,当对某事的处理已经明显超出了上级负责人的能力范围时,该委员会负责向其提供决策咨询,或在管理工作中直接扮演上级的角色。

总的说来,为高级管理层服务的协调委员会在行使职能时需要注意一些相关的问题,如在所有成员中贯彻本部门的整体要求,形成沟通意识;经常、及时地从上级获取新的工作安排和进程;争取工作人员和各业务主管对委员会工作的理解和支持;提醒下级业务主管留心上级部门所关心的其他事务;等等。

在一些发达国家,最普遍的协调委员会就是职代会。如在美国农业部,就有各部门内部的职代会。实践证明,这些职代会在部门内部能起到减少摩擦、增进协调的作用。其主要表现在:第一,由于意见来源具有广泛的基础,故其所作出的决定通常比个人决定更符合实际。第二,所提出的意见和作出的决定更容易为大多数人所接受。第三,可以省去很多繁琐的文字工作,有利于提高效率。第四,当问题来自各个方面且相互僵持不下时,职代会的作用更加明显,它会兼顾各方利益提出最佳折中方案。

(三)中、低级管理层的协调

中、低级管理层是处在高级管理层和具体操作者之间的中间层次,它的协调功能也就定位于此,即主要在公共管理措施的实施过程中发挥作用。上级管理机构制定的管理措施一般都是妥协之策,因而目标不可能定得很清楚,仅仅是方向性的,甚至是隐含在措施中的。所以,高级管理层就需要寻找一种方式,将这些抽象的目的转换成实实在在的管理任务和管理步骤。

协调是一门艺术,需要它将有利害冲突的集团和个人联合起来,并引导他们为共同的目标同心协力。为了达到这样的目的,有时需要采用一些高级管理层所惯用的办法,如派出代表、成立协调委员会等。但也有一些手段是中、低级管理层所特有的,如通过项目管理和契约监督进行协调就是其中的两种。

第一,通过项目管理进行协调。公共组织内出现各自为政、办事拖拉是难以避免的,所以需要沟通。在公共组织的管理中,由于常常出现各部门的行为和公共目标相背离,也存在需要对各种资源、要素进行配置的问题,这就需要协调。比如在兴建一个公共项目(如建造医院、修筑公路等)时,中级管理人员如项目经理,主要进行具体的项目管理。他们的工作主要是:

(1)设定目标,即将各方分散的、低层次的要求组合起来,形成能为各方所能接受的公共项目;

(2)机构设计,即将项目的各个部分分解给不同的部门负责实施,但保持各部分的整体性、协调性；

（3）信息交流，即对来自各方面的信息进行鉴别、监控；

（4）建立激励机制，使承担各个部分工作的部门尽心尽力，各司其职；

（5）进行战略决策，根据目标，优化决策方案；

（6）修正，即根据需要，对人力和物质资源进行合理配置。

第二，通过对契约履行状况的监督进行协调。在欧美大多数国家，公益事业、人力资源服务、住房建设、医疗保健、劳动力资源的开发等均以合约的形式委托给私人经营，也就是所谓的国有民营。中、低级管理人员就是这种合约的监督者。本着维护公共利益的原则，他们需要具备有关合约内容、合约实施步骤、合约类型等方面的业务知识，并努力成为这方面的专家。具体来说，他们在合约执行过程中所要做的工作包括：

（1）在项目进行过程中，充当公共组织的代表；

（2）不能妨碍合约的履行（如到现场调查、与施工单位见面、向公共组织提交评估报告等）；

（3）从各方面给予必要的协助，如提供信息、协助解决问题、审批等；

（4）与使用该项目的公众广泛接触，倾听他们的意见；

（5）经常提供项目进展报告，在工程结束后严把质量验收关。

综上所述，中、低级管理层在公共管理的协调中所起的作用可概括如下：

（1）中级管理人员通常希望将协调的任务再进一步下放给低级管理者；

（2）协调工作是经常性的业务，耗时较多，但仍应积极主动去完成；

（3）在部门内，协调工作既有横向的，又有纵向的，中、低级管理人员在其中扮演着受公共管理机构委托的角色；

（4）职代会仍然是一个起着重要作用的组织形式；

（5）协调的目的就是将公共组织初期的规划和最终的成果结合起来；

（6）合约的签订在一定程度上转移了工作的责任，相应提高了协调和控制在部门内的作用；

（7）通过以下途径，可以加强协调的作用：将协调的职能分解到个人；制定规章制度以明晰各部门、各管理人员的协调责任；在授权、协调责任不清之处给予理顺；召开管理人员例会，交流协调信息；重视来自非正式渠道的信息。

五、公共组织的管理控制

（一）控制的含义

在实现预先拟定的目标过程中，需要适时对规划进行调整，这一过程就是控制。如前所述，规划是对目标及其实施途径的规划；组织是根据目标设立必要的管理机构；协调是人力和物质资源结合的过程。控制要解决的是如何把具体的运作和最终目标联系起来的问题。控制是一个很活跃的要素，它贯穿于整个管理过程，依据总体目标对管理者和操作者的行为进行指导、修正。

控制实质上也是权力的行使过程。它可以表述为：控制是对管理过程的调节，使之和拟定的目标相符。值得注意的是，控制的目的是实现目标，对人的监督只是控制的手段而不是目的。

1. 控制系统

公共组织的权力源泉是公众。因此，公共管理的目标是以公共利益为重，想方设法提高管理效率和管理绩效。在长期的公共管理实践中，已经形成了一套有效的控制系统，它是公共管理机构产生良好绩效的重要保证之一。

2. 控制过程

控制是权力的体现，它主要在部门内部发挥作用，对人们的行为进行具体的引导。控制不是对既定要素的简单投入过程，而是着眼于对措施或目标执行程序中输入的调整，以达到预期的结果。

有人将控制比喻为房间内的温度调节器。调温器本身不是热源或冷源，它只是起着调节温度的作用。当房间里的温度偏离设定值时，调温器便会启动制热器或制冷器,使温度调回到设定值。正如前面所说的,所谓控制,就是为达到预定的目标而对行为进行调节的过程。

控制系统是由高级管理层设计、制定,而由中、低级管理层实施的。但是在实施的过程中,重点不是系统本身而是具体执行的人。对具体实施者进行必要的干预不是靠施加压力,而是靠更富有人情味的沟通和协调,实施的渠道主要是增进沟通以及合法领导机制的建立。在高层管理人员看来,需要通过下属来传达、实现他们的控制目标,因此在处理问题时需赋予其相当的灵活性。因为当中、下级管理人员接到上级的指示后,需要将其进一步扩展、细分,然后才能逐一付诸实施。

关于控制的过程,可以作以下简要的概述:控制是对结果的检查;控制的目的是确保任何时候任何管理行为均与规划、既定的程序和原则相一致;控制是一个比较、讨论、评判的过程,它可以起到激励规划的制定、强化组织的运作、提高指示上传下达的效率和促进协调的作用。

（二）高级管理层的控制系统

在公共管理中,高级管理层行使控制权力是以一定政治因素为基础的。控制中的政治因素在两方面起作用:一是公共组织运行的外部环境;二是公共组织运行的内部环境。在高级管理层中政治的作用是举足轻重的,这与中、低级管理层相比具有很鲜明的特征。

1. 外部控制

一个公共组织的控制系统是由法律来规定的。由法律规定设立该机构的目的,界定高级管理层的权力,决定哪些权力可以对外或向下属授权。高级管理层要从大量法律条款中明了他们所行使控制权力的界限。他们需要经常从立法部门和不同的利益集团那里了解信息,以及时了解公共组织对他们授权的变动。此外,他们要与对他们的工作可能产生影响的部门保持联系。这样做的目的就是要准确获知来自外部的因素对他们所行使的控制权力（范围、程度）的影响。其中,来自不同利益集团的影响甚大,但它往往被人们所忽视。

高级管理层总是将自己定位于"看门人"的角色,在本部门与授权机构之间充当看护者,故应准确理解权力授予的内容和范围,避免因授权不当而给自己造成被动的局面。

2. 内部控制

公共组织内部的控制程序反映了高级管理层行使控制权力的意志。它要求高级管理层必须准确把握如何以及在什么范围内行使自己的控制权力。

高级管理层的基本控制权表现在以下几个方面：下达一系列正式的指示；准确计算下属完成某项任务所需要的时间；确定工作中哪些方面需要调整，以便和最终目标相一致；决定哪些行为需要纠正，哪些目标需要及时修正；确保新的指示和目标相符。

根据公共管理的一般经验，在繁杂的管理事务中，高级管理层应遵循一些基本的原则。这些原则是从高级管理层的控制系统中提炼出来的。一是所下达的指示必须在自己的权力范围内；二是在下达指示前，要充分考虑下属能否接受，尽量减少下属抵制指示的可能性；三是尽量控制下达指示的数量；四是向下属提出明确的评价工作成绩的标准；五是在众多业务活动中，选择一小部分（尤其是有明显争议的）进行示范性检查，清楚地阐明对下属的要求。

（三）中、低级管理层的控制

控制是对管理行为的调节，使之和预期的目标相符。对中、低级管理者来说，他们的控制重点是执行的结果。他们执行上级制定的目标、规划和标准，并在实际行动中对照检查。当他们认为结果会和目标相符时，他们就拍板批准具体操作者执行该方案，不管所采取的方式是否事先制定的。当发现执行结果不能令人接受的时候，他们就会考虑对其进行干预，并加以纠正，而不管其采取的方案是否事先规定的。这里所说的"考虑"，指的是管理人员必须考虑自己有无能力解除执行者为改变他们的工作方案所产生的抵触。因为不管对哪一级领导来说，了解下属的反映、倾听他们的呼声都是至关重要的。

第十一章　政府部门在公共事务中的主体性作用

政府基于其组织机构的规模、权威性及其领导地位,无可争辩地在所有公共组织中发挥着核心和主导的作用。在有些教科书中,将公共部门直接与政府画等号。从现代公共管理的角度看,这样的理解是不够科学的。我们认为,公共组织总体上应该是一个由政府主导的比较开放的系统。

第一节　政府部门的主要特征

在市场经济条件下,包括企业、个体在内的经济主体倾向于追求自身的、短期的利益,这是一种市场的理性行为。但是,实践证明市场理性有其失效的地方,这就需要有一种具有相对超越性的"公共理性",能够站在全社会长远和全局利益的层面上考虑问题。在现代社会,这种公共理性被公认为是由政府来具体代表和体现的。在此意义上说,政府不同于社会其他组织形态,它似乎"凌驾于"社会之上,是代表全体民众共同利益的众多公共事务的管理机关。基于这样的属性,政府相对于其他社会组织来说,具有以下几个主要的特征:公共性、权威性、行政性、非营利性以及分级管理。

政府作为公共组织的第一个重要特征是它具有完整意义上的公共性及其权威性。相对于其他的具有公共属性的组织来说,政府的公共性是其最具代表性和最强烈的色彩。这是因为,其他的社会组织可能服务于社会某一方面或者某一群体的利益。政府则不同,它需要代表社会整体、长远的利益。即便说某一政府部门也只是服务于某一方的公共需求,比如说,公安部门服务于公众的公共安全需要,民政局服务于一些特殊社会群体的利益需要,但是作为整体上看的政府,它是服务于全体公民的全面的公共需求的。政府的某一具体部门只是作为政府服务于公民利益整体性的一个组成部分。因此,一些政府部门有时会倾向于从部门利益考虑问题,这对政府所从事的公共服务使命来说是极为不相称的。

由于政府作为社会整体公共性的全面代表,作为社会全体公共利益的执行者和实施者,以超越社会各群体利益的形象出现,因而政府也就不可避免地具备了一种公权力。人们通常将政府作为公权力的代表和象征,作为公权力的对等物。政府作为公权力的代表,不仅体现在理念上,更具有现实的物质的体现。这些显然是其他具有公共属性的机构所不具备的。但是,我们必须看到,政府之所以具有公权力,恰恰在于它作为公共利益的代表,作为保卫每一个个体合法利益的代表。我们的政府官员不应将公共的权威看做是自己的权威,也同样不能将其看做是自己所在部门的权威。

政府作为公共组织的第二个主要特征是采取"行政性"体制。也就是说,政府需要按照行政原则和行政程序来办事。政府要形成良好的社会管理秩序,首先必须建立行政程序,按行政规则办事。行政规则是相对于经济原则而言的,具体包括以下几项:一是属地管理;二是首长负责;三是以公文流转为运转方式;四是部门分工负责。行政程序是指政府的办公、决策程序和公文产生、流转程序,也是指企业或个人到政府机关去办事必须经过的程序和环节。

政府办事必须有一个合理的行政程序,包括立法程序、执法程序、审判程序、审批程序、申诉程序、处罚程序等,这也是秩序的组成部分。一方面,行政程序是保证政府正常行使职能的需要,由于政府的一项决定会涉及多个部门,为了协调这些部门,政府就要建立公文流转程序和会签制度;另一方面,行政程序也是为了分清部门责任。当然,合理的行政程序也是政治民主化、办事公开化的体现。它有利于防止个别人凌驾于政府组织之上，以个人代替组织。

必须指出，按照行政原则办事既是政府的优点，同时也是其缺点。说是它的缺点，主要是指它也容易培养出一些只知照章办事、缺乏责任心和创造精神、墨守成规的官僚。此外，不合理的行政程序不仅使政府出现机构臃肿、人浮于事、办事效率低下，还为一些人钻孔子、为自己牟利益、以权谋私创造了条件。因此，建立合理的行政程序是世界各国政府面临的共同课题，也是公共管理制度创新的主要内容之一。

政府作为公共组织的第三个特征是其具有完全非营利性特征。是否以营利为目的，是区分市场行为和政府行为的重要标志。政府是代表全体民众共同利益，从事社会公共事务管理的机关。政府存在的意义是保护全体民众的共同利益，或者说，全体民众是政府活动的受益者。政府在管理社会公共事务的过程中会发生各种支出，如公务人员的薪金报酬、公共设施的建设费用和维护费用等，这些都是通过强制性的税收而由社会成员无偿地承担的。税收是分摊政府服务成本的基本方式。因此，政府在提供公共服务时就不应该存在营利的情况。

非营利性是政府运作的重要特征，也是政府制定政策目标的重要依据。但是，这并不是说政府办事可以不计成本和效益。在市场经济条件下，任何经济主体都必须讲求效益，不过这种效益并不是市场赢利。

政府作为公共组织的第四个特征是其管理体制遵循分级和按职能划分的原则。分级管理是指中央或上级政府按地域来设置下级政府，通过法律或者行政方式授予其部分公共事务的管理权力。一般来说，地域越广泛、人口越多的国家，政府的层级会较多。

第二节　政府部门主导公共事务管理

如上所述，由于市场存在难以克服的内在与外在的机能性缺陷，这就必须依靠政府来加以适当干预和调控。政府具有纠正市场失效的主要职能，也具有组织社会发展和转型的重要职能。总的来说，我国政府当前应该履行提供公共物品、稳定经济、市场监督,以及调节收入分配和社会管理发展方面的公共性职能。

向社会提供各类公共物品是政府的首要公共服务职能之一。社会所需要的产品是公共物品和私人产品的适当组合,但市场无法提供或无法充足提供公共物品,不能实现理想的社会产品组合,因而必须由政府来提供公共物品。在全部社会产品中,公共物品虽然所占比例不高,但它却对一个社会具有基本的保障性功能。诸如国防、治安、法制等纯粹的公共物品,都是一个社会正常运转所必不可少的。

世界银行早在 1997 年的《世界发展报告》中就指出,每一个政府的核心使命包括五项基本责任:确定法律基础、保持宏观经济的稳定、投资于基本社会服务和社会基础设施、保护弱势群体、保护环境。

从广义上说,政府既提供纯公共物品,包括国防、立法、司法、行政管理、道路、桥梁、城市基础设施等,也提供包括基础教育、环境保护等具有较大外部效益的准公共物品。政府向社会提供这些物品时,采用免费供给的方式,其资金来源则是政府的税收收入。采取这种付费方式,既解决了免费搭车的现象,又发挥了收入、财富再分配的功能。低收入者与高收入者享有同等的公共物品,提高了社会福利水平,改进了资源配置的效率(从经济学的角度)。

如上所述,政府稳定经济的职能主要包括两方面内容。一是保护竞争,维护市场秩序。市场的许多缺陷是由于不完全竞争造成的,而市场本身无法提供自身运行的规则,保证充分的竞争。因此政府一方面通过制定各种法律法规,维护市场秩序,抑制垄断,保护知识产权和消费者权益,打击不正当竞争,实现市场经济的法制化;另一方面采用税收、公共定价、补贴等多种方式,消除生产的外部效应、自然垄断,使企业的目标与社会目标保持一致。二是确保宏观经济运行的稳定。事实证明,市场机制运行中出现的经济上下波动无法通过自身途径来解决,必须由政府来加以适当的调节和控制。政府通过制定产业政策和国民经济发展规划,把握宏观经济走势和发展速度。同时,充分运用间接调控手段,如财政政策、货币政策、国债政策等,加以协调配合,促进社会总供求平衡,熨平经济波动。

在市场条件下，由于个人在体力、智力、才能、资本拥有量诸方面存在很大差异，导致单一竞争主导的收入分配是不均衡的，既可能产生亿万富翁，又可能出现衣食不保的贫困者，形成社会贫富差距悬殊的不公平现象。由于每次分配的结果同时又成为下一次分配的起点，故市场机制的不断作用会使差距进一步扩大，这也是所谓"马太效应"与公平的理想目标相背离之处。收入分配不公会引发许多社会问题，扰乱社会秩序，也会危及市场的正常运行。

政府调节收入分配，目的就是对市场分配的结果进行再分配，以缩小贫富差距，缓解社会矛盾，实现社会公平。政府收入再分配的最主要形式就是社会保障制度，它包括两个方面的内容：一是对高收入者征税和对低收入者的救济。政府对高收入者征收累进制的个人所得税，同时对贫困者予以货币或实物形式的救济，维持其基本生活需要。这种收入的转移是政府凭借政治权力强制实行的，它能够有效地缩小贫富差距，使整个社会福利得到改善，体现了公平目标。二是建立社会保险制度。社会保险包括养老保险、失业保险、医疗保险等，它主要是针对社会成员由于收入安排不当或遇到不可预见的灾难而造成生活困难时给予的救济，通常由政府强制实施。由于社会中的每个人都有可能面临突发事件造成的贫困风险，而这种风险有时无法靠个人的经济能力来抵御，因而人们愿意以保险的方式来共同承担这种风险。当某人不幸遇到了灾难，其他人的保费就转移给了他，实现了收入的再分配。养老保险虽然不具备再分配的性质，但它可以有效防止个人因收入安排不当而陷于贫困，因而有助于社会稳定的实现。

政府的调控功能可以有效地弥补市场缺陷。但是我们也应该看到，政府的作用也并非完美无缺，政府在履行公共管理职能的过程中也会出现不到位，乃至失效的情况。

第三节　政府部门的履职到位

党的十八大以来，我国关于在社会主义市场经济建设背景下政府职能的表述，既为我们构建了政府职能的目标定位，也提供了对转轨时期政府管理职能履行的评估准则。通过对比,可以发现政府在履行公共管理职能方面尚存在一些错位现象,也存在着机构间职能交错的问题。

一、避免职能越位

在一些情况下,政府有可能对一些本该由市场解决的问题加以干预,也就是管了一些不该管的事,主要表现在政府直接干预企业的行为。譬如,政府按行业设置主管部门,这些主管部门既无项目又无资金,凭借权力以各种方式向企业收费。又如有些主管部门除了对企业颁发"生产许可证",还规定了许多其他名目,如"准销证"、"准用证",其目的都在于向企业收费。对于国有企业来说,政府主管部门还拥有任命企业领导班子的权力,企业被规定了级别,企业领导按相应的级别享受国家干部待遇,使得企业管理者缺乏风险意识,减弱了企业追求利润的内在动力,也阻碍了企业之间平等竞争。[1]再譬如,企业经营和产权交易都按政府意志决定。管理国有资产并不是政府的内生职能,国有资产的运营应该采取市场化的委托—代理体制,如国有资产运营公司。政府的职责是代表全体人民利益,监控国有资产的运营,保证资产的保值增值。国有资产的运营和增值必须依靠市场机制来实现,政府过多的直接干预有可能扭曲市场机制的有效运转。应该让企业,特别是国有企业成为真正的市场主体,以充分发挥和提升企业,包括国有企业的市场竞争力。

二、避免职能缺位

政府一方面可能积极介入市场有效的领域,另一方面也可能对自身职能范围内的事却无法尽责到位。其具体表现在以下一些方面。

---

[1]　中共十八届三中全会以来,国有企业管理体制的改革已经成为国企改革的重点内容之一。国企领导层的招聘制已经在各地普遍推行。

（一）公共物品有效供给不足

公共物品是政府弥补市场缺陷的关键领域，政府提供公共物品可以实现社会需要的产品组合，提高社会福利水平。目前在政府财力尚不充裕的情况下，还无能力全面提供所有的公共物品来满足社会日益增长的需要。譬如，教育公共服务均等化仍有较长的路要走，突出表现在教育支出的地区分布很不均衡，东部发达地区城市的小学生人均教育经费是西部地区的2—3倍。许多边远地区、贫困山区的义务教育经费不足，这与我国地方财政教育经费投入不足有关。再譬如，在法律法规体系建设方面，仍然存在法制不健全的情况。立法、司法是政府保障社会秩序，维护公民利益的基本职能之一。但由于政府职能履行不到位，在一些方面仍然存在着无法可依、有法不依的现象。例如，在国有资产管理、在反垄断反倾销等方面法律尚未形成完整的体系。

（二）在自然资源和环境保护方面的力度需要加强

我国每年的工业废水、废渣、废气的排放量很大，而净化、回收等处理工作仍然薄弱，大量废气、废水直接排入空中和河流，环境污染严重。近年来，被广泛诟病的雾霾天气问题十分突出。工业烟尘和二氧化硫污染空气，引起酸雨。全国600多个城市，大气环境质量符合国家一级标准的不足5％。城市中的污水有近40％得不到有效处理，直接排进河流、湖泊，使得近90％城市河段被污染，近一半的城市水源达不到饮用水标准。污染严重危害人民的身体健康，也威胁到自然资源的可持续性。①由于缺乏有效的保护，许多地方的河流干涸，草地沙化，森林大火时有发生，生态环境不断恶化，这已成为我们必须面对的一个严峻问题，它关系到我国可持续发展目标能否实现，必须引起政府充分的重视。

（三）社会保障制度建设需要跟上社会发展要求

随着经济多年来的高速增长，加快社会保障制度的建设已紧迫地提到了各级政府面前。政府职能履行的不足之处主要体现在以下几个方面。首先，社会保障尚没有覆盖全社会。目前能享受社会保障的主要包括城镇职工、机关事业单位职工、集体企业职工以及外资企业的员

---

① 参见2017年2月4日国务院发布的《全国国土规划纲要（2016—2030年）》。

工等。在此之外,仍有大量的合同工、临时工等没有相应的社会保障。特别是在广大农村地区建设全覆盖的社会保障制度还有待完善。①其次,社会保险制度尚不完善。我国目前初步建立了养老保险、医疗保险、失业保险制度,但还不够完备,生育保险、伤残保险等尚有待完善。再次,社会救济资金不足。尽管改革以来,我国城乡居民的经济状况有了很大改善,但一部分人生活贫困的现象仍然存在。我国农村人口中仍有一部分没有完全脱贫。据统计,截至 2016 年底,我国仍然有 7 000 万人口没有脱贫,大多数集中在中西部的农村山区。②第四,社会保障基金运作效益不佳。社会保障体系中,社会救济资金来源于政府的税收收入。社会保险基金则是专款专用的,所以,基金运作效益的高低直接影响到社会保险的操作情况。我国的社会保险采用了部分基金制,在运作过程中,国家规定 80％以上必须用于购买政府债券,由于投资渠道单一,又缺乏有效的管理,使得资金的运作效益不佳,基金无法实现保值增值。这方面的工作还有很大的改进空间。

三、避免政府机构间职能交错

政府职能界定不清,可能导致政府职能履行过程中出现越位或者缺位的情况。而政府不同机构职能划分不合理,又会导致各自的职责交叉重叠。其主要体现在以下两个方面。

(一)职能分割,多家分管

政府的某些职能的履行,没有一个机构来集中管理、统一协调,而是被分割成若干部分,由多家机构分管。比较典型的就是社会保障的管理体制。目前,我国政府具有社会保障管理职能的至少有五个部门。城镇职工养老保险和失业保险由劳动部门负责,机关事业单位的干部、公务员的养老和失业保险由人事部门负责,农村养老保险、残疾人社会保障和社会优抚、社会救济等由民政部门负责,部分集体企业养老保险

---

① 近些年来,随着我国农村地区"新农保"、"新医保"的推进,社会保障的覆盖面已经达到了90％以上,但是总体的保障水平仍然很低。

② 我国的"十三五"规划已经明确提出了到 2020 年全面脱贫的宏大计划。

由人寿保险公司负责,医疗保险、生育保险由卫生部门负责。五个机构分别管理,被称为"五龙治水"。同时,国家又允许铁路、邮电等特殊行业按行业设立保险,造成条块分割,分工不清。这种部门职能交叉重叠必然会增加管理成本,且机构膨胀还会造成大量内耗。更为严重的是,责权不明确,一旦出了问题,机构间互相推诿,容易出现管理真空,因此行政效率十分低下。

(二)机构并立,职能重叠

我国行政机构设置缺乏统一的原则,既按行业设置,又按部门设置,甚至按地域设置、按产品设置等,而且每一个机构都讲究上下对口,中央每增加一个机构,各级地方政府增设的对口机构就达上百个。这些机构按不同原则设置,在职能范围上必然产生交叉重叠,齐抓共管,政出多门,使政府的工作很不规范。

政府职能履行的不到位不利于公共服务和社会管理的有效性,也不利于市场的正常运行。政府职能的错位还会导致政府行政权力的扩张,导致机构日益膨胀,滋生官僚主义。机构膨胀与官员寻租行为一方面会给社会经济造成效率损失,另一方面也有损政府的信用。

必须加强这方面的制度建设,才能构建以人为本的社会管理体制,也才能建设和完善以民为本的政府管理体制。

第四节　配合职能转变的政府机构改革与制度化建设

根据公共组织理论,机构设置与组织功能之间存在着内在对应和互动的关系。我国改革开放的发展构成了推动我国政府职能转变的不竭动力。要实现政府职能的有效性,更好地履行其公共管理职能,就必须进行相应的政府机构改革和制度化建设。回顾我国改革开放以来的多次政府机构改革,却是践行着这样一条路径。

一、我国政府机构改革的历程和思路

伴随着 1978 年改革开放以来,我国也开始了关于政府管理职能的

探索定位过程。邓小平在1980年就批评了高度集权的政府体制,指出政府之所以低效率,是因为"管了很多不该管、管不好、管不了的事"①。在1984年《中共中央关于经济体制改革的决定》中,第一次提出了"实行政企职责分开,正确发挥政府机构管理经济的职能"。1987年党的十三大提出:"为了避免重走过去精简—膨胀—再精简—再膨胀的老路,这次机构改革必须抓住转变政府职能这个关键。"在1993年党的十四届三中全会通过的《中共中央关于建立社会主义市场经济体制若干问题的决定》中强调,一方面要"使市场在国家宏观调控下对资源配置起基础性作用",另一方面又要建立完善宏观调控体系,以及搞好基础设施建设,创造良好的经济环境。到1997年党的十五大时,政府更明确提出了加强执法监管部门、培育和发展社会中介组织的任务,解决职能的"越位"、"缺位"和"错位"问题。这样的关于政府职能定位的理念,至今仍然对我们关于公共管理职能的定位探索具有指导意义。改革开放30多年来,我国的经济社会也经历了翻天覆地的变化。

与这样的改革发展进程相适应,中国政府至少进行了六次大的政府机构改革,分别是1982年的改革、1988年的改革、1993年的改革、1998年的改革、2003年的改革和2008年以来的改革。这5年一次的政府机构改革总体上是伴随着经济体制改革的步伐进行的,也是基于我国经济社会新的发展需要提出来的。

1982年9月召开的党的十二大,提出"计划经济为主,市场调节为辅"的经济体制政策。相应地,1982年的政府机构改革,在大力精简国务院机构的同时,增设了国家体制改革委员会,合并、成立了对外经济贸易部。以乡政府取代了人民公社,巩固了包产到户的成果。

1984年10月召开的党的十二届三中全会,提出"社会主义经济是公有制基础上的有计划的商品经济"。1987年12月党的十三大进一步提出"国家调节市场,市场引导企业"的政策。相应地,1988年进行了以"政府职能转变"为任务的政府机构改革,目标是弱化专业经济部门分钱、分物、直接干预企业经营活动的职能,以达到增强政府宏观调

---

① 《邓小平文选》第二卷,人民出版社1994年版,第328页。

控能力和行业管理目的的转变。相应地,1988 年的国务院机构改革,新设立了特区办、版权局、专利局、环保局、技术监督局、进出口检验局等,以适应对外开放的实践需要。

1992 年 10 月召开的党的十四大,明确提出"经济体制改革的目标是建立社会主义市场经济体制",1993 年进行了以"政企分开"为内容的转变政府职能的机构改革。1993 年的政府机构改革,将国家税务局升格为总局,新设立国家外汇管理局,为 1994 年的税制改革和汇率并轨奠定了坚实的基础。

1997 年 9 月召开党的十五大,提出"要按照社会主义市场经济的要求,转变政府职能,实现政企分开"。于 1998 年 2 月召开的党十五届二中全会,审议通过了《国务院机构改革方案》。自 1998 年下半年开始进行了"以转变政府职能"为中心的涉及面最广、改革力度最大的一次政府机构改革。1998 年的政府机构改革,将国家经济体制改革委员会降格为体改办,强化国家经济贸易委员会的功能,将劳动部更名为劳动和社会保障部,目的是加强中央政府应对亚洲金融危机和国内经济紧缩的能力。

2002 年 11 月召开的党的十六大,提出"加入世界贸易组织","进一步转变政府职能,改进管理方式"。于 2003 年 2 月召开的党的十六届二中全会,审议通过了《深化行政体制管理体制和机构改革的意见》。自 2003 年下半年开始进行"完善市场监督体系,加强社会管理与公共服务职能"为方向的政府机构改革。2003 年的政府机构改革,撤销了经贸委,新设立商务部,是出于中国加入世界贸易组织的需要。此次机构改革还成立了国有资产管理委员会,并在全国推进乡镇政府的机构改革。这是为了进一步推进国有企业改革,减轻农民的负担。

如果说,在 20 世纪 80 年代的机构改革主要还是被动地适应经济社会发生转型的需求的话,那么自 20 世纪 90 年代后期以来,就逐步形成了比较成熟的改革思路,这就是按照政府所需履行的职能来确定政府的机构设置。这方面指导性的理念表现在以下一些方面:

一是按照转变职能、政企分开的原则,把政府职能切实转变到宏观调控、社会管理、公共服务方面来,把生产经营的权力真正交给企业。

我国长期以来,政府集经济管理职能和国有资产所有者职能于一身,这种体制形成了政府机构管理中政企不分的特征。由于所有者和经营者的职能没有分开,产权不够明晰,权责不够明确,政府机构有理由也有条件在企业或像企业一样在市场上谋取部门利益。这种"官权"进入市场,使得我们的经济既不像发达市场经济那样有序高效,也不像计划经济那样廉洁公正,更多地集中了两者的缺点,而不是它们的优点。改革数十年来,人们比较多地讨论了企业行为合理化的问题,实际上就我国的情况而言,企业行为的合理化需要以政府行为的合理化为前提,政府不把市场主体应有的权力主动归还企业,并同时承担起提供社会生活和经济活动的公共设施与服务的责任,企业在解决政企不分的问题上几乎是无能为力的。

要真正实现政企分开,关键就是要转变政府的管理职能。首先,把所有权职能与经营权职能分开。政府作为国有资产的所有者,有保证国有资产不受侵犯、保值、增值、享有资产收益的职能。但是,政府所有权并不等于必须直接管理企业、拥有经营权。通过公司化改组,使政府拥有的国有资产所有权转化为股权,企业行使经营权,从而把所有权职能和经营权职能相分离。其次,将行政权职能与所有权职能相分离。前者主要追求政治和经济的稳定、社会公平的实现,后者主要保障国有资产的保值、增值。要把混合于政府职能中的和分散在各政府部门中的所有权职能分离出来,集中起来,使国有资产管理机构能统一代表所有者去执行职能,使国有资产的产权运行脱离行政权的控制,改变政府各个机构对国有资产人人都管,又人人都不管的局面。最后,社会运行职能与经济调控权职能分开。政府作为社会管理者,应培育和发展市场体系,建立完善市场规划和法律制度,保护公平竞争,建立社会保障体系,汇集和传播经济信息,提供服务和创造良好的社会环境。政府作为宏观经济调控者,主要承担统筹规划、掌握政策、制定政策、组织协调的职能,保证国民经济持续、稳定、健康发展。

二是按照精简、统一、效能的原则,调整政府组织结构,实行精兵、简政。加强宏观经济调控部门,调整和减少专业经济部门,适当调整社会服务部门,加强执法监管部门,发展各类社会组织。

　　在社会主义市场经济体制下,企业走向了市场,政府对企业的管理是通过运用物质利益原则,保障经济个体的经济利益;用法律、法规的管理办法,进行约束、纠正和管制。政府从对企业日常经营活动的干预,转到制定社会经济发展战略和宏观经济规划上来;从对企业产品价格的直接管理转移到健全市场体系,转移到完善市场机制和规范市场交易上来;从批项目、分指标等低层次的实物平衡,转到制定和实施产业政策上来。

　　与此同时,政府管理部门要把职责转移到为市场、为企业服务上来,从对企业运用行政手段、行政命令转到提供服务上来,寓管理于服务之中。政府可以为企业提供优质、高效的办事服务,使企业在办事过程中心中有数、程序清楚,少走弯路。政府可以在资源共享、优势互补、规模经营的原则下,为各种经济合作与联合、兼并,牵线搭桥,疏通渠道,协调矛盾。在精简、统一、效能的原则下,政府应充当好自己的角色,应该履行好自己的职能,把本不该属于自己的经济职能统统放开。

　　首先,将本属于企业的权利归还给企业。凡是可以通过市场或由企业自己来解决的问题,各级政府部门不再包揽。政府的职能更多地是服务好企业,如尽量减少不必要的行政审批,帮助企业开拓市场,帮助企业培训技术人才,建设研发公共服务平台等。

　　其次,将一部分职能下放或委托给行业协会、民间组织和经济团体。可以将提供信息咨询、组织技术培训、推动联合兼并、开展交流活动、协调企业经济关系、发展本行业公益事业等职能转移给行业协会、联合体等各种社会经济团体,还可以把政府部门的某些职能如开展行业调查、拟订行业发展规划、研究技术经济政策、制定规范标准、开展产品质量检查等,委托给行业协会或民间组织承担。

　　最后,将一部分职能下放给开发经营和服务性公司。在转变职能过程中,可以组建一些开发经营和服务性的中介机构,让其承担一部分原由政府部门承担的开发经营和服务职能,如社会保险、社会统筹、就业培训、基金管理等。政府的后勤保障系统也要从政府职能中逐步转移出来,成立服务性机构,逐步向市场化、社会化过渡。

　　三是按照权责一致的原则,调整政府部门的职责权限,明确划分职能部门之间的职能分工。将相同或相近的职能交由一个部门承担，克服多头管理、政出多门的弊端。经济专业部门要打破原来的部门界限，立足全局，为全行业服务。部门的专业性管理职能应转向行业的综合性管理职能，专业部门不再是综合部门的具体执行机构，要把一部分综合管理职能转移给相应的综合管理机构。政府的综合经济管理职能要加强，专业性的管理职能不能划分太细，并且应向行业管理过渡。

在分析了我国行政体制改革的诸多问题后，如何构建适应我国社会主义市场经济体制要求的政府机构组成模式的问题摆在了我们面前，即具体设置哪些部门才是最符合市场经济要求，同时又是最适合我国基本国情的，对此人们的观点不尽相同，争论的焦点主要集中在政府权限的划分上。

二、1998 年以来对应公共管理职能的政府机构改革

1998 年以来的机构改革，是我国自改革开放以来所进行的一次全方位机构改革，也是新中国成立后我国政府改革力度最大的一次机构改革，是一次基于对政府管理职能的全新认识的主动全面的机构改革。改革的效果十分明显，组织实施也比较平稳。但改革仍然具有过渡性的特点。全国市县乡的机构改革主要由各地结合实际进行，目前仍在因地制宜平稳地推进之中。由于 1998 年的政府机构改革主要是对应于公共管理职能的，因此具有较为典型的意义，我们在这里作较为详细的概述。

（一）机构改革政策出台的背景

1998 年以前的几次精简和机构改革，与当时的政治环境和经济体制的调整是分不开的，对解决当时管理体制中存在的问题、促进经济的发展，都起到了十分的积极作用。但是，改革体现在权力仅在各级政府和政府部门之间的上下左右移动，其管理职能与管理方式没有根本触及，计划经济时期形成的条块投资体制和"官本位"的机制也未得到改变，机构改革常常陷入四个"循环圈"：一是机构和人员数量出现"精简—膨胀—再精简—再膨胀"的循环；二是机构的组合方式出现"合

并—分开—再合并—再分开"的循环;三是行政权力出现"上收—下放—再上收—再下放"的循环;四是行政管理方式出现"分散—集中—再分散—再集中"的循环。

在 20 世纪 90 年代中后期,由于历史条件的制约和宏观环境的限制,政府机构存在的诸多问题越来越明显,管理体制和机构设置与社会主义市场经济发展目标的矛盾日益突出,其表现在:(1)政企不分,政府与企业职能错位,政府直接干预企业的生产经营活动,不能适应建立现代企业制度的要求;(2)政府管理方式滞后,主要依靠行政手段管理经济和社会事务,管了许多不该管、管不了、管不好的事情,影响到政府集中力量去办好那些应该办的事情;(3)机构重叠庞大和人浮于事的现象严重,全国财政供养人员年增幅大大高于同期总人口的增幅,财政不堪重负,阻碍了社会生产力的发展;(4)行政效率低下,滋生文牍主义和官僚主义,助长贪污腐败和不正之风,影响了党群和干群关系。因此,改革势在必行,不改革没有出路。

1998 年初,《国务院机构改革方案》先后提请国务院常务会议、中共中央政治局常委会和中央政治局会议审议讨论,并获得原则同意。1998 年 2 月,中共十五届二中全会审议通过了几经修改的改革方案,并建议国务院提交九届全国人大一次会议审议批准。1998 年 3 月,九届全国人大一次会议审议了《国务院机构改革方案》,并以绝对多数票通过。1998 年下半年开始研讨地方政府机构改革问题,并提出改革方案。1998 年底,中共中央政治局讨论并原则同意《关于地方政府机构改革的意见》,1999 年初下发各地贯彻执行。

（二）机构改革的目标和原则

这次机构改革的目标十分明确,就是建立办事高效、运转协调、行为规范的行政管理体系,完善国家公务员制度,建设高素质的专业化行政管理干部队伍,逐步建立适应社会主义市场经济体制的有中国特色的行政管理体制。改革主要坚持以下原则:

（1）按照发展社会主义市场经济的要求,转变政府职能,实现政企分开。把政府职能切实转变到宏观调控、社会管理和公共服务方面来,把生产经营的权力真正交给企业。

　　（2）按照精简、统一、效能的原则,调整政府组织结构,实行精兵简政。加强宏观经济调控部门,调整和减少专业经济部门,适当调整社会服务部门,加强执法监管部门,发展社会中介组织。

　　（3）按照权责一致的原则,调整政府部门的职责权限,明确划分部门之间的职能分工,相同或相近的职能交由同一部门承担,以克服多头管理、政出多门的弊端。

　　（4）按照依法治国、依法行政的要求,加强行政体系的法制建设,实现政府机构、职能、编制、工作程序的法制化。

　　（三）国务院机构改革的主要任务

　　1998年国务院机构改革,主要包括以下内容:

　　（1）把综合经济部门改组为宏观调控部门。宏观调控包括财政、货币、规划等政策手段。宏观调控部门的主要职责是:保持经济总量平衡,抑制通货膨胀,优化经济结构,实现经济持续快速健康发展;健全宏观调控体系,完善经济、法律手段,改善宏观调控机制。国家计划委员会更名为国家发展规划委员会。保留国家经济贸易委员会、财政部、中国人民银行。为了加强国务院对经济体制改革工作的领导,原国家经济体制改革委员会改为国务院高层次的议事机构,总理兼任主任,有关部长任成员,不再列入国务院组成部门序列。

　　（2）改革和精简专业经济部门。专业经济部门的改革和精简分为三种形式:第一种形式是将专业经济部门改组为部委管理的国家局;第二种形式是撤销专业经济部门,其行政管理职能交由政府有关部门负责;第三种形式是合并组建新的部门。

　　1999年1月5日,党中央、国务院下发了《关于地方政府机构改革的意见》,对地方各级政府机构改革的目标、原则、职能转变、部门调整、精简机构和人员编制等作了明确规定,为地方政府机构改革提供了指导性意见和应该遵循的基本框架。

　　从总体上说,地方政府机构改革的目标和原则与国务院机构改革的目标和原则是基本一致的。但是由于中国幅员辽阔,人口众多,而且各地的经济社会发展不平衡,因此在地方政府机构改革中,除了要遵循一些共同的原则外,中央还强调要坚持实事求是的原则,要求各地从实际出发,结合地方各级政府行政管理的地域特点、经济和社会发展水平、市场发育程度、人力资源状况,制定具体的改革方案,进行分类指导,因地制宜地推进改革。

在市县乡机构改革过程中,大城市政府一般设置工作部门 40 个左右,中等城市 30 个左右,小城市 22 个左右。自治州政府设置工作部门 25 个左右,较大的县政府设置工作部门 22 个左右,中等县 18 个左右,小县 14 个左右。经济发达、规模较大的乡镇政府设置若干个工作机构,边远贫困、规模较小的乡镇一般只设立 1 个综合工作机构,有的只确定若干助理员。市县乡的人员编制精简比例由省、自治区、直辖市研究提出,报中央批准后,由各地根据当地的实际情况具体实施。总体看来,这次改革力度较大,表明了中央的决心大,态度积极,但实施步骤仍比较稳妥。

（四）政府机构改革的成效与特点

经过努力,国务院和省级政府机构改革进展顺利,基本达到了预期目标。不过,继续巩固改革成果的任务仍然任重而道远,许多方面的改革还有待随着环境和条件的改变不断深化。

在机构改革过程中,国务院各部门和省级政府围绕改革的目标,遵循改革的原则,抓住改革的关键,重视改革的难点,采取了许多积极有效的措施,较好地完成了机构改革的任务,改革取得了明显的成效。从已经实施的国务院和省级政府机构改革情况看,机构改革的成效主要表现在以下几方面:

首先,加强了国家宏观经济调控。将综合经济部门改组为宏观调控部门后,改变了传统的规划投资方式,逐步培育和形成了市场投资主体,开始建立政企分开的投资体制。竞争性项目投资由企业自主决策、自担风险,所需贷款由商业银行自主决定、自负盈亏,用项目登记制代替行政审批制,把投融资活动推向市场。极少数以社会效益为主的大型基础设施项目,以国家投放资本金为主,由政策性银行通过财政投融资和金融债券等渠道安排建设。宏观调控部门不再具体审批投资项目,也不再划分基建投资和技改投资,其主要职责是:保持经济总量平衡,抑制通货膨胀,优化经济结构,实现经济持续快速健康发展;健全宏观调控体系,完善经济、法律手段,改善宏观调控机制。

其次,有效地实行了政企分开。省以下基本撤销了专业经济部门,国务院专业经济管理部门改为国家局作为过渡,在国家经贸委管理下,具体负责制定行业规划和行业政策,进行行业管理;引导本行业产品结构的调整,维护行业平等竞争秩序。专业经济部门实行政企分开,不再直接管理企业。政府部门不再直接管理企业,对国有重点企业试行稽查特派员制度,通过监事会对企业进行监管。政府与国有企业的关系调整为政府按投入企业的资本享有所有者的权益,对企业债务承担相应的有限责任;政府向企业派出稽查特派员,监督企业资产运营和盈亏状况;政府负责企业主要领导干部的考核、任免。企业则依法自主经营、自负盈亏、照章纳税,追求市场份额与经济效益最大化,对国有资本负有保值增值的责任,维护所有者权益。

第三,实行政事和政社分开。通过调整政府与社会的关系,改变了政府在资源配置中的主导作用,充分发挥市场的基础性作用。政府将集中精力抓好经济和社会发展规划、政策指导、执法监督、组织协调以及公共服务等方面的工作。一些辅助性、技术性、服务性工作从政府职能中分离出来后,主要交给事业单位或中介组织,会计、审计、律师事务所等社会服务组织与政府主管部门脱钩,逐步成为相对独立的企业法人。同时,行使政府管理职能的新闻出版、旅游和知识产权管理机构等事业单位改为行政机构,规范了政府与事业单位和社会组织的关系。

第四,规范行政审批,加强执法监管。把改革行政审批制度作为转变政府职能的切入点,减少了审批事项;对依法保留的审批事项,简化了环节,规范了程序;通过建立审批责任追究制度和审批监督检查制度,推动了政务公开和依法行政。将工商行政管理、质量技术监督部门改为省以下垂直管理体制,省以下环境保护、国土资源部门的管理体制也进行了调整,大大加强了这些部门的管理和执法监督的力度。通过综合设置商场执法队伍,减少了交叉扯皮;将管与办分开,并实行收支两条线,提高了执法监督的公正性和权威性。

第五,通过合理划分职责权限,理顺了各方面关系。在政府部门的"三定"过程中,明确了部门之间的职能分工,相同或相近的职能交由同一个部门承担,克服了多头管理和政出多门的弊端。国务院各部门之间调整、转移 100 多项职能,下放给企业、社会中介组织和地方 200 多项职能。在地方机构改革中,理顺了省与市县的关系、市与区的关系、区与街道的关系、县与乡的关系,以及各部门之间的关系,避免了职责交叉和扯皮。这次改革根据地方政府各层级的行政地位和功能特点,加强了省级政府区域经济调节和社会管理职能,把属于科技、教育、文化、卫生、治安、民政等方面的事务,主要交由市、县政府管理。同时,结合行政审批制度改革,向市、县政府下放审批权限,使市、县政府有更多的自主权和决策权。

第六,精简机构和人员。通过改革,国务院组成部门减少 11 个,减少 27%,各部门内设司局机构减少 200 多个。机关人员编制总数减少 47.8%,基本上达到了精简一半的预期目标。在省级政府机构设置上,第一次明确省级政府机构分为组成部门和直属机构,组成部门一般设置 25 个左右,除中央政府独有的外交、国防、铁道、中国人民银行外,省级政府组成部门的机构设置与国务院组成部门基本对口;直属机构 15 个左右,除一些事权比较单一的机构外,还包括一些地方因地制宜设置的机构。全部撤销了工业、商业、物资等专业经济管理部门。

（五）政府机构改革的中长期趋势

社会主义市场经济体制的建立和完善是一个长期复杂的过程,而社会发展趋势也在不断演进的过程中,因此与之相适应的机构改革也将是一项长期而艰巨的任务。21 世纪是知识经济的时代,是科技高速发展的时代,这就对政府的行政管理效率和服务质量都提出了越来越高的要求。经济全球化的进程,必将对中国经济生活产生巨大影响。作为社会经济活动管理者的政府,在管理理念、政府职能、管理体制、运行方式等方面都会遇到冲击,只有进一步深化行政体制改革,才能建立同社会主义市场经济体制以及新的社会发展需要①相适应的有中国特色的行政管理体制。党的十八大以来政府沿着这一改革思路不断推

---

① 中国在本世纪以来已经全面进入老龄化社会,养老保障的问题以及老年人照顾问题日益突出,对于政府社会管理提出了严峻的挑战。

进,取得了十分显著的成果。

中国政府越来越成熟地运用公共政策手段和法律手段对经济和其他各方面事务实行宏观调控、社会管理和公共服务,不断提高服务质量,从而更好地为公民服务。随着经济体制改革的深化,机构改革的政策趋势应当是正确处理改革、发展和稳定的关系,不断拓宽改革领域,深化改革内容,逐步建立与社会主义市场经济体制相适应的办事高效、运转协调、行为规范的行政管理体系。

1. 政府机构改革与经济体制改革和社会发展协调推进

从中国历次机构精简和改革的经验教训不难看出,每一次大规模的机构改革都是在经济体制改革和经济发展到一个关键时期进行的,都是以适应经济体制改革和经济建设为主要目的的。同时,机构改革对经济体制改革又具有重要的推动作用,因为中国的改革开放是一场深刻的社会变革,涉及政治、经济、文化等各个领域,机构改革实质是对政府管理体制、管理方式和管理机制的综合改革,是整个改革开放事业的重要组成部分。

在现代社会的各项管理行为中,政府管理是最高层次和最为复杂的管理,政府管理的效率和质量是影响整个社会经济发展的重要因素。因此,可以预见,我国政府的机构改革还将随着经济社会的发展而不断推进。以适应经济体制改革为前提,同时通过改革政府管理体制和机构设置,建立现代化、科学化、法制化的政府体制,为中国的改革开放和现代化事业提供公共组织保障。

2. 以转变政府管理理念和方式为出发点

为适应国际行政改革的大趋势,中国政府将推进行政体制从全能主义的无限政府向有限政府转变,运行机制从统制性管理向服务型转变。

首先,政府的主要职责应当定位在为市场经济发展和社会管理有序运行创造环境和条件,中心工作从"划桨"转为"掌舵",并通过制定政策、消除阻力、鼓励自治、提供资助、培训人员、提供咨询,充分调动社会和公民的积极性。

其次,变政府自我中心观念为市场中心和社会中心观念,使资源配置由政府为主转为市场为主,政府对国有企业的直接管理转为以出资者的身份进行间接管理。

再次,通过树立社会自治的观念,充分发挥各种社会组织在管理社会、协调社会中的作用,保证公民直接行使民主权利。在政机构设置、职能配置上,应防止规模庞大和职能宽泛,在人员编制上,则应注重精简,强调统一和效能。

3. 合理划分中央与地方的职责权限

党的十八届三中全会以来,机构改革更加注重划分中央与地方的职责权限,既体现了全局利益的统一性和国家宏观调控权的集中,又保持了统一指导兼顾局部利益的灵活性,在集中指导下赋予地方必要的权力。一方面继续坚持向地方和基层下放该放的权力,使其在经济建设和社会发展中享有更多的自主权;另一方面加强和改善国家宏观调控,使中央集中一定的宏观调控权,运用符合市场经济规律的经济手段、法律手段和必要的行政手段,保证国家宏观经济和社会事业的正常运转。

外交、国防、海关、邮政、宏观经济调控等职权继续由中央行使,其机构编制和经费由中央统一管理。

微观决策、民族区域自治、征收地方税、举办地方事业等职权可完全由地方行使,其机构编制和经费由各地管理。

教育、科学、文化、卫生、体育、环保、城乡建设事业和财政、民政、公安、民族事务、司法行政、监察、计划生育等行政工作,由中央制定政策法规和全国统一的标准,地方具体实施,其机构编制和经费由中央和地方分级管理。

根据市场经济和国际贸易的要求,鼓励自由贸易和国民待遇平等,禁止地方政府运用行政手段保护本地企业,排斥外来产品竞争,消除非经济和非市场因素对经贸活动的干扰。只有形成全国统一的大市场,使国内企业在竞争中发展壮大,才能具备参与国际竞争的能力。

此外,政府机构垂直管理作为行政管理的一种方式,是调整上下级政府之间关系的一个重要内容。在法制不健全、依法行政有待完善的情况下,实行垂直管理在一定程度上有利于加强和改善行政管理工作。

但从长远看,垂直管理不是有效行政的必由之路。在没有合理的事权划分的前提下,推行垂直管理,存在的问题多,难度大。因此,不应随意扩大垂直管理的范围。

三、大部门体制改革的思路

2007年10月党的十七大提出了"深化行政体制改革,建设服务型政府"的目标。随后中央又通过了《关于深化行政管理体制改革的意见》和《国务院机构改革方案》。文件明确提出要以转变政府职能为核心,推进政府机构改革,"探索实行职能有机统一的大部门体制,完善行政运行机制"。自此,以"大部门体制"为核心的新一轮行政体制改革顺势得以展开。

自2008年以来,我国政府首先是在国务院系统开始,推行以强化宏观调控职能、注重民生、建立大部制为内容的政府机构改革。机构改革的目标是加强和改善宏观调控,促进科学发展;着眼点是保障和改善民生,加强社会管理和公共服务。

2008年启动的国务院机构改革涉及调整变动的机构有15个,正部级机构减少4个,使国务院的组织部门最终调整到27个。在这之后,上海、重庆、陕西、河南、宁夏等省、自治区和直辖市的政府机构改革方案陆续得到中央批准,意味着大部制改革在省级政府层面有序展开。

大部制政府机构改革最为突出的特点是按照政府综合管理职能设置机构,而不是按照专业管理职能来设置机构。所以,大部制机构改革首先面临的是职能部门的整合,也就是将几个性质相同、职能相近的若干较小的部门整合成为一个统合的大部门。这不是简单地将小的部门撤销或合并,也不单是部门数量上的增减,而是对部门职能的梳理。部门之间以及内部行政机制的构建原则是决策、执行和监督适度分离而又相互协调。实行大部门体制最重要的是强化决策职能,并且将执行职能和监督职能从决策部门分离出来,建立独立运行的执行机构和监督机构。通过对决策、执行、监督这三者的权力进行有效分离,形成三者之间的相互平衡和制约。改革力求使政府的机构设置与政府公共管理的职能紧密对应。这一改革的方向,在各地方政府一直延续到目前。

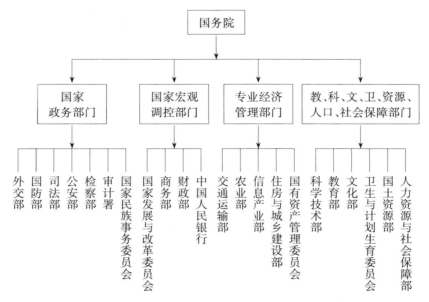

图 11.1　大部制改革以来我国中央政府机构设置

　　近年来,有关政府机构和体制改革仍在酝酿和继续进行的过程中,比如各地省直管县以及乡镇政府机构的改革,还有待我们共同予以关注和研究探讨。我国配合经济社会发展和体制改革而推进的政府职能转变,配合服务型政府建设的政府部门的机构改革,方向越来越明确,思路越来越清晰。

第十二章 社会组织在公共管理中的协同作用

　　如上所述,现代公共管理的一个主要特点是公共管理主体除政府以外,还应包容日益增多的其他的社会公益性组织和部门,它们各自履行着公共服务和社会管理的某些具体职能。发挥各类社会组织的积极性,将有助于大大改善我国公共管理的效率和效能。①

第一节　发挥社会组织在社会管理中的作用

　　毫无疑问,政府对于社会管理负有主要责任。政府是公共管理的核心,但是,政府不可能包办一切,政府、各类社会组织及公众的广泛参与,一起构成社会管理的主体。如上所述,社会组织和公众参与将弥补一定条件下的政府失效。

　　公共性、公共精神是现代公共管理的本质特征和现实表现形式。公共精神既包括公正的原则,也包括社会共同参与的原则。现代大多数国家,政府都通过非政府组织和非营利组织来向社会提供各类公共服务和社会服务,注意充分发挥非营利组织在社会管理和公共服务中的作用。因此,社会管理还应当包括制定相应的政策,鼓励和引导包括

---

① 中共十八届三中全会通过的《中共中央关于全面深化改革若干重大问题的决定》中关于社会管理的部分讲到处理好几者之间的关系:坚持党的领导、政府主导、社会协同、公众参与和法治保障。

非政府组织在内的各类社会组织的积极参与。

改革开放以来,我国民间的社会组织发展迅速。随着社会认可程度的提高、国家政策支持力度的加大,中国非政府的各类社会组织(NGO)发展迅猛。根据民政部的统计,全国目前登记在册的社会组织超过了 100 万个,涉及科技、教育、文化、卫生、劳动、民政、体育、环保、法律服务等社会生活的各个领域。从 1988 年到 2015 年,我国社会组织数量增长近 100 倍。

但是,从现状看,社会组织数量、规模以及更为重要的整体能力和作用,都还跟不上经济社会发展的需要。现有的社会组织仍然或多或少存在以下一些问题:(1)官办和行政色彩较浓,缺乏应有的民间性、自治性、自愿性和自主性。现有的社会团体大多数是自上而下建立的,这在一定程度上影响了其自发性、自愿性,导致其创新精神和开拓性的不足;(2)自律机制不够健全,对于非营利组织所应具备的透明度、公信度和良好行为准则,许多组织还不甚了解;(3)运作方式尚不能适应市场化环境和现代社会治理的要求;(4)组织结构失衡,能够及时回应和满足民间需求,又能充分利用社会资源和民间资源的非营利机构与组织仍然数量不多。

总体上看,目前我国社会组织发挥的作用还有待加强,应该更适应多元社会层次、多元利益群体和谐相处的需要。面对当今众多的社会需求和社会矛盾,政府一家包打天下的传统做法已经不能适应形势,而社会组织却能够较好地对社会矛盾加以调适。在政府的主导下,让各类社会组织参与社会管理,这关系到社会管理理念的创新。这意味着,让各类社会组织和公民团体以社会管理主体的姿态,以自助、自治的方式组织起来,积极参与社会事务的管理,积极参与社会矛盾的解决。政府则通过公共政策调节社会资源的分配,给弱势群体以关怀,并在此过程中扩大就业、缓解社会矛盾。

政府可以通过发展一些低税与无税部门,支持社会公益组织发展和开展公益性活动。例如,一些发达国家的非营利部门的就业接近一半是在公共医疗卫生领域,教育也是非营利部门的主导领域。这在客观上促进了社会资源的合理调节,促进了对人力资本的投资。因此,通过非政府组织和非营利组织来加强社会协同,提高公众参与度,将是我国今后不断完善社会公共服务体系的十分重要的组成部分。

第二节　非政府组织的特征及其作用

20 世纪 80 年代以来,人们在各种场合越来越多地提及非政府组织(NGO)与非营利组织(NPO),把非政府组织与非营利组织看做在公共服务领域所起作用日益重要的新兴组织形式,也将其统称为"第三部门"。这里先讨论非政府组织。

一、非政府组织的兴起与概念界定

非政府组织是英文 Non-Government Organizations 的意译,而 NGO则是这一英文词的缩写。可以将"非政府组织"看做政府之外的公共服务组织。一般认为,非政府组织一词最初是在 1945 年 6 月签订的联合国宪章的第 71 款正式使用的。该条款授权联合国经社理事会"为同那些与该理事会所管理的事务有关的非政府组织进行磋商作出适当安排"。1952 年联合国经社理事会在其决议中将非政府组织定义为"凡不是根据政府间协议建立的国际组织都可被看做非政府组织"。在当时,这主要是指国际性的民间组织。

在这之后的 10 多年里,非政府组织本身的活动以及它们同联合国的关系都处在较低的水平,没有多少实质性的发展。一直到 1968 年,在联合国经社理事会通过的 1296 决议中,规定了联合国同非政府组织关系的法律框架。该决议肯定了非政府组织的范畴,同时允许非政府组织在联合国经社理事会以及联合国体系中的其他机构中获得咨询地位。自此以后,非政府组织的活动被有意识地、越来越广泛地引入了联合国体系的运作。

在联合国经社理事会中,专门设有一个非政府组织委员会,负责审核批准接纳非政府组织,认可它们在联合国的咨询地位和观察员身份。非政府组织委员会有权要求在经社理事会注册的非政府组织提交书面陈述。获得经社理事会中咨询地位的非政府组织,有权以咨询者和观察者的身份出席理事会议并参加联合国的各种会议,并有权在会上作口头发言和书面发言,它们还可以应经社理事会的请求提供各种形式的咨询。

联合国 1296 决议规定,非政府组织如要在经社理事会中得到咨询地位,首先应致力于联合国经社理事会及其附属机构所关注的问题,如国际经济、社会、环境、文化、教育、卫生保健、科学、技术、人道主义以及其他一些相关的问题。这些非政府组织的宗旨与使命,不得同联合国宪章的精神、宗旨以及原则相抵触。它们应支持联合国的工作,传播有关联合国所遵行原则的相关知识。在经社理事会享有咨询地位的非政府组织,必须要有一定的代表性和国际性,应具有代表其成员发言的权威。

这个决议还规定,非政府组织如要在联合国注册,其组织成员必须以民主的方式参与组织活动,应有民主决策机制,应具有责任机制的安排和决策过程的透明度。这些非政府组织必须向联合国提交其预算和资金来源的资料,资金来源应公开,任何来自政府的资助都必须向经社理事会非政府组织委员会报告。该决议还鼓励各国同性质的组织组成国际性联盟,以便能更好地在联合国与非政府组织之间发挥一种纽带传送作用。除经社理事会外,联合国的公共信息部也制定了一套与非政府组织保持关系的规定,允许非政府组织在公共信息部享有咨询地位,侧重于发挥非政府组织在传播信息方面的作用。

1996 年,联合国经社理事会通过的 1996/31 号决议对联合国与非政府组织之间的咨询关系再次作了规定。1968 年决议只承认国际性非政府组织,而 1996 年决议则进一步承认了在各国和各地区活动的非政府组织。允许各国和各地区的非政府组织以自己的名义独立地在经社理事会发表意见,而不必像以往那样必须通过在经社理事会里有咨询地位的国际非政府组织去间接地表达自己的主张。该决议要求非政府组织支持联合国的工作,这加强了经社理事会非政府组织委员会的作用,并为非政府组织参加联合国组织的正式国际会议及会议准备阶段制定了规则。经社理事会在其 1996 年的 297 号决议中,决定提请联合国大会审议非政府组织全面参与联合国工作的问题。

世界银行则把任何民间组织,只要它的目的是援贫济困,维护穷人利益,保护环境,提供基本社会服务,或促进社区发展,都称为非政府组织。

非政府组织围绕着联合国体系的各次国际会议所建立起来的联系机制,是从 20 世纪 70 年代初开始形成的。在联合国召开国际会议的同一时间和同一地点,举行同样议题的非政府组织国际论坛,是非政府组织参与和影响联合国决策的一种重要方式。与联合国的国际会议平行的非政府组织国际论坛,第一次是在 1972 年斯德哥尔摩人类环境大会期间召开的,以后成为惯例。如 1992 年里约的环境与发展大会,1994 年开罗的人口与发展会议,1995 年哥本哈根的社会发展会议和北京的世界妇女大会,1996 年伊斯坦布尔的联合国第二次人类住区大会等。

自 20 世纪 80 年代以来,联合国体系内的各政府间国际组织也在进行组织和职能方面的调整,努力发展同非政府组织的联系和合作机制。在联合国体系内,有 20 多个政府间国际组织致力于各类发展事业,如世界银行、联合国开发规划署、国际开发协会、粮农组织、世界粮食署、联合国环境规划署、农业和发展国际基金、世界卫生组织、联合国儿童基金组织、联合国难民事务高级专员,此外还有一些较小的组织。这些组织的成员是各国政府,其活动受官方决策的支配。联合国体系内的这些组织,有的设有专门的部门来处理与非政府组织有关的事务,如联合国教科文组织下设有非政府组织会议,世界银行设有非政府组织——银行委员会。还有一些联合国机构也与特定的非政府组织有着经常性的密切联系。如在联合国难民事务高级专员与志愿机构国际委员会之间,在联合国人类居住中心与住区国际联盟之间,联合国环境规划署与环境联盟中心之间。世界卫生组织和联合国开发规划署也通过各种方式同非政府组织合作,联合国志愿者署在亚非拉的许多国家积极支持非政府组织和社区组织的组织建设。

可见,近 30 年来,非政府组织一词在国际活动的各领域里得到日益广泛的使用。但是,在很多情况下,人们对非政府组织一词的理解还是不太一致,在这里做一些必要的澄清。

　　首先,非政府组织的本意只是指不是政府机构的组织,其实质意思在中文表述中与之最相应的是民间组织。非政府组织不仅是指联合国体系所认定和接纳的民间组织,还包括其他各种民间组织,特别是在国际场所活动以及有较多国际联系的民间组织。目前,有2 000多个非政府组织在联合国经社理事会享有正式的咨询地位,有1 500多个非政府组织同联合国的公共信息部建立了正式的工作联系。2002年联合国在南非召开的世界可持续发展全球会议上,有3 500多个非政府组织获得了与会的资格。除此之外,在各个国家、各个地区以及国际领域,还有数目众多的各种形式的非政府组织。单是国际性的非政府组织,目前就有约40 000余个。但是,这些被纳入统计的非政府组织,一般都是具有合法地位的、有公开的组织章程以及透明的财务管理的民间组织。那些非法的恐怖主义组织或者地下的黑社会组织等都不属于非政府组织范畴。宗教组织和政党通常也不被看做非政府组织。

　　其次,非政府组织虽然可以在一定程度上表达民意,但它们在民意代表方面仍有很多局限性。非政府组织是民间社会的组织,其公开宣称的使命和价值观,可以是公益性的,或者是服务于特定的人群。但在现实生活中,非政府组织能否真正表达民意,以及在多大程度上能成为民意的代表,这一点是很不确定的。如果一个非政府组织是由其成员实行民主管理的,那么充其量,该组织只具有代表其组织成员的利益和愿望的授权。由于很多非政府组织并没有健全的民主管理,个别领导人往往能对其起支配作用,况且政府、资本等各种力量是一些非政府组织建立和维持的主要推动力,所以,尽管非政府组织的确可以反映某种来自民间的呼声,但对其是否反映某种真实的民意以及在多大程度和范围反映民意,却是需要做具体分析和判断的。

二、非政府组织在国际公共事务中的作用与影响

　　自20世纪70年代以来,非政府组织日益广泛地参与国际事务,它们在联合国体系内外的作用和影响不断增大,在各个领域里也得到了不同程度的承认。1997年9月初,联合国秘书长安南在向第52届联合

国大会提交的工作报告中,列举和阐述了影响当前全球发展的八大因素,其中的第五大因素即是跨国性的民间社会组织的迅速发展,非政府组织的作用越来越大。在其之前的四大因素依次是冷战结束后全球政治经济格局的重组、世界经济的全球化、信息技术革命、生态环境的保护。非政府组织在国际公共事务中所发挥的作用和影响主要包括以下一些方面:

(1) 从事咨询和信息活动,提供和倡导非政府组织的观点和思想。联合国吸收非政府组织参与其活动并建立起制度性的联系机制时,首先考虑的是发挥非政府组织在咨询和信息处理方面的作用。像经社理事会和公共信息部对非政府组织参与所作的安排,也是着眼于既能发挥非政府组织的咨询与信息处理的作用,又能限制它们在其他方面的影响。在联合国的会议场所,特别是会议的准备过程中,各国政府可以从非政府组织那里,得到有关特定专业领域的、技术的、法律的以及政治等方面的专门知识。

(2) 对政府和政府间国际组织的行为进行监督。非政府组织可以对政府间国际组织的条约、承诺、规划和项目的落实进行监督,还可以通过促进各政府间国际机构所通过的决议和条约的实施、促使各国政府遵守其在国际上作出的承诺等方式,积极地行使监督职能。

(3) 参与执行国际组织的项目,协助政府间国际组织提供特定的产品与服务。近 10 多年来,联合国各机构一直在鼓励非政府组织参与各发展项目的实施。联合国体系通过分包合同等方式,将操作性的责任转移到非政府组织身上,非政府组织通过缔结协议和签订合同的方式承担提供特定产品和服务的工作。

(4) 影响政府间国际组织的决策过程。第二次世界大战以后至今,在全球发展决策过程中起决定性作用的,一直是政府间国际组织,特别是联合国体系内的各组织。以往,非政府组织在联合国体系中的主要作用是促进决议和条约的实施。而近 10 多年来,非政府组织不再仅满足于在联合国体系中提供信息和服务,而是试图对决策过程施加影响。它们积极争取参与决策的制定,对国际决策过程发挥着越来越大的影响。进入 20 世纪 90 年代后,联合国体系在确立议程、制定政策以及执行政策等方面越来越多地吸收非政府组织参与。

（5）在不同的利益冲突角色之间促成协调和妥协。在许多国际事务中，当事各国政府往往会由于经济的、政治的、文化的以及意识形态等方面的原因而争执不下，互不相让，有时甚至兵戎相见。在这种场合，非政府组织可以利用其民间的身份，在当事国政府之间进行斡旋，缓和紧张气氛，促进相互沟通与理解，打破僵局，推动问题的解决。

总的来说，联合国体系与非政府组织两方面相互吸引、相互支持，目前已形成了较密切的合作关系。从联合国方面看，它试图通过与非政府组织的合作去实现其在各个领域里的目标。非政府组织则通过联合国体系争取有较多的发言权，力求对国际上的重大决策有较大的影响力，同时谋求从联合国体系中获得尽可能多的资助。但是，非政府组织同政府间国际组织有时也会出现甚至很严重的冲突，有些政府间国际组织并不总是欢迎和支持非政府组织的活动的。例如，1999 年，非政府组织在其中起了很大作用的民间抗议活动导致西雅图世界贸易组织会议的失败。2001 年在意大利热那亚召开的"八国首脑会议"遭遇到大规模街头示威，非政府组织也是重要的参与者。非政府组织已成为全球治理体制演变进程中不容忽视的重要因素。不过，尽管非政府组织已进入了现存的全球治理体制，已经能够对一些重大的决策过程施加影响，但是总的来看，非政府组织仍处于现存国际体制的边缘，对决策的影响是有限的。

在可以预见的将来，政府仍然是全球治理体制的主要角色。尽管如此，非政府组织的兴起打破了长期以来一直由政府独占国际治理领域的局面。为了使全球发展和全球治理体制的变革能够朝着健康的方向演变，有必要重视对非政府组织及其在全球治理体制中所引发的各种关系的研究。另外，自 20 世纪 90 年代以来，发展中国家从事管理与发展的非政府组织相当活跃。

三、中国非政府组织的活动及其积极作用

随着我国改革开放的深入和社会主义市场经济体制的建立与发

展,整个社会越来越趋向多元化。特别是在一些社会问题比较突出、尖锐的领域里,非政府组织的活动尤为活跃和集中,它们往往发挥着政府和企业所没有或难以充分发挥的作用,推动了社会进步。

（一）环境保护领域的非政府组织活动

在中国的环境保护领域里,活跃着一大批形形色色的非政府组织。其中较为著名的有：自然之友、北京地球村、绿色家园志愿者、中国小动物保护协会、中华环保基金会、北京环保基金会、中国野生动物保护协会、北京野生动物保护协会、中国绿化基金会、中国环保产业学会、北京环保产业协会、中国植物学会、中国自然资源学会、中国环境科学学会、大学生绿色营和绿色大学生论坛、清华大学绿色协会、北京大学绿色生命协会、北京林业大学山诺会、上海市青少年环境爱好者协会、污染受害者法律帮助中心等等。

由这些组织机构开展的环境保护活动,为改革开放以来的中国社会提供着政府和企业所难以提供的许多公共物品,推动着中国环境保护运动的发展。归纳起来,主要表现在以下八个方面：

（1）环境意识的普及、教育、宣传活动。许多非政府组织都在积极地开展这方面的活动,其内容包括开展各种形式的环保倡议活动和实践活动,举办包括电视讲座在内的各种讲座、培训、演讲等环境意识教育活动,举办各种形式的研讨会、经验交流会、座谈会等。

（2）推动和促进环境保护领域的公众参与活动。在全国的许多城市,特别是北京,公众参与环境保护作为政府和非政府组织合作的一个重要机制正在得到积极的培育。北京市环保局宣教中心在这方面起到了先驱者的作用,并早在 1997 年就开始着手研究并积极推动环境保护领域的公众参与机制的建立。

（3）对环境保护的资助活动。主要由一批热心自然资源和环境保护的资助机构,如有关环境保护的基金会等。非政府组织积极参与这方面的活动,包括为有关自然资源和环境保护的活动提供资金、设备、技术等方面的资助或援助。

（4）有关自然资源和环境保护的项目活动。很多非政府组织都在开展各种形式的项目,包括野生动物等生物多样性保护、自然生态的维持和保护、植树绿化、水质净化、大气污染的控制和处理、沙漠化防治、黄河上游水土流失问题的治理、社区环境保护、垃圾分类、资源再利用等等。

（5）有关环境保护科学和技术的研究、开发及其普及活动。主要是由一批与环境保护有关的学会、研究会等非政府组织在开展这方面的活动。它们集中了一大批国内相关学术领域的权威和精英，通过开展相关学科和技术的研究及其开发、应用，积极推动中国环境保护科学和技术的发展。

（6）有关环境保护产品的生产和推广以及业界联合等活动。主要是由一批活跃在环境保护领域的商会、行业组织等经济团体开展这方面的活动，包括促进环保产品的研制、生产、流通、消费等活动。

（7）有关对环境污染受害者的援助活动。随着环境污染问题的发展，污染受害者开始作为一个特殊的弱势群体受到社会的关注。有关的非政府组织通过开展法律咨询等活动对污染受害者提供各种形式的援助。

（8）环境保护的国际交流活动。绝大多数环境保护非政府组织都在以各种形式开展国际交流活动，一方面积极争取从国际社会获得有关的信息、资金、设备、技术等支持，另一方面通过召开或参加有关国际会议或座谈会、派出人员参与有关培训、接待来访和互访等活动，加强环境保护方面的国际交流。

（二）扶贫开发领域的非政府组织活动

与环境保护领域一样，在中国的扶贫开发领域里，也活跃着一批非政府组织。其中较为著名的有：中国扶贫基金会、中国国际非政府组织合作促进会、中国人口福利基金会、中国规划生育协会、中国青少年发展基金会、中华慈善总会、农家女实用技能培训学校、爱德基金会、香港乐施会、救助儿童会、四川农村发展组织等等。

由这些非政府组织所开展的活动，为改革开放以来经济迅猛发展的中国社会提供着一种特殊的公共物品：扶贫。其中包括生存扶贫、技术扶贫、教育扶贫、救助贫困母亲、合作扶贫、文化扶贫、实物扶贫等。通过提供这类公共物品，中国非政府组织在广大内陆地区开展了一系

列卓有成效的活动,为从根本上消除贫困作出了积极的贡献。这些作用概括起来主要表现在以下八个方面:

(1) 通过直接提供包括资金、物资等经济资源,以强制投入的方式打破贫困所固有的恶性循环,从量和质两个方面改变贫困人口的生活状态。

(2) 通过开展项目,特别是伴随项目开展的各种形式的培训,将大量有用的信息和技术技能传授给受益人,使他们通过参加学习和直接应用,努力掌握这些技术技能,从手段和方式上改变贫困人口的生活状态。

(3) 通过开展项目,特别是包括小额信贷等扶贫项目,在投入资源的同时,启动受益人的责任心和积极性,并引导当地建立起有约束功能的信用链及其关系制度,主要从社会资本和生产制度上改变贫困人口的生活状态。

(4) 在长期开展项目的过程中,非政府组织的工作人员逐步积累经验和知识、技能,成为各个扶贫领域的专家。他们相比各级政府的公务人员更熟悉业务,同时也更深入基层,能够更直接和有效地针对不同地区、不同人群、不同贫困阶层的问题开展具体的、有针对性的扶贫活动。

(5) 协助并监督各级政府贯彻执行有关扶贫开发的方针政策,一方面作为政府实施扶贫工程的具体执行人,发挥其专业性和深入基层的优势,更好地落实扶贫政策;另一方面作为中央政府和地方各级政府之间的中介,协调有关政策并监督其实施,确保扶贫政策的落实。

(6) 作为企业和发达地区对贫困地区救助、支援的中介机构和专业机构,一方面更多地动员社会资金用于消除贫困的活动,特别是动员企业开展社会慈善活动;另一方面通过实际操作各种项目确保各项慈善款项和慈善资金能够落实到消除贫困的各项活动中去,并切实起到扶贫开发的作用。

(7) 作为国际社会各种力量救助、支援中国贫困地区的中介机构和当地"草根"组织,一方面积极吸收更多的国际社会和海外资源用于中国的扶贫开发事业,另一方面协助国际非政府组织和海外非政府组织在华开展各种扶贫开发项目,同时也作为国际社会救助中国贫困地区的中介组织发挥作用，执行、监督或落实有关项目。

（8）通过在扶贫开发领域开展的活动，一方面不断进行自身的能力建设，提高适应市场经济的应变能力和专业水平，另一方面逐步扩大非政府组织在发展领域的影响及其力量，促进中国非营利部门的形成和发展。

由上可见，非政府组织现已成为社会治理体系中的一个重要性日益增强的新兴角色。在政府与企业之外，非政府组织作为第三部门的发展体现了一国综合国力的增强。中国作为一个综合国力日益增强、国际地位不断上升的国家，势必要考虑中国非政府组织的国际参与问题。非政府组织的国际活动，也为我国民众的意愿表达和利益实现提供了一个具有潜在重大影响力的场所。譬如，近些年来，作为传播中华文化的有利手段的"孔子学院"在世界各国已经发挥了巨大的影响，并取得了良好的成果，也得到了国际社会的赞誉。

第三节　非营利组织的发展及其作用

一、非营利组织的界定

在现代公共事务的管理中，除了政府以外，还有各种非营利组织扮演着日益广泛而重要的角色，尤其是在提供各种公共物品和公共服务项目方面有着政府所无法替代的作用。

一些学者认为，社会组织可以划分为四种基本类型：第一是经营性组织，即以最大利润为目标的企业组织；第二是互益组织，主要是指谋利于成员的组织，如职业组织、行业协会、工会、政党、文艺团体、兴趣团体和教会组织等；第三是社会服务组织，主要是指那些致力于服务对象的利益的组织，如学校、医院等；第四是公共服务组织，主要是指服务于社区公共利益的组织，包括政府、科学院、图书馆和博物馆等。其中，互益组织主要是指社团组织，或者说社团组织的根本特征是它的互益性。

所谓"第三部门"或"非营利组织"的概念，最初是在美国使用的概念。除了美国以外，其他国家一般不认为各类非营利组织构成一个统一的部门。他们注重的是某一类或某几类非营利组织。在英国和印度，人们注意的是"志愿者组织"；在法国，谈论较多的是"社会经济"；在东亚地区，常用的概念就是"社团"；在发展中国家，人们只知道"非政府组织"。这些概念尽管有交叉但又并不完全重合，而且它们一般都比"非营利组织"这个概念要窄很多。概念上的差别反映了各国在历史、文化和法律上的差别。

　　一般来说，非营利机构是在公众支持下，以实现公共利益为目标而存在的机构。也就是说，非营利机构是不以营利为目的向社会提供服务的组织。它是介于政府组织、营利机构之间的一切社会组织，又称"第三部门"。非营利机构执行不产生利润的社会职能，专门提供那些不能由企业及政府充分提供的社会服务。

　　要对非营利机构作一个完整而准确的概括有些困难。因为对社会中的各种组织加以区分可采用多种方式。(1)从法律上定义：美国税法第501条中有关条款规定对各类组织免征所得税，凡是符合这些条款的就可定义为非营利机构。(2)从资金来源上定义：联合国国民收入统计系统规定，它们的收入主要不是来自以市场价格出售的商品和服务，而是来自其成员缴纳的会费和社会的捐款即视为非营利机构。(3)从目的或功能上定义：如果该机构目的是促进"公众利益"或"特定公益事业"，就视为非营利机构。(4)从"结构—运作"上定义：凡是满足组织性、民间性、非营利性、自治性和自愿性这五个条件的就算是非营利机构。

　　依上述定义，非营利机构是一个巨大的制度空间，包含形形色色的组织。美国约翰·霍布金斯大学非营利机构比较研究中心设计了一个分类体系。其分类标准遵循以下原则：一是尽量与各国非营利机构的实际情况相结合；二是尽量靠近联合国国际标准产业分类体系，以便研究者能充分利用联合国收集的各国国民收入数据。该研究中心设计的非营利机构国际分类体系把非营利机构分成12个大类，其分别是：

　　(1) 文化与休闲：文化与艺术；休闲；服务性俱乐部。

　　(2) 教育与科学研究：中小学教育；高等教育；其他教育；研究。

　　(3) 卫生：医院与康复；诊断；精神卫生与危机防范；其他保健服务。

　　(4) 社会服务：社会服务；紧急情况救助；社会救济。

（5）环境：环境保护；动物保护。

（6）发展与住房：经济、社会、社区发展；住房；就业与职业培训。

（7）法律、推进与政治：民权与推进组织；治安与法律服务；政治组织。

（8）慈善中介与志愿者行为。

（9）国际性活动。

（10）宗教活动和组织。

（11）商会、专业协会、工会。

（12）其他。

非营利组织是不以营利为目的的社会团体。作为一种组织形态，它在人类历史的早期就已经存在，但作为一种在 20 世纪后半期发挥重要作用的社会组织形式，它有着自己独特的内涵和指向。美国研究非营利组织的专家，约翰·霍普金斯大学的莱斯特·萨拉蒙教授指出，非营利组织有六个最关键的特征：(1)组织性（正规性），即有一定的正规组织机构，是根据国家法律注册的独立法人；(2)民间性，即非营利组织在组织机构上独立于政府，既不是政府机构的一部分，也不是由政府官员来主导；(3)非营利性，即不是为其拥有者积累利润，非营利组织可以盈利，但所得利润必须用于组织使命所规定的工作，而不能在组织的所有者和经营者中进行分配；(4)自治性，即非营利组织有不受外部控制的内部管理程序，自己管理自己的活动；(5)志愿性，即在组织的活动和管理中都有相当程度的志愿参与，特别是形成有志愿者组成的董事会和广泛使用志愿人员；(6)公益性，即服务于某些公共目的和为公众奉献。学者们在进行国际比较研究当中也发现，这样一种组织形式，在不同国家以及不同的领域有着不同的叫法，比如"非政府组织"、"慈善组织"、"志愿者组织"、"第三部门"等等。

在对非营利组织的理解上，需要澄清以下几点：

首先，非营利组织是以其使命和价值观来决定其工作方向的，而不是以谋利和赚钱为导向的。通常，一个非营利组织会明确宣示其使命和价值观，并由此确定其活动的领域和所提供的产品与服务。例如，澳大利亚的一家非营利基金会是这样陈述其使命的：通过支持产生积极变化的各种创新活动，去推动一个公平、正义、具有创造力和充满关怀的社会的建设。而各类营利性组织则不同，它们以能否获利或者赚钱来决定其工作取向。

其次，非营利组织不以营利为目的，但并不意味着没有盈利、不赚钱，而是指一个非营利组织不能将其所获得的盈余当做红利分配给其组织的领导者和其他成员。非营利组织要开展活动和生存，要有资金支持，可以做到以收抵支。它们也可搞经营性活动，也可争取有一定的盈利。但是，作为非营利性组织，它们通过各种途径所获得的收入盈余，只能用于其组织的发展和组织使命的实现，而不能当做红利分配给任何个人。营利性组织则可将其盈余分配给其股东。

第三，非营利组织的资产不论其来自何处，都是该组织独自拥有的社会公共资产。政府、企业和个人都可以成为非营利组织资产的提供者。与营利性组织不同的是，任何机构和任何个人在向非营利组织提供了资产或资金后，便失去了其相应的所有权和报酬索取权，那些资产成为该非营利组织所拥有和支配的社会公共资产。

最后，非营利组织是具有志愿性的组织，但并不意味着非营利组织的工作人员不能要求得到合理的工作报酬和福利。非营利组织在不同程度上都是要依赖志愿者为其工作的。这里志愿者的含义是：人们愿意不拿报酬或者在低于正常报酬水平下为该组织工作。非营利组织的理事们通常都是没有薪金报酬的，很多非营利组织工作人员也是没有薪金报酬或者只拿有限的工作津贴。但是，作为一种专业化的工作，非营利组织是需要具有特定素质的职业工作人员的，这些职业工作人员是需要养家糊口和实现自我发展的。所以，一定的、合理的工作报酬和福利对非营利组织的职业工作人员来说是必需的。过低的报酬待遇将难以吸引高素质的专业人员把非营利组织当做一种职业选择。而个人的报酬待遇过高，又会有过度谋取私利之嫌。

二、非营利组织在社会服务和发展中所起的作用

虽然对非营利组织的关注只是近 20 年来的事情，但非营利组织在各个国家存在与发展的历史则要久远得多。在谈到经济社会发展时，

人们通常注意的是政府组织与营利性的企业组织的作用。但若全面地看各个国家的发展时,特别是从发达国家的发展史与现状来看,非营利组织所起的作用是至关重要的。

非营利机构发动了民间力量,动员了众多而巨大的物质与人力资源投入社会服务。非营利组织对促进社会发展的主要作用是:填补政府用于社会发展方面的资金不足;开拓大量就业机会;增加资源运用的透明度和合理性;推动社会广泛关注与帮助在经济与社会发展中的某些薄弱环节,以及遭遇困难的弱势群体,如失业与半失业工人、老年人、残疾人、无经济来源的家庭、儿童、妇女等;对发展滞后的地区与弱势企业的转变有重要作用;对扩大社会公平,缩小经济发展中所产生的贫富悬殊,以及促进社会改革的进程都有积极的作用。

非营利组织是重要的社会产品与服务的提供者。在各发达国家的教育、卫生保健、社会服务以及文化娱乐等各社会发展领域里,非营利组织提供了相当大部分的产品与服务。非营利组织所承担的,通常是企业因无利可图而不愿去做,政府则因能力有限而无力去做的工作,或者在同样的条件下,由非营利组织来做会比由政府机构去做更有效率和社会效益。

非营利组织创造就业,吸收和运作各种社会资源。非营利部门除了使用付薪的工作人员之外,还使用了很多志愿人员;除了通过市场渠道引进资金和资源外,还从政府、企业以及公众等方面得到大量捐赠资源。

非营利组织为企业市场经济活动提供支持和服务。在市场经济中,企业的许多活动是由非营利组织支持的。例如,商会、企业家协会以及各种行业协会等,它们的宗旨通常都是为企业服务,协调同企业有关的各种关系。又如,一些非营利组织对市场竞争中的弱势群体予以扶持,如扶助穷人、残疾人以及中小企业家等,鼓励他们参与并在市场竞争中站住脚。

非营利组织可促使公民发挥潜力,促进社会发展的多样性。非营利组织为社会成员在政府机构与企业体制之外开展活动提供了组织形式。公民可以根据个人的兴趣、意愿和利益自主地组织起来,创造性地从事各项社会发展活动。通过非营利组织,公民可以增强自立精神和社会责任感。非营利组织在形式和职能方面的多样性和灵活性,促成了社会供给与满足社会需求方面的多样性。

非营利组织可增进社会容忍,促进社会和谐,维护社会稳定。非营利组织为社会各阶层成员提供了较宽松的活动空间,而社会成员也可以通过各种方式满足自身多样性和多层次的愿望并实现各自利益;它还能够起到排解社会怨气、释放社会压力的作用,也使各种不同的社会群体能够依法共存相容,增进社会容忍度。在非营利部门中贯穿的宽容、互助、互惠、利他和公益的精神,不仅能够在非营利部门内促进社会和谐,而且还可缓和或消除因营利性企业部门和政府部门所引发和造成的一些社会矛盾,从而有助于维持整个社会的稳定。

非营利组织作为具有广泛性的社会现象受到人们的关注,则是20世纪60年代以后的事了。自20世纪后半期以来,不论是发达国家还是发展中国家,非营利组织的数目都有了成倍的增长。有人指出,我们已经置身于一场全球性的“社团革命”之中。如一些学者所言,市场的缺陷并不是把问题交给政府去处理的充分条件,政府与市场一样会存在缺陷,有许多社会和经济问题是政府解决不了或解决不好的,政府失效会给社会带来更大的灾难,造成资源的更大浪费。

当代政府面临着复杂、动态、多元的社会环境,政府已无法成为唯一的社会治理者,必须依靠各类社会组织、公民乃至民营企业实施共同合作的治理。从市场经济的发展趋势来看,大量社会事务必须由社会自行来管理。另外,政府职能也是需要调整变化的,这客观上要求存在多元主体来承接政府转移出来的职能。政府对社会各项事务的管理,并不是管得越多越具体就越好,而是要充分考虑管理的正当性、有效性。不断将一些可由社会自我管理的事项和权力返还给社会,发挥其他主体的作用。

市场失效和政府失效可能会同时出现,从而使一些经济和社会问题失控。避免市场失效和政府失效是各国政府面临共同的课题。对此,通常的思路是完善市场机制的功能和提高政府组织的管理效能。但市场这只“看不见的手”与政府这只“看得见的手”并不能涵盖整个社会管理领域,在国家领域(公域)和市场领域(私域)之外实际上存在着非政府及非营利的"第三域"。

非营利组织是依法建立的具有非营利性、志愿性、自主管理、致力于社会事务的社会组织。它包括各种社会中介组织和各种民间组织。人类社会面对着来自各方面的挑战,在组织制度创新和管理创新方面的重要内容之一就是管理主体的多元化。各类非营利组织与其借以运作的特殊机制就体现了这方面的创新。从目前世界各国非营利组织的发展来看,其潜力是巨大的,它为解决政府失效和市场失效提供了新的可能。

非营利组织主要致力于"企业—市场体制"和"政府—国家体制"所顾不暇的众多经济和社会问题。在解决一些社会问题时,它们也是政府或企业不可或缺的合作伙伴。政府组织、市场组织、非营利组织是相对独立却彼此支持的组织。目前我国非营利组织已经在社会管理中扮演着富有活力的角色。随着社会的发展和公众自主意识的提高,人们在市场和政府之外,对社会组织给予了越来越多的关注。非营利组织是社会生活中最具社会效益的组织形式,它对政府摆脱社会具体服务,实现"小政府、大社会"的管理格局,起到了不可替代的作用。

在新公共管理潮流的影响下,许多发达国家纷纷把原来由政府承担的项目转移到由市场或非营利组织提供,从地铁和公交线路的经营,到医院、公园、老人机构的委托管理,再到教育、训练项目的承包等,可谓五花八门。在一些国家,非营利公共机构的就业人员与政府组织内的人员几乎一样多。以新加坡为例,政府部门雇员 6.2 万人,非政府公共机构雇员为 5.1 万人。各国的经验表明,第三部门是解决社会问题的重要组织资源,它有助于政府职能的转交及其他改革;在经济领域,它能促进更多的贸易和合作,减少和防止机会主义、官僚主义行为所产生的交易成本。

三、我国各类非营利组织的发展与管理

我国目前使用的一些可以被纳入"非营利组织"范畴的,如"社会组织"、"社团组织"、"中介机构"和"行业协会"等,在我国的登记管理体制中统称为"社会组织"。社会组织在民政部门注册登记分为三类:一是

社会团体,如学会、协会等基于人的组织;二是民办非企业单位,如民办养老院、民办残疾人服务机构等基于服务的组织;三是基金会,即基于资金的组织。

　　我国对"社会组织"的现行管理体制采取"双重登记"和"属地管理"的模式。社会组织的注册登记核心体制被称为"双重管理"体制,即社会组织的登记管理机关是各级民政部门,但在登记之前需要首先自行找到一个"业务主管单位",获得其同意承担业务主管责任的审批文件。

　　双重管理体制一直是公民自发成立的社会组织获得合法身份的最大困境,也是长期以来招致批评和争议的焦点。其主要问题是业务主管单位的"许可"没有既定标准和程序。具有业务主管单位资格的主要是政府相关机构或者政府授权的机构,但具有资格的机构并无履行"许可社会组织"的义务,因此寻找业务主管单位就成了准备成立的社会组织单方面的责任。

　　中国现行登记管理体制的其他主要原则还包括属地化管理原则,即社会团体和民办非企业单位分别由全国、省、市、县四级进行登记,在登记范围内开展活动,并不得设立地域性的分支机构;基金会则实行全国和省、自治区、直辖市的二级登记。另一个原则是非竞争原则,即同一行政区域内业务范围相同或相似的组织(社会团体或民办非企业单位),被视为没有必要成立。另外,联合性社会组织一般难以成立。

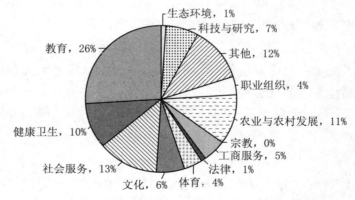

图 12.1　中国目前登记注册的社会组织分领域构成

四、发展非营利组织与政府之间的良好合作关系

要发展非营利组织与政府间的良好合作关系,政府应注重以下几方面的工作。

一是政府返还部分社会管理职能。业内人士认为,目前我国的非营利组织只能做两类事情:一是政府想做但暂时还来不及做的事情,或是没有精力做的事情;二是政府虽然没有想到要做,但只要非营利组织先做了,它也绝不会反对的事情。这一方面说明在转型时期,非营利组织要想有大的发展还离不开政府的支持,另一方面也说明政府放手还不够。政府应该切实改变旧有的国家与社会对抗以及政府要控制社会的观念,在真正转变政府职能的同时要勇于把一些职能返还给社会,在精神和物质上大力支持对社会有益的非营利组织,逐步培养和提高社会自我治理的能力,为最终实现高度文明、高度民主的社会作铺垫。

二是对非营利组织依法管理有效监督。非营利组织并非都是圣洁的天使,不同组织对公益的理解可能存在差异,不同的非营利组织之间、非营利组织与其他社会组织之间都可能产生矛盾和冲突,非营利组织也可能背离宗旨或违法乱纪。这些都需要政府的行政和司法部门来协调和仲裁。但政府不能随意行事,应当本着法治的精神来依法管理有效监督。

三是听取非营利组织反映的意见,鼓励其参与社会事务。非营利组织的优势在于贴近基层,有相当的专业技能和创新能力,处理问题客观公正、方式多样、手段灵活,因此政府在处理有关公共事务时,应当充分听取非营利组织所反映的群众意见,尊重并采纳非营利组织有益的政策建议,鼓励非营利组织积极参与政府的开发规划。政府应该认识到非营利组织不是传声筒,也不是举手和拍手的工具,而是为政府分担职能的社会实体,是对政府和市场失效的有益补充。如果政府能经常就调整目标和优先权征求非营利组织的意见,动员它们支持必要的经济与政治改革,鼓励它们讨论未来的发展规划,那么这对于增强它们提供社会服务的责任,扩大它们参与制定地方发展规划的贡献将大有裨益。

　　第四是提倡社会捐赠与互助精神。应该在公民道德教育中大力提倡志愿捐赠、志愿服务的精神，同时积极鼓励非营利组织的竞争与创新，培育出一种民间组织活动的良性环境。从各国的经验来看，尤其是发展中国家私人捐赠的比重通常比较有限，政府仍然是非营利组织的最大资助者。在当前我国民间捐赠尚不够活跃，捐赠规模尚不大的情况下，仍然可以让各级政府从公共开支的经费中拿出一定份额来资助非营利组织，发挥其鼓励民间捐赠的引导作用。

　　第五是因势利导扩大民间交往。民间交往可以增进国内不同社会阶层之间的团结，也是国际交流与交往的重要途径和方式。我国党和政府很早就注意发挥人民团体和民间组织在解决国内矛盾和处理外交关系上的作用，也有很多宝贵的经验。当今社会更加复杂、更加多元化，有人把它形象地称作"网络社会"。在这样的社会里，单靠政府的联系是不够的。我国的民间组织已经在引进国外的资金和先进技术、引进先进的管理经验、广泛开展学术交流和合作、促进相互的了解和信任等方面作出了重大贡献。政府应当善于利用这一得天独厚的关系网去解决国际、国内存在的难题，促进国家的统一，扩大我国在各国人民中间的影响。

　　在非营利组织与政府的合作中，政府的积极姿态是首要的。与此同时，非营利组织也要加强自身建设，并对政府工作要求作出积极的回应。

　　一是反映社会的多元格局，促进良好的社会治理。随着国家对社会控制的减弱，非营利组织要有足够的能力来帮助社会实行自我治理。非营利组织要深入城市社区和农村基层组织，为公民提供互助的组织方式、提供参与社会生活的渠道并培养公民民主的生活方式。要做到这一点，非营利组织自身要保持民主的作风，要善于综合、表达和捍卫各种特殊群体的利益，支持社会的多元格局，满足社会对多元化的需求，促使政府治理的完善与发展。

　　二是提高自身人员素质，完善组织自身管理。非营利组织的成败与否，人才是关键。这一方面要求组织的工作人员不仅要有利他主义的奉献精神、有对组织使命的认同，同时还要有所需的专业知识和特定的技能；另一方面则要求组织的领导层善于经营管理，避免腐败事件的发生。因此，对于组织机制来说，既要建立有效的激励机制，又要在领导机构的组成上要合理搭配，在决策程序上要实行民主，从而实现有效的治理。

三是保持公益属性，体现对弱势群体的关怀。在当前，尤其要面向转轨进程中的弱势群体，如农民、进城打工者、下岗职工、退休老人、残障人群、失足人员等等。非营利组织不仅要给他们带来慈善性的关怀和福利，更重要的是帮助他们争取参与社会的权利，使他们体认到自己的社会价值。这实际上也就是要为弱者争取社会公正，从而减轻甚至避免贫富两极分化，维护社会的安定团结。另外，非营利组织也要避免成为某些捐助者的代理人，特别要注意敌对势力和反政府力量的渗透和影响。

四是加强探索发展，保持组织创新。创新是非营利组织的一大优势，这种优势既表现在新技术和新生产方式的创新，也表现在新的社会组织方式的创新；而这仅仅靠理想和热情是远远不够的，它要求非营利组织要依靠专业人士，通过科学研究来保持自己的创新能力。因此，非营利组织要能够对各种新的需求和机会作出迅速反应，积极引导社会发展的潮流。非营利组织要想得以持续发展，最根本的途径是真正做到利他主义和专业精神并举，进而达到理想、知识与权力的良性结合，从而为创建一个公正合理、富有活力的和谐社会作出自己应有的贡献。

总之，不论是从我国的改革与发展还是从国际参与来看，是否建设非营利部门、发展中国的非营利组织或者非政府组织，都构成了当前所面临的一个战略性抉择，需要进行深入的、有前瞻性的综合研究。政府也应自觉地、积极地迎接挑战，这样才能较好地抓住非营利组织所提供的发展机遇，使其有效地服务于中国的发展，同时避免其可能产生的消极影响。

在当前我国社会结构和社会管理体制双重转型的过程中，需要有多种社会治理方式来对个体和社会群体进行和谐有效的管理；需要采取理性有效的方式，更好地满足人民群众对经济、政治、文化和社会生活多方面的需求。社会利益主体和社会需求的多元化，相应地，也就需要多元化的社会管理和社会服务方式。各类非营利组织正是顺应我国社会发展的需要，开始蓬勃发展起来的。

非营利组织以其非营利性、民间性、公益性、自愿性与组织性为特征，在社会管理和社会服务方面与政府及企业相比有其独特优势。各类非营利组织在当前公共管理中可以发挥如下几方面的作用。

首先，非营利组织将承担起政府职能转变和体制改革以后释放出来的部分职能，并将成为政府与人民群众之间的桥梁和纽带。在建立社会主义和谐社会的进程中，我国政府正在向公共服务型政府转变，逐步把一些社会管理职能交给非营利组织。非营利组织形成了连接企业、个人和政府的桥梁，承担起"无限政府"所不应承担或无力承担的职能。例如，非营利组织通过开展社会救助、社会救济等活动可以在促进社会公平、缓解政府压力等方面发挥自己的优势特长。另外，非营利组织在政府与分散的社会成员之间形成了一个中介力量，一方面，非营利组织可以代表所属群体的利益下情上达；另一方面也能以桥梁纽带身份把党和政府的方针政策上情下达，进行不同群体的利益协调和对话。在此，非营利组织起到政府和社会成员矛盾缓冲带的作用，为人们的利益表达提供了多种渠道与合法的表达方式。这样，可以减少社会成员的失范行为和对抗性的社会冲突，从而维护社会秩序和社会稳定，巩固党执政的社会基础。

其次，帮助政府建立起民主的管理机制，实现社会成员有序的政治参与。民主的管理机制是一个政府政治文明的价值取向，是一个国家走向现代化的重要标志。中国经济市场化的实践，逐步把微观利益主体独立出来，人们在经济、政治、文化生活当中，都有自己特殊的利益诉求。非营利组织在日常工作中能够深入基层，了解社会各阶层的不同需求，并将来自民间单个的资源与能量汇聚起来，形成一种团体的诉求：一方面，它可以有组织、有目的地进行社会动员，整合和影响组织成员的价值观及利益表达方式，维护自身的合法权益，实现有序的政治参与；另一方面，为组织成员的利益表达提供了形式与渠道的多样性，保障公民利益表达的畅通。民间社会组织还可以通过自己的制度化功能，培养公民的民主意识和民主文化，从而推进社会主义民主政治建设的进程。

第三,非营利组织的自治机制和社会资本可以有效地实现社会整合,促进社会和谐发展。和谐社会的底线是必须有社会的和平与稳定。我国的社会转型已进入了快速转型时期,也是中国改革最为关键的历史时期。改革开放以来利益结构的调整所积蓄的矛盾和危机都有可能在这一时期集中地爆发出来,从而将中国推向一个"高风险的社会"。非营利组织的自治性、民间性、志愿性、组织性、公益性以及作为社会与个人之间的中介所具有的特点,决定了其可以发挥自我管理、缓解社会矛盾、维护社会稳定、促进社会和谐的作用。非营利组织可以通过组织的制度化管理,规范和整合其组织成员的行为。它可以凝聚组织成员的意见,实现政府与个体成员的有效沟通,扩大社会成员对政治的有序参与,减少和化解社会矛盾,实现社会的稳定。另外,民间的社会组织能有效地动员社会力量和社会资源,帮助政府解决社会管理中的一些薄弱环节,有助于开展社会互助、发展公益事业,对城市下岗职工、失业人员、进城农民、妇女、儿童、老年人、残疾人群、少数民族地区的贫困人口等社会弱势群体提供社会援助,增进社会福利,促进社会公平,在缓解当前我国就业压力和社会贫富差距等方面发挥积极的作用。

第四,公民通过志愿参与以无偿服务他人、回报社会为特征的各种社会组织,有利于促使全社会形成热心公益、扶贫帮困、团结互助、平等友爱、共同发展的社会氛围和人际关系,推动社会主义精神文明建设,实现社会价值理性的回归。

第十三章　我国的事业单位与公共企业

由于历史原因,我国目前大量的公共物品和公共服务都是通过所谓的"事业单位"以及各类"公共企业"来提供的。从国际的角度看,我国的事业单位应该属于非营利组织的范畴,公共企业则具有营利的属性。本章集中讨论在我国公共服务中扮演关键角色的这两个重要主体。

第一节　我国事业单位在公共服务中的重要地位

一、我国事业单位的渊源及其特点

我国的事业单位是在新中国成立后,随着经济社会进步的需要而快速建设起来的。经过多年的建设发展,我国以教育、科研、文化、卫生为主体的事业单位,已经形成一个门类齐全、多层次、多功能的庞大系统,在现代化建设和公共服务中发挥着极为重要的作用。全国现在共有国有的事业单位部门 130 多万个,职工人数达 2 500 多万人,约占国有职工人数的 22%。各项事业性经费开支占到整个公共财政开支的近三分之一。①

① 参见中华人民共和国人力资源与社会保障部编:《中国劳动统计年鉴》,中国统计出版社 2013 年版。

按照国民经济行业的分类,中国的事业单位主要集中在教育、科研、文化艺术、卫生(简称"科、教、文、卫")等领域。改革开放以来,中国在事业单位的管理方面进行了一些探索性的改革。其中一个重要的措施就是将事业单位划分为全额拨款、差额补贴和自收自支三类。

事业单位承担的社会服务职能是全方位、多功能的,它涉及社会生活的各个领域,有着广泛的社会内涵。从事业单位从事服务的社会属性看,既有属于上层建筑领域、精神文明建设方面的,如新闻出版、广播电视、文化艺术以及社会科学和基础自然科学研究等;也有属于经济基础、物质文明建设方面的,如技术开发、工程设计以及应用自然科学研究等。有些事业单位则是两者皆有,如从事教育、体育、卫生等事业,既有上层建筑的属性,也有经济基础的属性。总的来说,事业单位从事的社会服务职能,其形态大致可以分为三类,即为社会服务、为企业服务、为党政机关服务。其中为社会服务的事业单位占全部事业单位的比重最大,为企业服务次之,为党政机关服务的相对较少。

我国的绝大多数事业单位都是以脑力劳动为主的知识密集型的组织。事业单位的工作性质是以生产知识产品和精神产品为主要劳动成果的,因此,知识密集、以脑力劳动为主成为它的一个主要特征。事业单位的专业技术人员占全国所有专业技术人员的一半多。目前,中国将事业单位按照不同的工作性质、服务对象,划分为教育事业、科研事业、文化事业、新闻出版事业、广播电视事业、卫生事业、社会福利事业等13个大类,100多个小类。

在这一庞大的事业单位体系中,其隶属关系、所有制形式、服务对象、资金来源等都不尽相同,从而使这一体系从整体上呈现出一定的复杂性。比如,按照事业单位的不同隶属关系,可分为中央及其所属部门的事业单位,地方及其所属部门的事业单位;按照所有制形式的差异,可分为全民所有制事业单位和集体、个体以及多种形式联办的事业单位;按照事业单位社会功能的差异,可将其划分为公益型、福利型、开发型和生产经营型事业单位;按照事业单位资金来源的不同,可划分为国家财政全额拨款的事业单位和差额补贴、自收自支的事业单位等。

由于我国的事业单位,多数是在计划经济体制下兴办与发展起来的，长期以来，国家办事业、政府办事业成为一个特色。正因为如此，由国家出资兴办的各类事业，都隶属于各级政府或政府业务部门，形成了以行业管理、条条管理为主的管理体制。各类事业单位的人、财、物相对独立，成为从事某项专门业务的工作实体，并直接接受主管部门行政机关的领导。

另外，一些事业单位还承担部分行政职能，这部分事业单位常常被称为行政性事业单位。由于这部分事业单位既承担某一专业服务职能，又享有一定的行政权力，因此，它们与行政机关有着更为密切的联系，其存在形式更趋向于行政实体，而不是社会实体。它们拥有的行政职能实际上是政府行政职能的延伸，在社会生活中扮演着双重角色，在管理模式方面，也更像行政机关的管理。

二、我国事业单位公共服务职能的界定

由于国家事业是由国家财政供养的事业，所以，国家事业职能的范围也就是指国家财政职能的相应范围。从理论上讲，所谓财政职能范围，实际上就是由财政内涵所决定的财政外延的边界问题。因此，财政职能范围是由财政的本质内容所决定的，国家事业职能范围也是由政府行为的本质特性所决定的。财政是在社会再生产过程中为满足社会共同需要而形成的社会集中化的分配关系。由此可见，凡是具有社会共同事务性质的事务，均可视为政府职能范围内的事务，都应该由国家来举办，由国家财政来供给。因此，我们认为，社会共同需要是界定国家事业职能范围的根本标准。

所谓社会共同事务需要，并不是人们通常所说的"人人都需要"或"大家都需要"的事务，也不是全社会个人需要和集团需要的简单总和。因此社会共同事务既不是通常从社会成员个人视角考察的人人都需要的事务，也不是以社会成员个人偏好为依托的多数人选择的事务，而是从社会总体视角考察的一般的社会需要的事务，是维持一定社会的存在和再生产的正常运转，促进社会发展，必须以社会为单位，由社会集中组织实施的事务。这种社会共同需要的事务具有下述特征：第一，它

是只有以社会为主体来组织和实施才能实现的事务;第二,它是社会成员个人和私人组织不愿办而又是社会存在与发展所必需办的事务;第三,它是唯有以社会为主体去举办才能有效地协调社会全体成员利益的事务。这三个特点也就是界定政府和财政职能范围的基本依据和标准。根据这个基本标准,我们就可以在这大千世界五光十色的诸多事务中正确识别社会共同事务与非社会共同事务,从而正确区分财政事务与非财政事务,正确区分国家事业与非国家事业,重新界定在市场经济条件下国家事业职能的范围。

　　总之,社会共同需要是界定国家事业职能范围的客观标准。依此标准,凡是具有满足社会共同需要性质的事务,就属于应该由国家举办的事务;凡是不具有满足社会共同需要性质的事务,就不属于国家事业职能的范围。

三、完善我国事业单位的管理与改革方向

　　新中国成立以后,中国的事业单位之所以能得到大规模的发展,一方面是由于社会发展的需要,另一方面也是中国共产党和政府对发展各项事业的高度重视的结果。新中国成立以后,党和政府把大力发展以教育、科技、文化、卫生为中心的各项事业始终置于十分重要的地位,投入了大量的资金,扶持社会事业的发展,形成了比较完备、门类齐全的体系,促进了社会主义物质文明建设和精神文明建设。

　　在充分肯定事业单位在我国现代化建设中所发挥的重要作用的同时,也应该看到我国事业单位在管理中存在的问题。这些问题也是在新的历史条件下必须改革的动因,主要体现在以下一些方面:

　　(1)计划经济体制下国家办事业、国家管事业、国家养事业的格局,以及条块分割、重复建设等已不能适应当前市场经济发展的要求。几十年来,由于我们坚持的基本方针是事业单位主要由国家兴办,国家直接管理,经费主要靠国家财政负担,由此导致国家兴办的事业单位规模过大,增长过快。除了事业单位主要由国家兴办、财政主要由国家提供外,国家对事业单位的直接管理也带来了许多问题。比如,所谓国家

对事业单位的直接管理,实际上都是通过各级政府或政府各个部门具体管理的,这就势必会造成条块分割、条块矛盾以及重复建设等弊端。

(2)事业单位在发展、管理中的另一个突出问题就是政事不分。所谓政事不分,是指事业单位承担的社会服务功能与拥有的某些行政权力合二为一,导致事业单位在实际运行中职能的混同。具体来说,政事不分表现在管理形式上,国家对事业单位的管理基本上采取了对行政机关管理的办法,在劳动、人事、工资、财务以及机构规格、名称等方面都作出了与行政机关相同的规定,从而形成了国家对事业单位管得过死,统得过多,事业单位内部机制不完善,缺乏活力和效益的局面,在一定程度上影响了事业单位的自主性和积极性。其表现在职能配置上,则是行政性事业单位职能的混淆。一方面行政性事业单位行使的行政权力代表着政府,发挥着"准行政机关"的作用;另一方面,按照事业单位的属性,它又承担着某种社会服务职能,这使国家对事业单位的管理发生了种种困难。因此,为了适应市场经济发展的需要,认真解决事业单位政事不分的问题,分离事业单位两种性质不同的职能,就成为事业单位改革的关键所在,这也是促进事业单位走向市场化的根本途径。

(3)事业单位建设发展与经济脱节的现象仍较突出,相当一部分事业单位的经济效益、社会效益不佳。在现代化的建设中,国家和社会对于事业单位的要求不断提高,特别是科研性的事业单位在促进科技进步、提高社会生产率方面有着举足轻重的作用。然而,在现实中,有些事业单位长期游离于经济建设的主战场之外,使科研成果难以转化为生产力,再加上科研与生产的脱节,以及传统科研管理体制的束缚,直接影响着企业的技术进步和技术构成的提高,也不利于产业结构向技术密集型转化。

由上可见,在新形势下,完善事业单位的管理及其改革,已经成为我国行政体制改革中的一项重要课题。

改革开放以来,中国历次机构改革中都对事业单位的改革提出过一些具体要求。在1987年以前,事业单位的改革大都与党政机关的机构改革同步进行,在内容上也没有突出事业单位的特点。党的十三大以后,中国对事业单位的改革逐步形成了一些新的政策和思路,开始与党政机关的改革实行分类指导,提出了一些新的要求。中央围绕事业单位改革先后出台了一系列政策,从而为事业单位改革指明了方向。

中共中央办公厅和国务院办公厅在 1996 年发布的《中央机构编制委员会关于事业单位机构改革若干问题的意见》中,对事业单位机构改革的指导思想和改革的方向做了明确的规定,指出要"按照党中央的统一部署,遵循政事分开、推进事业单位社会化的方向,建立起适应社会主义市场经济需要和符合事业单位自身发展规律、充满生机与活力的管理体制、运行机制和自我约束机制"。改革的基本思路是:确立科学化的总体布局,坚持社会化的发展方向,推进多样化的分类管理,实行制度化的总量管理。

我国事业单位分类改革实际上始于 2011 年,目前已基本完成第一阶段任务,主要内容是承担行政职能的事业单位划归或转为行政机构,从事生产经营活动的事业单位转为企业,从事公益服务的继续保留在事业单位序列,强化其公益属性。保留下来的事业单位分为两类,即承担义务教育、基础性科研、公共文化、公共卫生、基本医疗服务等基本公益服务,不能或不宜由市场配置资源的单位或机构,确定为公益一类;承担高等教育、非营利医疗等公益服务,可部分由市场配置资源的单位或机构,确定为公益二类。公立医院、高校等公益二类单位取消事业单位编制,探索"公益"和"市场"两条腿走路,将是下一阶段事业单位分类改革的重点内容。

事业单位改革的一个根本目的,就是要精简事业单位编制,减轻财政供养压力,同时提高公益服务的效率和水平。事业单位分类改革的第一阶段,基本达到了"减员增效"的目的,而在分类改革的第二阶段,取消公立医院、高校等公益二类事业单位的事业单位编制,同样也要努力实现"减员增效"的目的。公立医院、高校等的事业单位编制要取消,其提供公益服务的属性和功能却不能取消——公益二类事业单位的公益性非但不能取消,反而应当有所强化优化。这就内在地要求公共财政对公益二类事业单位的投入保障作用丝毫不能削弱,政府不能借取消公立医院、高校事业编制的机会"甩包袱"。

公共财政的投入保障作用表现在,由公益二类事业单位承担,不能由市场配置资源的那部分公益服务,公共财政仍须全额拨付经费,而不能把这些职能统统推向市场;由公益二类事业单位承担,可以由市场配置资源的那部分公益服务,有的需要向公众收取费用维持非营利性运作,有的可以改由通过政府购买服务的方式向公众提供。

第二节　公共企业及其地位

在当今世界各国,尽管社会制度不同,经济体制各异,国情也千差万别,但却都拥有一定数量的公共企业。它们服务于国家或者政府的种种职能要求。

一、公共企业的特征及其公共服务职能履行

就所有权来说,现在已经变得很难对公共企业加以明确地界定。因为,一方面,很多国家对许多私有企业投入了大量的国有资本,尽管不一定能够达到控股的程度;另一方面,公共企业的股份也部分地出售给私人,虽然私人的股份也不一定能够达到占支配地位的程度。针对上述变化,比较能够为人们形成共识的定义是欧洲共同体在1980年法规指南中对"公营企业"的界定:"政府当局可以凭借它对企业的所有权、控股权或管理条例,对其施加直接或间接支配性影响的企业。"这里,政府部门应包括中央政府和地方政府两个层面。

总的来讲,公共企业具有如下一些一般的特征。首先,公共企业是由国家投资(包括部分投资)兴建的经营性实体;第二,政府实际上或潜在地控制着该类企业,但并不一定拥有企业的多数股权;第三,公共企业的主要职能是生产和销售产品或劳务,其收入主要通过出卖自己的产品或劳务来获得;第四,公共企业的各项费用支出至少是大部分用其销售收入而不是用国家预算来支付。

（一）关于中国的公共企业

按照我国称谓,通常将公共企业对等于国有企业的使用。国有企

业是指社会主义全民所有制企业,它是由国家单独出资设立的企业,包括国有全资老企业、吸收其他单位投资尚未改造成有限责任公司而仍作为国有企业管理的联营企业,以及按《公司法》改建的国有独资公司。国有企业是国有资产经营活动的主体。按照这个定义,我国国有企业具有以下特征:首先,国有企业的生产资料,如机器设备、厂房、建筑物、土地、原材料等,以及经营的产品归全体劳动人民所有;其次,社会主义全民所有制企业采取社会主义国家所有制的形式,因此,社会主义全民所有制企业便以社会主义国家所有制企业的面貌出现;第三,在社会主义市场经济条件下,国有企业是自主经营、自负盈亏、自我发展、自我约束的法人实体和市场经济主体,按社会主义市场经济规律进行生产和经营;第四,国有企业职工是企业的主人,在国有企业的内部管理上实行职工当家作主的民主管理制度;第五,在个人分配制度方面,国有企业实行按劳分配为主体、多种分配形式并存的制度。

随着我国经济体制改革的不断深入,出现了各种形式的不同所有制之间合资或联营的企业,既包括国内不同所有制间的合资与联营,又包括外资与国内各种所有制间的合资、合作企业,出现了不同所有制相互融合的趋势。近几年来,随着产权关系的重组和股份制改造,不同所有制相互交融的趋势更加明显。这样,作为国有资产的受托载体和市场经营法律主体的国有企业的组织形态发生了很大变化。

国有企业的形成有以下几种企业组织形式:(1)单一主体的公共企业,包括中央单独投资的企业和地方政府单独投资的企业。(2)多主体的公共企业。它们有的由中央政府和地方政府共同投资建立,有的采取不同地方政府共同投资形式,还有的是由政府投资的多个国有企业联合投资形成,这些企业大多已经股份化。(3)政府控股的企业,在这些企业内部已经实现了各种所有制的混合与融合,它们已经成为一种混合所有制企业,但政府股份起主导作用。由此可见,目前我国的国有企业不仅包括政府单独投资设立的国有企业,而且还包括政府控股的企业。我国国有企业的外延进一步扩大了。

(二)我国国有企业在国民经济中的作用

我国国有企业在国民经济中所起的作用与其主导地位是紧密联系

在一起的。作为国民经济中的主导力量的国有企业,其主要作用表现在如下几个方面:首先,从历史的角度看,我国的国有企业是通过没收官僚资本、对民族资本主义工商业进行社会主义改造、政府投资设立新企业而形成和发展起来的。这是对马克思主义的实践,并为我国实行以按劳分配为主体的分配制度提供了物质基础和可能性。其次,我国的国有企业的形成和发展,使我国迅速建立起比较完整的工业体系,加之国有企业拥有比较先进的科学技术和设备,为我国整个国民经济的进一步发展奠定了坚实的基础。第三,强大的国有企业和国有经济是国民经济的主导力量,它控制着国民经济的命脉,对国民经济的发展具有导向作用。第四,国有企业是我国社会主义现代化建设的主力军,国有企业提供的产品和劳务、创造的税利、上交的财政收入等均占很大比重;我国的国有企业是发展基础产业、支柱产业的主要力量,也是发展大型企业集团并进行国际竞争的主要承担者。第五,强大的国有企业的存在和发展,有利于我国政府对经济进行宏观调控、推进某些社会目标的实现、保护和推动竞争、发展高技术产业、促进产业结构的调整、改善经济布局等等。第六,国有企业以自己在国民经济中的重要地位,影响并制约其他经济的发展,保障、促进集体经济、个体经济、私营经济、外资经济的健康发展,从而保障整个国民经济的发展符合人民的整体利益和长远利益。第七,国有企业在我国经济发展及经济体制改革过程中起着稳定器的作用。国有企业承担了经济体制改革的大部分成本。国有企业在过去较长一段时期内交纳了高税赋,承担了超量的劳动力就业任务,赡养着相当数量的离退休人员。这些都为我国经济体制改革和经济发展取得今日的成就起了巨大的作用。

与此同时,也应该看到,当国有经济规模过大,分布过散,尤其是有大量的国有企业分布在政府功能领域以外,此时政府可能难以专注于自己的应尽事务。因此,政府与企业的关系就会呈现出错综复杂的局面。适度压缩国有经济规模,调整国有经济结构,实现国有资产的相对集中,也是当前转变政府职能、理顺政企关系的前提条件。另外,如何规划我国的公共企业配合政府公共管理的职能,更好履行公共服务以及国民经济引领角色,也是当前公共管理研究领域很有价值的课题。

（三）公共企业的一般功能及分布领域

为了保证经济的有效运行和提高社会整体福利,任何一个国家的政府都要履行一定的经济职能。但这里首先要指出的是,政府履行经济职能与政府建立国有企业是完全不同的两个概念。政府履行经济职能可能有多种形式和途径,建立国有企业只是其中的一种方式。

第一,政府履行宏观经济职能,即维持社会总供给与总需求的平衡,主要通过财政政策、金融政策、外汇政策、收入政策来实现。在市场经济发达国家,金融政策在调节社会总需求中起重要作用,政府主要运用三大金融政策工具,即公开市场业务、法定准备金率和再贴现率来熨平经济周期。但在有些国家,尤其是一些金融部门比较脆弱、资本市场发育不完善和政府金融监管手段比较落后的发展中国家和转型国家,政府为了保持对宏观经济的控制力和防范金融风险,其金融机构大都是国有企业,金融部门成为国有资产和国有企业分布的一个重要领域。

第二,政府实现社会公平分配的目标,可以通过财政政策、社会保障政策、社会福利政策来实现。实施鼓励中小企业发展的政策也被实践证明是实现社会公平的有效途径。通过发展教育来提高劳动者的技术水平,有利于培养一般劳动者的工作适应能力,增强职业流动性,达到提高收入、实现公平的目的。中小企业的发展,有利于为一般素质的劳动者提供更多的就业岗位,使他们有稳定的收入来源,有明显的社会公平效应。

通过建立和维持国有企业来为一般劳动者提供就业岗位和保证他们的收入,被一些国家当做实现社会公平和维护社会稳定手段。但是,如果政府把开办国有企业作为保证就业岗位的手段,可能导致国有企业冗员过多,不能按照市场经济的原则从事生产经营活动,政府不得不因此承担起企业亏损的责任。由于竞争机制、破产机制无法有效地发挥激励、约束作用,软预算约束、生产效率低下的情况可能出现。所以,这种政策措施的代价是比较高昂的。

第三,对一些涉及国家经济命脉和军事装备等生产敏感性的领域,很多国家都是通过政府握有控制权的国有企业来生产和提供相关的产品。当然,也有一些国家是通过合同、特许、承包等方式,转由非国有的企业提供。尽管军需产品在多数国家是由国有企业直接提供的,但在有些国家并非如此,而是先由政府同私人企业签订采购合同,再由私人企业依据合同组织生产。即便在这样的情况下,政府对有关的生产、产品和技术仍有很强的控制能力。

第四,对于一些涉及自然垄断的行业,为了避免相关领域企业的暴利现象和保护消费者的利益,需要设立和建设一些国有企业。当然,这并不是说一定要求政府直接经营在自然垄断领域的具有垄断性质的所有企业。但是政府必须承担起对这类企业行为(主要指价格、质量和利润行为)严格管制的责任。

总之,我们可以把建立国有企业的各种原因归结为以下三大类:一是通过国有企业来修补市场缺陷。这是主流经济学的基本观点。二是通过国有企业再分配经济资源。虽然再分配资源有许多方式,如税收和补贴,但建立国有企业具有一个潜在的优势和吸引力,那就是,它对资源的再分配是不显眼的。三是通过国有企业实现战略目标。例如出于对军事和国家安全的考虑,军工企业一般实行国有国营;为了控制诸如石油、矿藏和钢铁工业等国民经济重要部门,各国政府也往往会在这些部门建立国有企业。

综合以上的分析,我们可以得出以下结论:首先,国有企业是为完成政府经济职能而建立的。因此,从理论上讲,国有企业应该分布在政府的功能领域,超出这一领域的国有企业就是不必要的。因为在政府功能领域以外,非国有企业往往更具有效率的优势。其次,通过建立国有企业来履行政府职能是一种代价高昂的手段,一般不轻易使用,只有在其他可供选择的手段无效或不理想时,方可考虑建立国有企业。第三,由于建立国有企业要求政府具有强大的机构能力,而大多数国家的政府,特别是发展中国家和欠发达国家的政府,又不具备这一条件。在这种情况下,国有企业的数量不宜过于扩张,涉及的领域也不宜太广。

以上是对建立国有企业原因的规范分析,下面从实证的角度考察一下国有企业的主要分布领域,以深化对国有企业功能的认识。国有企业不仅仅是在中国或社会主义国家存在,世界各国政府为了履行自己的应尽职责,大都建立了数量不等的国有企业或公营企业。

在西欧国家,政府建立了以下四种类型的各具功能的国有企业:

一是国家企业(State Enterprises)。它是由政府部门或类似的公共当局直接管理的企业,大都由政府部门直接经营,没有财务及账目上的独立性,没有法人地位。

二是国管公司(State-sponsored Companies)。这种企业从属于某个政府机构,但在管理上具有一定的自主权,它们是根据特别法律条款经营的公共公司,具有半法人地位。这些公司或完全为政府所有,或由政府通过特别的方式进行控制。

三是国有公司(State-owned Company)。它是根据普通公司法组建的、政府在其中处于控制地位的股份公司。这些公司的股份可能全部由政府掌握,也可能只有一部分由政府掌握,但政府掌握的部分足以支配该公司的经营方向。这样的公司具有法人地位,且享有较大自主权。

四是国有持股公司(State-Holding Companies)。在这类公司中,政府持有一定比例的股份,但不一定处于控股地位。

二、各国公共企业的主要分布领域

从总体上看,世界各国的国有企业或公营企业主要分布在以下领域:一是决定国民经济和社会发展的基础设施和公用设施领域,如邮电、交通、港口、供水、供电、供气等。这些领域的投资量大,回收速度慢,又是整个国民经济发展的重要条件,且其收益具有明显的外在性,由此形成私人资本不愿进入或进入不足。二是基础工业领域,如矿山、能源、大型水利工程。这些领域的投资大、回收慢、服务面广,只靠民间资本难以及时开发和利用。三是国民经济的支柱产业,如钢铁、汽车、重化工业。这些产业在一定时期是国际竞争最激烈的产业。四是某些高科技产业。这些产业需要超前投入,且往往投资量大、风险大,民间资本一时难以涉足。五是对国民经济起重要调节职能的部门,如中央银行和其他金融机构。

国有企业的这种分布不具有制度性质,它是由市场经济条件下政府的职能决定的。可见,国有经济的规模与一个国家的经济发展水平存在强相关关系。从经济发展理论的角度看,这一统计规律不难理解。

首先,市场体系的发育和成熟程度不同。国有经济的基本功能之一是校正市场缺陷。因此,市场体系的发育和成熟程度是影响国有经济规模的一个重要因素。在市场经济形成时期,市场机制不健全,市场失效现象比较多,政府对经济的干预程度相对大一些。此外,在经济发展的初级阶段,政府干预经济的方法和手段也比较简单和单一,开办国有企业就是惯用的方法和手段之一。而随着市场经济的发展,市场机制趋于成熟,政府干预和调控的方法及手段日趋多样化。在发达国家,市场机制已相当完善,不仅政府干预的必要性相对下降了,而且干预手段也更多地转向财政政策、货币政策、收入政策和产业政策,国有经济作为政府调节国民经济,特别是实现其产业政策和经济发展战略依托力量的重要性下降了。

其次,民间企业的发展状况不同。国有经济的规模与民间企业的实力和发展水平存在着直接关系。一般而言,民间企业实力强大,国有经济的规模就相对小一些,其部门分布也相对狭窄和集中。反之,国有经济的规模就相对大一些,分布就相对广一些,以弥补民间经济发展之不足。

发达国家的民间经济经过工业化过程,已具备相当实力,能够承担起绝大部分经济增长和经济发展的任务。同时,发达国家金融体系和资本市场的大发展,使得市场筹资过程在很大程度上取代了政府筹资过程,由政府直接出资兴办国有企业的必要性相对减弱了。在资本动员方面,各种民间银行、保险公司、基金会、股票交易所等机构起着重要作用。总之,这些国家资本市场化和社会化的过程取代了资本国有化的过程,政府的集资、筹资、投资职能正在向民间金融机构、企业家转移和分散。

发展中国家的情况正好相反,民间企业、民间资本的发展水平相对低,民间金融机构不发达,它们还难以承担起启动经济增长和发展的作用,还需要政府在筹资、投资和创办企业上发挥较大作用,国有经济的比重也就相对较高。

再次,对市场机制和非国有经济的观念不同。在发达国家,人们对市场机制和非国有经济充满信任感,并将绝大部分经济活动赋予市场,国有经济的作用一般仅限于弥补市场缺陷。而在发展中国家,特别是在其经济发展的早期阶段,人们对市场机制和非国有经济普遍抱有一种怀疑的态度,政府在经济政策上则采取诸多抑制私有企业发展的措施,从制度上人为地提高国有经济的比重、降低非国有经济的比重。

一个更为重要的事实是,国有经济在整个国民经济中的比重并不是一成不变的。从世界各国的总体情况看,20世纪70年代中期到80年代中期,国有经济比例呈上升趋势,1985年前后是世界各国国有经济比重最高的年份,随后呈明显下降趋势。

国有经济比重的下降,主要出于三个原因:

第一,国有企业经济效益普遍不如民营企业。这是国有经济比重下降的基本原因。从理论上分析,国有产权具有克服外在性、照顾社会整体利益、校正市场失效的优势。但是,它同时又存在所有权难以人格化、所有者约束脆弱、委托—代理问题不易解决等制度性缺陷,这些缺陷必然带来经济效率上的损失。私有产权的优势与缺陷正好与国有产权相反。由此得出的一个结论是:只有在私有企业不愿从事的领域,国有企业的进入才是必要的,这实际上是以经济效率的某些损失来换取社会整体利益的增进;否则,国有企业就不应该进入,或者应该退出。

从实践来看,国有企业的经营业绩普遍不如私有企业。在工业化和社会化大生产发展的初期,邮电、铁路等曾是大工业发展的关键;随着工业化的深入发展,矿山、能源、钢铁等基础工业又成了国民经济发展的关键;随着国际竞争的加剧,在一定时期,诸如汽车、飞机和某些机电产品又成了国民经济的支柱产业和关键。但随着科学技术的蓬勃发展,上述许多工业部门的重要性已相对下降。在发达国家,诸如钢铁和其他一些重化工业部门已变成了夕阳工业,这些部门作为国民经济的基础部门而实行国家垄断经营的理由不仅不复存在,反而成为国有经济收缩的对象。

第二,技术发展使得原来一些自然垄断性部门逐渐适合于竞争性经营,从而一改国有企业垄断经营的局面。这一点在电信领域表现得最为明显。20世纪80年代之前,世界电信体制基本都是政府垄断模式,战后科学技术的飞速发展带来了电信体制的变革。电信技术在光纤传输、数字微波、蜂窝移动和卫星通信各个领域的发展,不断削弱电信自然垄断的基本性质;电信固定成本的大幅度下降,使得沉淀成本不再是进入的障碍;微电子技术、计算机技术与通信技术的融合,降低了产业之间的门槛,促进了产业融合和竞争;信息日益成为最重要的生产要素,电信需求迅猛增长,这又使得电信网络投资的回收期大大缩短。总之,技术发展和产业融合彻底打破了政府垄断经营的神话,为私人企业进入电信领域奠定了基础。

在航空领域,为了保障飞行安全,航空公司原来大多实行政府垄断经营。但随着新型材料的出现和计算机的普遍使用,航空安全性基本得到了有效保证。从技术上看,航空业已完全适合于私有企业经营。在这种情况下如果仍保持政府垄断经营,就会阻碍航空公司在服务质量、机票价格、飞行效率等方面作出应有的努力。

技术的飞速发展,使得国有企业分布的传统领域,如基础设施领域,出现了明显的民营化倾向。

第三,我国国有经济规模压缩与结构调整。从我国国有经济目前的情况看,国有企业仍然数量太多、分布过散、功能错位,对政府职能转换和政企关系造成了不利的影响。一方面,由于国有企业过度分散,政府作为国有资产所有权的代表,很难有足够的人力和物力来行使所有权职责;另一方面,为了防范"内部人控制",防止国有资产及其权益的流失,政府又不得不借助于行政手段对数量众多的国有企业进行直接干预,结果又摆脱不了政企不分的局面。因此,压缩国有经济规模,调整国有经济结构,实现国有资产的相对集中,是转换政府职能、实现政企分开的基础。

国有经济的合理规模是由政府的经济职能决定的。由于不同国家的政府所承担的经济职能不完全一样,其国有经济的规模也不完全一样。中国作为一个发展中国家,政府要承担较多的职责,其中包括一些促进经济发展的责任,加之中国市场机制尚不成熟,市场缺陷较多,因此,中国的国有经济规模肯定比市场经济发达国家大一些,但在总体上不应超出发展中国家的平均水平。

目前我国国有经济覆盖范围过大已经成为共识,但对于国有经济规模究竟多大为适度,还没有一致的意见。改革开放以来,我国国有经济的比重的确有不断缩小的趋势。但是,这种缩小是从所占整个国民经济比重而言的,是由非国有经济,包括乡镇企业、集体企业、个体私营企业和三资企业的快速成长带来的,这实际上是一个增量调整过程。事实上,与改革开放初期相比,我国国有企业的绝对量非但没有缩小,还大大地扩大了。

国有经济规模比例的缩小,尤其是大幅度缩小,容易引起争议,产生这样的疑问:这是否会动摇政府对整个经济的控制力? 其实,政府作为一个组织,与其他经济组织相比有两个不同的特点:其一政府是一个对全体社会成员具有普遍性的组织;其二政府拥有其他经济组织所不具备的强制力。何谓政府的强制性呢? 政府以外经济实体,如企业和个人,其权利的基本来源是产权,如果不拥有某种产权,它就不能拥有相应的权利。政府则不然,在政府的诸多权利中,有些权利确实来源于产权,但绝大部分权利与产权无关。政府能否行使某种权利,也并不以它是否拥有相应的产权为条件,政府的强制力和作为全体社会成员代表的身份足以保证它在必要时控制整个经济并把足够的资源(无论这些资源是国有资源还是非国有资源)投入到自己的目标领域。政府的以上两个特点至少可以派生出足以控制整个经济的两项权力:一是征税权;二是禁止权。征税权使政府有可能掌握非国有经济单位的经济资源流量,这与政府通过开办国有企业获取利润所达到的结果没有什么两样;政府的禁止权则可阻止非国有资源流向某些政府不同意的领域,禁止非政府主体的某些行为。当然,政府的这两项权力不能滥用。由于政府的控制力并不主要来源于政府拥有的国有产权,因此,国有经济或国有资产规模的缩小并不必然导致政府控制力的削弱。如果同时考虑到国有经济规模缩小以后,国有经济实力将集中在自己的功能领域,因而能更好地发挥国有经济质的优势,那么情况就更是如此。

在压缩国有经济规模的同时,更重要的是调整国有经济结构。所谓调整国有经济结构,是指把目前分布在政府功能领域以外的国有资产抽取出来,集中到政府功能领域中去。国有经济结构调整可以遵循以下两个具体原则：

首先，提高三个比例。在国有资产总量中，提高公共物品领域所占的比例；在公共物品领域，提高纯公共物品领域所占的比例；在经营性国有资产中，提高在自然垄断、稀缺资源以及基础设施产业所占的比例。

其次，在县以下政府不再建立和保留一般经营性国有企业。分布于全国2 126个县（含县级市）政府所属的中小企业中的国有资产应通过各种方式抽取出来，转移到地方公共品领域或用于其他公共目的。

在国有经济结构和规模达到理想状态以后，国有资产将不再分布于一般竞争性领域或私人品生产领域。当然，在相当长一段时间内还达不到这种理想状态，主要原因是我国国有资产在社会总资产中所占的比例超出了政府履行其职能所要求的水平，必然会有一部分国有资产拓展到政府职能领域以外；非国有资本还没有成长到足以覆盖整个竞争性领域的程度。在这种条件下，实现国有资本的完全退出是不可能的。此外，如果不顾国有资产与非国有资产的现实比例，急速退出，有可能造成国有资本的贬值和国有资产的流失，引发转型过程中的社会不公正。

第四篇　公共管理的新理念与改革前沿

第十四章　增进政府回应

20世纪80年代以来，很多国家的政府都在适应时代的要求，提出了公共管理的新的口号或者说新的理念，这对于公共管理的创新和改进起到了极为重要的作用。"增进政策回应"就是其中一个具有代表性的口号。其基础就是公民对于政府更加良好的公共服务需求。

所谓"增进政府回应"是指，要求政府能够积极地回应通过各种途径表达出来的公民意志。这是提高政府服务质量的一个重要的体现和指标。本章就这一理念展开探讨。

第一节　增进政府回应的实践意义

随着我国改革开放和社会主义现代化建设的蓬勃发展，随着社会主义市场经济体制的逐步成熟，经济社会结构也发生了巨大变化。社会从单一结构演变成多重结构，社会经济成分日趋复杂化，人们的经济利益发生分化，社会生活方式丰富化，公众的需求也日益多样化等等。公共管理要适应多样化经济社会发展的客观需要，政府职能也要作相应的调整。

政府提供公共服务的方式、内容和效果如何，直接要由人民群众来加以评判。公众也希望政府能够更加重视民众的需求和选择。要求政府对公众提出的意见、建议、问题和要求，能够及时回复。于是，自然产生了增强政府回应的问题。所谓"政府回应"，就是政府在公共管理中，对公众的需求和所提出的问题作出积极敏感的反应和回复的过程。

政府回应是社会发展的需求,是公共服务完善的需求,也是市场经济发展的内在要求。政府回应是公共管理过程中的一个组成部分。政府公共管理首先是扮演好公共服务主体的角色。政府办事和制定政策都要符合公众的利益。对政府来说,注重回应就是注重公众的疾苦和需求,应尽可能满足公众最迫切的需求和解决公众提出的问题。对公众来说,更加愿意表达自己的意愿,更加关注政府公共服务政策的制定过程,是公众参与政府民主管理的有效形式。

在我国公共管理中,早就开始了政府回应的实践。早在 20 世纪 90 年代,山东省烟台市政府建设委员会在国内首创"承诺制",很快便显示出强大的生命力。之后,我国大部分地方政府都推行了"承诺制"试点。通过试点,现已在许多行业和部门的服务项目中推行。这一制度所涉及的许多内容都是政府为公众服务的项目,因此受到越来越多的公众的关注。这些实践大多取得了良好的效果,并得到了公众的好评。

第二节　注重政府回应建设

政府回应是政府与公众之间的一种双向"互动"过程,是公共管理民主化的具体表现,是政府适应市场经济体制下的公共管理的重要组成部分和体现。增强政府回应既是一个值得提倡的口号和理念,更需要各级政府持之以恒地努力建设。根据各地政府的实践,我们这里提出一些加强政府回应建设的思路。

一是注重政府回应的法规建设。要将政府回应所涉及的内容和各个环节以法规的形式确定下来。依法操作,使政府回应的工作程序通过法规的形式得以稳固下来。从政府的角度看,要将向社会公众提供服务的项目、范围、类型、程度、责任、办理时限、结果、费用标准、监督与奖惩等,以法规的形式确定下来。对于公众来说,自己所享受服务的权利与义务、所要承担的责任、所要求服务项目的选择与确定、具体的要求以及对所要求服务项目失败的投诉等,均需以法规的形式予以明确。对公众与政府间相互回应过程中的各个环节和要求,也要通过法规的形式加以确定。只有注重法规建设,政府回应才可能具有规范和长远的性质。

二是注重政府回应流程的设计与运作。政府回应能力不仅体现在能及时获取公众的意见和建议上，还体现在及时高效地处理公众提出的各种服务需求，解决各种问题，提供及时有效的服务上。这就要求政府要改变传统机构的运作方式，凸显为公众服务的职能，对服务的项目和内容进行合理的工作流程设计，对公众提出的问题、意见和建议进行分类处理，包括服务项目的收接时间、内容、涉及部门、办理情况、回复办理结果等等，根据服务内容的难易程度和复杂程度，定出办理标准，进行规范操作，形成有效的回应流程。

三是注重政府公务员相关专业的培训。要提高政府回应能力，公务员是关键，因为为公众服务的每个项目都要通过公务员来完成，没有高素质的公务人员，政府回应能力是无法提高的。因此，政府要制订相应的培训规划，有规划地培训公务人员，提高公务员的综合能力，特别是对现代网络技术的操作能力和水平，以利于提高回应效率。同时，还要注重对公务员职业道德的教育，提高公务人员的责任意识和服务意识，这样，才能增加政府回应的效果。

四是注重回应能力的提高。回应是双向的，对政府来说，要对公众进行广泛的宣传，让公众了解政府的服务政策和服务信息；对公众来说，也需要提高自身在回应过程中的"回应力"，这就需要政府做好对公众的宣传教育与培训工作，特别是通过网络参与回应的公众，需要掌握有关的回应知识和技术。如果公众的回应能力不高或没有回应能力，那么政府回应是难以取得良好效果的。

五是注重政府回应的绩效评估。政府回应的主要内容大多数涉及为公众提供公共服务，因此政府提供公共服务的效果、服务的满意率就需要有相应的评估体系来进行评价，这就需要建立一个评估系统对政府回应的绩效进行评估。这个评估系统既包括政府部门自身建立的评价中心所做的评估，也包括社会中介组织的评价，最主要的还是公众的评价。从这三大方面对政府回应作出评估，可以综合评价政府回应的绩效状况。通过绩效评估，可以发现问题，以便不断改进政府的公共服务方式，进一步提高政府回应能力，增强回应效果。

六是注重政府回应的基础设施建设。现在人们已意识到政府回应是政府能力的体现,因此要提高回应能力,除了加强传统的回应载体建设外,更重要的就是必须加快网络基础设施建设。虽然我国已经启动了政府上网工程,但是整体发展不平衡,东部沿海发达地区省市建设步伐较快,西部地区由于资金、技术和人才的滞后,网络基础建设还有差距。整个国家政府站点建设还缺乏有效的组织和规划,还存在域名不规范、网站内容设计不合理、主页形象与政府形象不符等等一系列的问题。

综上,政府网络基础设施建设,国家还要加大力度,统一规划,分步推进。首先要在公众信息网上建立各级政府部门的正式站点,提供政府信息资源共享和应用项目。其次是要把政府站点与政府的办公自动化网联通,与政府各部门的职能紧密结合。政府站点要变为向公众提供服务的窗口,真正实现公众足不出户便可完成与政府部门的办事程序。第三是利用政府职能启动行业用户的上网工程,如"企业上网工程"、"家庭上网工程"等,实现各行各业、千家万户联入网络,真正体现"网络社会"的特征。只有这样,政府回应才有实效。

第三节　建设政府回应的有效载体

我国政府部门的干部和公务人员历来有着良好的传统,即走出政府大院,深入到基层,走到公众中进行调查,收集和听取公众对政府所提供服务的意见和建议。政府可以通过统计部门进行调查统计,反映公共服务的状况,反映政府公共政策的实际效果。政府还可以通过电视、报纸、杂志以及政府网站等现代新闻媒体手段发布政府公告,解释政府的现行政策,发布公共服务项目和信息。公众也可以通过走访、信件、电话、意见箱等各种方式,反映个人的意见和建议,提出个人希望得到解决的问题、需要得到服务的要求以及对政府部门的意见等等。政府也可以通过上述各种形式和回应载体,了解公众的需求。当然,从目前政府提供公共服务的实践来看,离公众的要求和愿望还有一定的差距,有的时候还会出现缺乏有效回应手段的情况。随着科学技术的发展,政府回应的有效载体就是政府上网。

信息技术的飞速发展,当今的世界已经进入了网络化时代。互联网的蓬勃发展所带来的影响和变化是空前的,它打破了时空的界限,使人们的生产方式、生活方式、思维方式,包括经营管理方式和政府活动方式都发生了革命性的变化。毫无疑问,互联网正在深刻地改变人们的生活方式,也必将改变政府公共管理的方式。互联网为政府提供了一个方便、快捷、有效的载体。政府上网后,政府机关在公众面前就不再神秘,政府的管理工作面向公众全面开放,增加了透明度,政府职能部门的负责人、部门职责、办事程序在网上一览无余。公众对政府出台的公共服务政策、法规有什么建议和意见,或者对哪个部门、哪个公务人员的服务方式、服务态度有什么不满,都可以提出批评意见,一封电子邮件即可直接送达相关部门。这不仅有利于公众参政议政和监督政府的工作,更为重要的是它同时也为政府集思广益,听取来自社会各阶层的建议和意见提供了便利条件,有利于政府实现科学决策,增进政府回应的有效性。

随着社会信息化步伐的不断加快,信息资源已经成为国民经济和社会发展的重要战略资源。而有效地开发利用信息资源,促进国民经济信息化步伐,政府部门责无旁贷。国家机关是众多信息的源头和集散地,大量的公众信息资源有待开发、利用、交流和服务于民。政府部门把这些信息在互联网上公布出来,不仅能有效解决各级政府部门间信息交流不畅的问题,而且能增加政府工作的透明度,优化机关作业流程,有利于勤政、廉政建设和建立“政务公开”的机制。因此,政府各部门应当在信息资源的开发利用方面先行一步,为社会作出表率,进而促进社会信息化的进程。信息上网是开发和利用信息资源的重要举措,也是转变政府职能,逐步实现政务电子化的一项基础工作。

网络经济的形式、形成及发展,为我们提供了一个赶超发达国家的良好契机。信息时代快速缩短了我们与发达国家在发展时间和空间上的距离,我们必须抓住这个机遇。值得欣喜的是,电子商务已在我国迅速展开,它必将促进我国的各行各业完成业务优化重组的步伐,加快国际贸易与先进技术的交流和接轨。但与此同时,我们也该清醒地看到,制约电子商务在我国发展的瓶颈还很多。由于我国政府在国民经济建设发展中扮演着非常重要和极其关键的角色,因此我国的电子商务发展到一定阶段必然需要政务电子化的支持。当然,政务电子化只是电子政务的第一阶段。根据我国国情,发展电子政务应该比其他发展中国家更为迫切,不仅应从政务电子化上支持社会经济的发展要求,更应从深层次上消除各级政府部门的"信息孤岛",以政务信息驱动各级政府部门之间的政务流程,通过电子政务带动社会经济文化的发展。

总之,电子政务将促进政府部门与社会各界的沟通,让公众迅速了解政府机构的组成、职能、办事章程及各项政策法规,有助于提高办事执法的透明度,并自觉接受公众监督,便于廉政建设;电子政务将加强政府与公众的信息交流,便于听取公众的意见与心声,从而更好地为公众服务;电子政务也将对电子商务的普及和应用产生重要的示范效应,带动信息业和服务业的发展,对国民经济发展起到直接的促进作用;电子政务还有利于降低办公费用,提高政府工作效率;电子政务更可以让世界了解中国,加强中国与世界的交流,向世界传播中国的政策和文化,树立中国政府在国际上的良好形象。

电子政务是政府解决其所面临的、紧迫的经济和社会问题的一种手段,是推动经济与社会发展的一个工具。每一个电子政务应用项目的推进,都需要有法律、行政、法规、社会、政治等各个方面的综合的考虑和有机的组合来推动,才有可能达到变革和改造现有政府形态的目的。电子政务也要讲效益,不能因为电子政务所具有的各种重要性就忽视电子政务工程项目的投资回收,忽视电子政务工程项目的使用情况和实际效果。推进电子政务可以采取以下一些模式。

(1) G2G。G2G电子政务模式主要指发生在各级党政部门之间的行为。它基于大型数据库、文档数据库、数据仓库、电子邮件、远程通讯以及互联网技术优化本单位的办公业务流程,包括与本单位的上级政府单位和下级政府单位的公文运转、信息交流和信息互动,快速有效地接收各种上级机关文件和下级单位的上报信息,使用户能够方便、快捷地获取其所需信息,并为工作人员日常工作提供服务。

电子政务系统具有强大的信息挖掘功能,能够为领导决策提供最大的支持。

（2）G2B。G2B电子政务模式主要指发生在政府职能部门与企业之间的行为。它基于互联网技术将政府职能部门对企业的管理、监督和支持进行优化，使电子商务和电子政务能够一体化运行。

（3）G2C。G2C电子政务模式主要指发生在政府职能部门与各种社会团体及个人之间的行为。它基于互联网技术将政府职能部门为人民大众的办公服务和信息服务公开化。

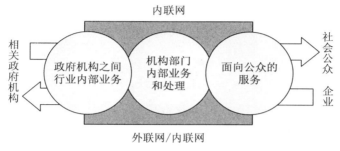

图 14.1 电子政务的一个模型

第四节 电子政务推动政府回应的深刻变革

一、电子政府的发展方向——一体化政府

一体化政府是电子政府发展的一个方面。所谓一体化政府，是指公众在与政府部门打交道的时候觉察不到不同政府部门之间的界限。在一个政府站点就可以同时进行办理如出生证和交税等原来需要在不同的政府部门办理的事务。这里包含两方面的含义：一是同一级政府的不同部门的一体化；二是不同级政府的一体化。传统的政府机构常常部门林立、条块分割、等级森严，当公众要办理某项业务的时候，他需要到不同层级政府的不同部门去分别办理，而且由于不同的政府部门之间，尤其是不同层级的政府部门之间公文周转的低效率，因此想要办成一件事情要花费很长时间。

　　一体化政府使得各级政府在各部门拥有了统一的服务平台。在这样一个服务平台上,公众面对的是一个一体化的政府,他不必关心自己打交道的是哪一级政府的哪个部门,只要获得所需的服务就可以了。这样就可以使公众在很短的时间内完成原来需数天甚至数月才能办成的事情,大大提高了政府部门的服务效率,也为公众节省了大量的时间。

　　一体化政府的优点在于,它可以每周七天每天二十四小时,向公众提供政府的各种服务。公众接受这些服务的时候可以比以往节省很多的时间和金钱,尤其对偏远和乡村的地区来说更是如此。由于数据都是采用统一的电子化报表形式,因此多个部门可以同时办公,这样就节省了周转的时间;同时政府内部得以协调统一,减少工作压力和费用,由此政府各部门能够更好地实现它们的功能。一体化政府使得政府的服务范围大大拓展,公众更容易获得政府的服务,如可以通过家庭电脑、公共图书馆内的电脑以及专门的自动柜员机等获得这些服务。

二、优化政府服务质量,现代政府的一项责任是向公民提供信息服务

　　政府信息是一种有着重要价值的国家资源,政府既掌握着大量的公众信息,同时又是许多法规、规范的制定者,凭借互联网络强大的技术支持,政府能够为公众提供有关政治、经济、社会一切公共领域的知识和信息。同时,借助互联网的技术优势,政府还可以开发网上服务系统,利用信息技术为公众提供更迅速、更简便、更周到的服务,使政府服务平台从传统的办公室、窗口、柜台转向网络平台。通过民意调查、电子公民投票、电子选举、电子邮件等方式,使公众的意见表达能够更多地影响到政府的决策。

　　我们可以把互联网看做是政府与公民之间的一座电子桥梁,它推动了公众与政府官员的直接对话,提高了民意在政府管理中的分量,从而极大促进了民主政治的发展。通过网络,一方面政府能够比以往更广泛地听取各方的意见,从而集思广益,有利于决策的科学化;另一方

面,网络平台能使信息不受时空限制,这种快捷有效的服务方式使公众对参与政治有了崭新的认识,增加了兴趣,也培养了现代公民意识。

三、形成政民有效沟通的快捷渠道,推动双向回应

电子化政府,意味着政府信息的公开化,政府有责任和义务以更便捷的方式,以更容易理解的语言,让民众能够容易地获得政府的信息。政府通过在网上发布公告,提供包括市政规划、公用事业、工商管理、环境、监督、检查、人事、就业、医疗卫生、物价查询等等在内的数据库查询服务,在网上进行电子采购和电子招投标,及时公布政府的政策信息,可以充分体现政府工作的透明性、权威性和时效性,并且有助于公众在网上加以监督。

电子化政府的目的,一方面在于建立起跨越政府机关以及政府与企业之间的互动机制,使政府机关利用现代信息和通讯技术建立起政府部门之间、政府与社会之间、政府与公民之间的广泛互动网络。这种互动网络可以打破时间、空间以及各层级之间的边界,提高政府的运行效率,及时传达政府的施政意图和方针、政策,反映公众的要求和呼声,从而提高政府的回应能力和回应速度。另一方面,政府可以借助互联网、电子邮件、电子布告栏等新的技术途径,与公众建立一个迅速有效的沟通途径,从而实现公众的广泛参与。

第十五章　推进政务公开与透明政府建设

　　政务公开是民主制度的有机组成部分,是民主政治发展的必然要求,是人类政治文明的重大成果。没有政务公开、民主监督,任何民主制度和政治文明的实现都是不可能的。政务公开又是一门科学,它已成为近年来公共管理学研究越来越关注的领域。

第一节　推进政务公开的重要意义

　　我国推行政务公开,既是社会主义民主政治制度建设的需要,也是社会主义市场经济体制的客观要求;既是转变政府职能的客观要求,也是提高行政绩效的重要机制;既是预防权力腐败的现实需要,也是我国适应经济全球化和信息社会的迫切需要。推行政务公开对我国当前的政治经济发展和行政改革具有重要意义,它是中国走向民主、法制和现代化的必经之路。

一、政务公开是实现公民"知情权"的需要

　　"知情权"是第二次世界大战后新出现的一项基本人权,如今已成为世界公认的人类政治生活理性化的标志之一。宪法中的"国民主权"、"参政议政权"、"国民监督权",是"知情权"的宪法根据。即人民要管理国家、经济、社会和文化事务,就必须知道国家经济、社会和文化方方面面的情

报,而这些情报往往掌握在国家机关的手中。国家机关应主动或应依申请公开这些情报,以使人民"知"和"行"。而政务公开的程度则决定了公众"知情权"的实现程度。通过政务公开,让公众对政府事务进行了解和认同,让参与和介入政府事务中的部分公众(即政府管理对象或称利害关系人)获得与自己相关的政府事务和过程的信息,这样,有利于增强公众对政府管理的参与,有利于促进和增强政府权威和政治的合法性。

二、政务公开是法治国家建设的需要

建设法治国家,是建设我国社会主义市场经济和建设社会主义民主政治的需要。而法治意味着法的权威大于人的权威,意味着政府施政必须严格依照法律法规,意味着人民的权利得到充分而有效的法律保障。实行政务公开,对于社会主义法治国家的建设有着深远意义。一方面,政务公开为人民了解和知晓法律法规、政策措施创造了便利,使他们有效地明白地行使自己的权利;另一方面,政务公开也使政府工作人员增强了法制观念,促进依法行政,实现依法治国。

三、政务公开是社会主义市场经济建设的需要

经济基础决定上层建筑,上层建筑反作用于经济基础,两者紧密相联。自从党的十四大确立建设社会主义市场经济体制的改革目标以来,我国的经济主体、管理模式、运作方式都发生了根本性的变化。市场经济是法制经济、规则经济,它必须依赖政府提供公平、公正、完备的规则,政府则利用这些规则有效地进行市场监管和经济调控。政务公开的内容之一就是法律、法规、政策、制度、规则的公开,显然,这对于市场经济体制的确立和运行有着基础性意义。

四、政务公开是实现政府职能转变的需要

政府职能转变是指从适应计划经济需要的政府职能转变为适应社

会主义市场经济需要的政府职能,从对经济个体微观的直接管理转为以宏观为主的间接管理,从单纯依靠行政手段管理转为主要依靠经济和法律手段管理。可见,政府职能转变的本质是政府权力外移,把政府管不了、管不好的事让位于社会进行自我管理,即从"无限政府"转变为"有限政府"。我国加入 WTO 后,政府职能的"公平、公开、公正"已成大势所趋,原来罩在政府之上的神秘面纱被揭开,政府的一切管理职能都必须置于阳光之下,不能搞暗箱操作。因此,政府职能要实现成功的转变,其前提条件就是政务必须"公开"。

五、政务公开是实现行政管理高效率的需要

从传统的管理文化角度看,通常认为政务公开会增加行政负担,影响行政效率。但实践表明恰恰相反,政务公开有助于提高行政效率。依据系统论的观点,整个行政管理过程是由一个个的行政行为构成的,行政管理效率是通过每个行政行为的有效性和各行政行为之间的协调运作从而达到整个系统的高效运转。因此,认为政务公开会影响行政效率,主要是考虑到了行政决策过程的便利。但是,从整个行政过程看,由于政务不公开,决策的执行过程可能会增加困难。行政管理过程具有开放性和反馈性。一个行政管理过程如果得不到外界的支持,则必然难以生存。同时,行政管理过程若不向外界提供有效的服务,也必然归于失败。行政管理过程是"取"与"予"的平衡过程。政府决策的过程实质上是对信息的搜集处理过程,政务公开可以使公众更好地理解行政的目的、手段和方式等,也使政府的决策、政策和一些施政举措有了广泛的社会基础和群众基础,容易被理解和接受,因而有利于贯彻执行。

另外,行政管理过程在向社会提供服务的同时,必须获得所提供服务的社会效果的反馈,这样才能纠正行政管理中出现的错误和偏差。政务公开为公众了解政府和评价政府提供了基础,公众的反馈有利于政府听取有益的甚至是尖锐的批评,从而集思广益、科学决策、减少失误,达到提高行政管理效率的目的。

六、政务公开是防止权力不当行使和权力腐败的需要

我国经历了漫长的封建社会时期,长期以来,形成了"民可使由之,不可使知之"、"刑不可知,则威不可测"的密室专制统治积习。政治上的神秘性使腐败之风得不到制止,甚至愈演愈烈。人们对政府腐败具有天然的憎恶感情,却很难有效地制止和防范腐败与不公正现象的产生。政务公开具有这方面的抑制功能。正如美国行政法学者戴维斯所说:"公开是专横独断的自然敌人,也是对抗不公正的自然盟友。"①美国著名学者路易斯·布兰代斯更直言:"阳光是最好的防腐剂,电灯是最有效的警察。"

我国政府从源头上治理腐败时,首先需要实行政务公开制度。政务公开所体现出来的公开透明和有序运作的理念具有反腐败的功能。事实证明,政务公开是提高政府透明度,建立公平、高效和廉洁政府的一剂良药。另外,历史和现实也都表明,任何政治权力都具有双重性:一方面,它可以实现权力主体所追求的利益和价值;另一方面,由于人性的复杂性和权力本身的特性,它又极容易导致腐败。因此,政治权力的行使不仅需要物质性的强制力以及知识、智慧,更需要抗腐蚀的能力。而政治权力这种抗腐蚀的能力,只有在权力的公开行使中,在社会的公开知晓、评判和讨论、协商中,即在一种民主的监督中才能获得。简言之,只有在"阳光"下,公权力才能获得避免腐败的免疫力。

七、政务公开是信息化社会政府运行的需要

21世纪以来,中国和所有发达国家一起步入了信息社会。以信息为基础的信息社会正在成为现代社会的特征。虚拟经济、数字空间等形态都以通讯网络、计算机网络为依托蓬蓬勃勃地发展起来,对政治体制和权力运行方式产生了很大的冲击。政府在信息的管理和利用中占

① 转引自罗传贤:《行政程序法基础理论》,中国台湾五南出版社1993年版,第111页。

据着特殊地位,我国 80% 的信息掌握在政府手里。政务信息的价值能否体现,政务公开是关键。政务公开规范了信息的公布,保障了信息的广泛分享和自由利用,能使公众和企业降低办事成本,提高办事效率,节省交易费用,扩大经济效益,从而促进经济的增长和社会发展。

如果政府运作的透明度不够、信息沟通渠道受阻、信息不真实等,则将导致政务的不正常和社会管理的低效,甚至失控。因此,政务信息已成为现代政府决策的基础,并已引起对政治体制和权力行使方式的深刻变革。网上政府、电子政府、自助式政府、全天候政府等因实行政务公开而带来的新的政务管理形式不断出现。人类已经从工业社会进入信息社会,对于信息资源与政府信息公开的关注已经成为必然趋势。政府机关及其工作人员中出现的腐败、官僚主义、低效率与其他不正之风,常常可以从政府政务不公开与所谓信息不对称中找到原因。在传统体制下,政府可以通过行政权力直接谋取利益,不需要从垄断的信息中进行寻租或运作。随着依法行政原则的推进和逐步规范政府行政权力,依靠权力寻租的成本和风险会越来越大,而依靠信息寻租的诱因会慢慢加强。

由此可见,政府的公共管理信息必须予以及时、准确、全面、充分地公开,以谋求政府在社会治理的各个层面上取得国际和国内社会的广泛支持、合作与谅解。政府信息公开对于政府官员来说,可能一开始会不适应,因为他们会感受到来自民众的压力。但更应该看到,这种压力很快会变成支持政府行动的动力,因为众所周知,信任是合作的前提。

实际上,许多问题仅靠政府本身未必能够找到很好的解决方案,如金融风险、投资风险等等,尽管现代政府有着维护公共安全的责任,但政府不是万能的,不可能提供绝对的安全。因此,我们必须承认政府的边界。如果政府还在追求"政府万能"的神话,那么这种神话或者说万能的观念,在有限政府的状况下将会导致更大的风险。因此,现代政府相对于传统政府,观念上应该有一个转变。只有对政府观念重新加以认识,政府行为才能更理性化。当突发事件发生,或者出现危机事件时,政府才能与公众共渡难关,共担风险。

透明政府的核心思想是政府掌握的公共信息向社会公开,即"阳光法",它的执行意味着两种特权的丧失:首先是政府难以继续保持神秘或者说神圣感;其次是利益分配公开化后,不再有传统的暗箱操作。政府机关的所有活动,从立法、执法、提供咨询、社会服务,以及政府所掌握的个人信息,除了必须保密以及个人隐私的部分外,都有责任向社会公众开放。

在政府运作中,很多腐败事件往往是因为暗箱操作而来。重大的公共工程、国家预算、公共资金使用状况、税收流向等基本信息隐而不告,给社会带来了极大的职务犯罪、徇私舞弊的空间。随着经济体制改革的深入,对民主政治的呼唤也越来越强烈。要适应现代化建设的需要,必须"正确地改革同生产力迅速发展相适应的生产关系和上层建筑"。建立高度民主、法制完备、富有效率、充满活力的社会主义政治体制,正是我国政治体制改革的长远目标。而实施"透明政府"这一战略,的确与我国政治体制改革的内在精神是一致的,也是政治体制改革的方向。

第二节 政府实行政务公开的实践

实际上,自改革开放以来,政府就认真总结了社会主义民主建设的经验和教训,清醒地认识到,不仅要进一步坚持和完善人民代表大会等行之有效的民主参与制,而且还要从人治走向法治,坚持民主建设和管制建设并举,让人民充分监督政府。于是,在实践过程中逐步探索出了一条可以进一步实现人民民主的新制度,这就是近几年来备受民众关注的政府推行政务公开的制度建设。1987 年,党的十三大报告明确指出:"发扬'从群众中来,到群众中去'的优良传统,提高领导机关活动的开放程度,重大情况让人民知道,重大问题经人民讨论。"1988 年 3 月,党的十三届二中全会要求各级党政机关在廉政建设中,尽可能地公开办事制度,以便得到群众的监督。上海市从 1998 年开始在全市行政管理部门、执法部门和公共服务部门的各基层站所,开展以"两公开一监督"(即公开办事制度、公开办事结果、接受群众监督)为重要内容的公开办事制度试点工作。自 1998 年年底,上海市委、市政府在认真总结

"两公开一监督"经验的基础上,决定在全市推行政务公开制度。辽宁省自 1998 年以来,坚持"试点先行、分类指导、以点带面、分步实施、循序推进"的原则,在全省稳步推行政务公开。如今,在全国范围内,实行政务公开已经成为各级地方政府公共管理改革的自觉行为。

实行政务公开,把政府行使权力的行为向社会公众公开,接受群众的监督,是一种及时听取民意,反映群众意见和要求,有效防止决策失误的工作机制。推行这样的制度可以在保障人民充分行使参与管理国家和社会事务的权利的同时,保证人民对其授权的政府实行有效的监督。因此,实行这一制度表明中国政府对破解"历史难题"又有了新的对策。

执政为民,对人民负责,是我国政府推行政务公开的出发点,对人民负责已经成为当今各国政府改变形象,重建政府信任的关键。推行政务公开是我国政府对行政管理体制进行的一次重大变革。它要求各级行政机关及其部门在国家权力的运行过程中要把除法律规定不得公开以外的各项内容全部向社会公众公开。推行政务公开的实质就是要让广大人民群众有效地监督政府是否依法行政,其出发点和归宿则是要保证政府机关的一切行为都必须向人民负责,履行全心全意为人民服务的根本宗旨,树立人民政府的良好形象。

从理论上说,社会主义国家的政权是人民的政权,社会主义国家的政府是人民的政府,政府是代表人民利益的,政府与人民之间不存在根本利益冲突,所以,人民是信任政府的。但是,在一些具体事务上,由于间接民主的体制,政府与人民之间也会出现矛盾。从根本上说,中国政府坚持全心全意为人民服务的宗旨,并把"人民拥护不拥护"、"人民赞成不赞成"、"人民高兴不高兴"、"人民答应不答应"作为制定方针政策的出发点和归宿。

社会主义国家的政府需要考虑如何更好地取信于民的问题。当一些官员因个人道德、党性方面存在问题,把人民赋予的公共权力用来谋取私利,出现了权力腐败,导致政府的形象受损,影响了人民群众对政府的信任。因此,政府也必须在实践中深入研究和探讨如何才能进一步维护好自身形象,实现为人民服务的问题。实行政务公开,坚持人民利益至上,是政府对人民高度负责的重要举措。它对政府取信于民有着非常重要的意义。

首先,政务公开有利于满足人民当家作主的民主要求。因为政府要取信于民,前提必须是充分保障人民当家作主的主人翁地位。作为受人民委托行使管理国家事务和社会事务的政府机关把权力运作的过程向人民公开,自觉接受人民的监督,让群众可以随时就政府的具体行政行为提出建议和批评,人民就会感受到自己当家作主的权利是具体的、真实的,而不是抽象的、虚幻的,由此形成对政府信任感,政府也因此赢得民心。

其次,政务公开有利于约束政府权力。政府要对人民负责,就必须严格在宪法和法律规定的范围内行使职权。而要求政府严格履行法律赋予的权力和职责,就必须把过去"装在公文袋"里的权力亮到明处。让群众了解办事的依据、办事的程序并自觉接受群众的监督。实行政务公开,可以非常有效地减少和消除以权谋私、钱权交易等腐败现象的"黑洞"。

再次,政务公开有利于政府落实为人民服务的根本宗旨。一方面政府把需要行政决策的事情和依据公之于众,广泛听取群众的意见,这样可以保证决策的民主化和科学化,避免出现违背人民意愿和要求的情况。另一方面政府把决策执行的过程向群众公开,让广大群众充分了解政府的运作过程,便于群众对政府机关工作的情况作出评判,便于纠正可能出现的偏差和失误。

第三节　政府实施政务公开取得的成效

近几年来,各级政府通过推行政务公开,掀去了政府机关的神秘面纱。人民群众既可以通过报纸杂志、广播电视、声讯电话了解到政府发布的各种政务公开的信息,也可以通过互联网进入政府机关的网页查询有关政府的机构设置、工作职责、办事依据、办事程序、办事时限、办事(收费)标准、办事结果、廉政规定、监督办法和责任追究等内容,知悉涉及公众利益的重大事项和各项政策性的规定。政府机关在老百姓的心目中已不再陌生。如果说在实行政务公开以前政府机关还是令人生畏的"衙门",那么实行政务公开以后政府机关已经成为了为民服务的"窗口"。这就是中国政府推行政务公开的积极效应。其具体表现在以下几个方面:

首先,改变了政府机关的工作作风。过去到政府机关办事,人们感到政府机关总是存在"门难进,人难见,脸难看,话难听,事难办"的衙门习气和作风。尽管政府机关也反复加强对公务员的职业道德教育,要求政府工作人员摆正"公仆"和"主人"的位置,要善待群众,要切实改变工作作风,但是收效都非常有限。自从实行政务公开以来,有了政府机关的现场办公、市长接待日、市长专线电话、市民投诉中心等新现象。各地开展了市民评议政府等等活动,政府的衙门作风发生了巨大的转变,取而代之的是热情周到的服务。

其次,提高了政府机关的办事效率。自从实行政务公开以后,机关的服务"窗口"真正起到了"一条龙"式的服务和"一站式"的办公。过去要跑几个月、要盖几十个公章才能办成的事,现在一天或几天就办成了。

第三,促进了公务员自身素质的提高。过去政府机关的运作处于不公开的状态,公务员的个人能力如何并不直接与群众见面,因此其素质的高低显得并不重要。实行政务公开以后,公务员要直接与群众见面,要接受群众的监督,要对工作的结果承担责任,所以每个人都有一种无形的压力,必须努力提高自己的素质和工作能力,以适应群众的要求,避免工作出错。

第四,严格规范了权力运行的程序。让权力"在阳光下"运作,可以预防和揭露一切幕后的钱权交易,使掌权者不敢滥用权力和弄虚作假。因此,实行政务公开以来,人民群众增强了对政府惩治腐败的信心。

第五,改善了政府与群众的关系。实行政务公开,群众能够根据工作规范对不合理的政府行为及时向有关部门或单位提出异议,阐述自己的意见和建议,可以尽量减少政府工作和决策的失误。同时,也可以加强政府与群众之间的良好沟通,消除不必要的误解,使政府的行为能得到群众的理解和支持。

总之，推行政务公开以后，各级政府的政务活动都在群众的监督下进行，各级政府机关的职责明确，公务员的精神面貌焕然一新，服务态度明显改善，服务质量普遍提高，办事规矩，节奏加快，效率提高。中国政府精干、高效、廉洁的新形象正在逐步树立，并越来越得到人民群众的认同。

政府推行的旨在还权于民、还政于民的政务公开制度，无疑取得了重要的成效。中国政府的实践表明，这是一条能够成功改善政府与群众关系的有效途径。

第四节　进一步推进政务公开的可行措施

总的来说，各级政府在具体实施政务公开的过程中，主要可以考虑推进以下几个方面的公开。

一、行政决策公开

传统的行政决策表现为，依据专业分工，由决策层少数成员按职权和责任控制并作出决定，并由下级执行。这是一种由上而下单向垂直、封闭静态的运作机制。20 世纪中叶以来，政策程序的公开化、民主化、科学化和法治化已成为现代国家权力运作的重要特点。政策公开是推进决策民主化的一个主要方面。我国近年来在这方面也发生了深刻变化，推行了范围广泛的实践，并取得丰硕成果。从实践的角度看，我国推行了以下做法。

首先，要求各级政府的重大决策及时向社会公开。凡属社会关注、群众关心的热点问题和重大政策（如各级政府的年度重大经济和社会发展目标、重大社会事业建设项目、重要政策制定过程、财政资金使用情况等），均严格按照科学民主的决策程序，广泛听取意见。决策结果及时向群众公开。

其次，重大政策过程依靠政治协商制度。凡国家在作出重大决策时，一般都要召开党外人士座谈会，将重大决定向党外人士通报，并征求他们的意见。政府相关决策部门会举行各种记者招待会、新闻发布会、专家论证会等,并进行民意测验调查。人大会议期间,人大代表会对政府进行的决策质询。这些都是政策过程公开的体现。近几年来,大部分省市政府机构在改革中还建立了"新闻发言人制度",设置专门的"新闻发言人",及时将政府有关部门的重要政策向社会通报,或就有关政策向社会作出解释。

第三,实行决策预告制度、听证制度、重大决策联合协调制度、公开征求意见制度。(1)决策预告制度。即政府在作出决策规划和重大决策计划时,提前向社会公告,广泛听取社会各界和公众对决策项目的意见、建议,使政府的决策意向与公众的要求能较好地结合起来。(2)决策听证制度。建立决策听证程序,在决策过程中给公众,尤其是利害关系人、异议人以陈述意见的机会,不仅使决策能广泛集中民智,也让少数人的"表达自由"权得到保障。(3)重大决策联合协商制度。即凡是关系一个地区经济和社会发展大局,涉及公民、法人、社会其他组织权益的重大决策,都应组织各方利害关系人的代表、有关立法和行政机关、专家学者等联合协商,以便尽可能地听取各方面意见,协调各种关系。(4)公开征求意见制度。凡属涉及公众、法人或者其他组织切身利益的重大决策,都应将决策草案通过有关媒体公布,听取社会反映,征求公众意见。

二、推进政务信息公开

政务信息是指反映政务活动特征和政务发展变化情况的消息、情报、数据、资料等的总称。政务信息往往是现代国家进行政务决策的基础,是社会控制的依据,也是协调社会各种利益、实现政通人和的桥梁和关键。政务信息公开与公民"知情权"的实现有重要关系。知情权即公民有获取官方的消息、情报或信息的权利,它又称为情报自由或信息自由权。公民知情权的实现是公民进行政治参与、监督国家权力的重要条件,而只有政府实行政务信息公开,公民知情权才能得以实现。

公开政务信息是政府对公众应承担的法定责任。它要求政务主体将其有关文件和工作情况等情报定期公开,设立情报出版物,以供公众检索。我国由于传统政治文化的影响,公众获得的政务信息量严重不足,导致政务活动缺乏透明度,政务信息的真实性和沟通渠道都存在障碍,使得政务管理在很大程度上处于"暗箱操作"状态,导致权力专断与腐败难以遏制。自改革开放以来,政务信息公开化取得了很大的成绩。尤其是政府上网工程的实行,促进了政务信息公开。

目前我国公众获取政务信息主要有以下一些途径。首先是通过全国人大常委会和国务院定期发布的有关公报来公开政务信息。其次是通过全国人大常委会和政府召开的各种新闻发布会、记者招待会以及各种新闻媒体、政府热线来公开政务信息。第三是通过政治协商制度、决策预告制度、公开征求意见制度等,召开各阶层、各专业人士和群众座谈会来公开政务信息。第四是通过政府上网工程,实行"网络上的政务公开"。据统计,我国中央和各地方层面的政府部门均已经注册了各自的政府门户网站。这些网站分别设有"政务公开"栏目,并且形成了现代化的政务信息网络。

广州市政府上网工程走在全国前列。近年来,广州市政府办公厅、市人事局、市城市规划局等部门的内部局域网建设已经具备网上办公的条件。市政府办公厅建设了与互联网完全隔离的内部信息网络,并与国务院办公厅电子邮件系统相连,实现了广州市上报国务院办公厅信息的网上无纸化传输。广州市在信息资源的管理和利用方面也已经建立起了统一的信息资源管理平台,具备了信息发布、信息检索处理、电子公告和导航等服务功能,为"网络上的政务公开"创造了很好的条件。

三、行政执法与办事公开

执法公开指政府行政执法必须依法公开、公正、规范行使。行政执法与办事公开是涉及面最广、与人民群众切身利益有最直接联系的一项政务公开,它包括行政执法和行政事务管理的各个方面,是政务公开的重点。现代国家的政府承担了广泛而繁重的社会公共管理事务,行政执法的范围在我国几乎涉及社会生活的各个方面。坚持"三公"(公开、公平、公正），杜绝"三黑"（黑箱、黑幕、黑手），已成了政府是否清明廉正、依法行权的关键。

办事公开的含义更广泛，它指凡运用公共权力办事都应当以一定的方式向公众公开。它源于 1988 年中共中央提出的各级党政机关实行"两公开一监督制度"（办事制度和办事程序公开，办事结果公开，接受群众监督），后发展为各级党委、政府、企事业单位、有关社会组织等凡运用公共权力办理与公众利益密切相关的事项，都应当向社会和公众公开。

现在，执法公开和办事公开已在我国政务公开的民主政治实践中全面推行，并形成了一定的规模和制度，积累了不少好的经验。这些经验是我国人民在中国共产党领导下，结合中国国情和时代发展所进行的生动活泼的制度性创造。这些来自实践中的丰富经验必将不断促使我国社会主义民主政治制度的完善和发展。将这些来自实践的带有浓厚本土气息的"执法公开"和"办事公开"的经验加以总结，将成为建设有中国特色的社会主义事业的一笔宝贵财富和制度创新的源泉。以下做一些具体的介绍。

（一）行政执法公开的"公示制度"与"告知程序"

行政执法大多涉及与公众密切相关的款、费、税收缴和办证办照等事项（如城管、交通、工商、税收、医药卫生、广播电视等等）。自 1998 年《行政处罚法》实施后，全国大部分省市相继开始推行行政执法公示制度，即执法程序、工作标准、违法责任追究等都必须公之于众；凡暗箱操作者，公民及法人可以拒绝服从。与执法公示相关的是行政执法的告知程序和亮证执法。执法之前，行政执法人员必须向相对人出示执法证件，并详细告知执法的原因、理由、法律依据；否则，视为知法者违法。公开告知程序还特别用于行政审批权的行使中。政府审批权的规范、审批制度的改革，是政府职能由计划经济体制向社会主义市场经济体制转变的重要内容。政府行政审批权越大，审批项目越多，对企业和市场的限制就越多，其随意性就越难控制，"黑箱""黑幕""黑手""三黑"现象就越难杜绝，权力寻租和权力腐败的可能性就越大。自 1999 年以来，各地方政府率先改革审批制度，实行政务公开。

（二）划定办事公开的对外、对内范围

办事公开是政务公开的又一重要内容，它已从乡镇基层政府的政务公开发展到省市一级政府的各个部门，从对外公开发展到对外与对内公开两个方面，几乎涵盖了行政事务管理的各个方面。一些省市在"进一步推行政务公开的实施意见"中，对这两个方面的范围作了具体、详尽的划定和列举。例如，对外公开项目的范围包括招生、招工、录干、进出口配额、办理证照、税费收缴和减免、收费管理和使用、用地审批、征地补偿、城市规划、退伍转业军人安置、建设工程管理、固定资产投资项目审批、罚没款收缴和管理使用、电信资费、电价管理、生育证审批和发放、计划外生育管理费征收和使用、扶贫救灾款物分配、农民负担、乡镇财务等。它涉及工商、税务、公安、电力、民政、教育、卫生、水利、建设、交通、财政、物价、计划生育、国土资源等政府各级部门和行业。对内公开的项目包括职称评定、评优评先、干部职工晋级提升、内部招工、财务开支及工资福利发放等，现在还加上教育行政管理中的学籍、学历、学位的授予，职务、岗位的评聘，科研成果的评定。

（三）强调办事公开的若干基本要素

各地在推行政务公开过程中，一般都要求公开的事项要具备以下几个基本要素：(1)办事依据。如法律、规章制度、政策文件等要如实公开，不能搞"临事议制"。(2)办事职责。该部门的职权范围和责任是什么，应当让公众明确，以利监督。(3)办事条件。如时间、地点、指标、款项数额、对象要求等条件全部向群众公开。(4)办事程序。例如，何时提出申请、何时何人审定、组织论证、确定方案、审批等，即把政府办事的有关程序公之于众。(5)办事纪律。政府公务人员在政务办理中应当遵守的纪律和制度要求，以及违反纪律应受的处罚。(6)办事结果。办事结果则可在事中或事后公开。

四、干部人事任免公开

干部人事制度的改革和公选制度的推行首先是在中共十三大上提出来的。该制度的具体推行，则是从1993年国家公务员制度实行开始的。政府机关进人普遍实行面向社会、公开招考、严格考核、择优录取的做法。在政府官员的职务晋升上实行公开竞争上岗。但较大的改革则是从1999年3月3日中共中央组织部3号文件《关于进一步做好公开选拔领导干部工作的通知》下达后,以及2000年8月《深化干部人事制度改革纲要》颁布后开始的。这两个文件明确规定了"公开选拔"的意义、含义、配套制度、公选范围、公选程序等,使"公选干部"成为中国当前政治体制改革中引起国内外瞩目的一大政治热点。

"干部任前公示"制度是干部人事任免公开中的又一重要内容。干部任前公示制度是指,拟提拔为党政机关地厅级以下的领导干部(特殊岗位除外)的选拔任用,在正式任命前要将干部的有关情况,采用印发公示通知、在比较醒目的地方张贴公告、召开会议或在新闻媒体发布公告方式,在一定范围和期限内进行公布。公示内容一般包括拟提拔人选的姓名、性别、年龄、籍贯、政治面貌、文化程度、职称、现任职务和拟任职务等自然情况和主要工作经历,以及需要公示的其他内容。公示的目的是让群众了解,听取群众意见。因此,还要把监督电话、受理部门、接待人员和接待时间等公之于众,反映意见者要使用真实姓名、身份、单位和联系地址,反映问题事实要清楚或基本清楚。公示在各级党委(党组)领导下,以组织人事部门为主受理群众的反映,并会同纪检、监察等部门调查核实群众反映的问题。

干部任前公示制度需要遵循一定的程序规范,地市厅级、区(市)县级党政领导干部一般面向社会公示(如通过新闻媒介即报纸、广播电台、电视台向社会发布);内设机构的中层领导干部,原则上只在其所在的工作部门或系统内进行,也可根据岗位特点适当扩大公示范围(如以文件形式发出公示通知并通过有关会议公开传达,在本单位、本部门、本系统内比较醒目的地方张贴公告等);异地任职的干部,还需在原工作地或单位进行公示。公示时限一般为5—10日或7—15日。对个别争议较大,反映问题较多的干部,公示时间可适当延长,但一般不超过30天。在公示时限内,单位、干部群众均可以对公示对象的德、能、勤、绩等方面存在的问题,以电话举报、书面举报等形式或直接向公示的部门、上一级党委组织部门反映或举报。没有反映出问题的,公示时限期满后,按干部管理权限予以任用。虽反映有问题,但属一般性缺点和不足的,由组织上派专人与其谈话,明确指出其存在的问题,提出整改意见,按干部管理权限予以任用。对反映有严重问题并正在进行调查核实的,或者一时难以查实但又不能轻易否定的,经党委(党组)研究后,报请任免机关暂缓办理任职手续,同时抓紧调查落实,尽快弄清情况,作出是否继续使用的结论;对反映有严重问题并已经调查清楚属实的,上报任免机关取消任职资格;对属于违反党纪政纪的,则按有关规定处理或移交有关部门办理。

目前我国一些地方,不仅对党委任命的干部实行"任前公示",而且对全国人大常委会任命的国家工作人员也开始实行任前公示。在公示期间,对收集到的意见,经全国人大常委会主任会议决定是否提交人大常委会会议审议。干部任前公示制度由于坚持了人事任免的公开性,因而保证了公正性,使任命的干部赢得了群众的信任。

干部人事任免公开还包括实行干部引咎辞职制度与"政务公开"的实行。党政领导干部辞职制度包括自愿辞职、责令辞职和引咎辞职三种。干部辞职制度推动了我国干部体制中长期以来"对上不对下负责"的问题的解决,尤其是其中"引咎辞职"的实行,对现有行政监督机制是一个补缺,它与"政务公开"有密切关系。过去,一个官员的行为有过失或不当,但是没有触犯刑律,也没有违反党纪政纪,往往难以追究其责任。引咎辞职制度填补了这个空缺,它使官员的行为被完整地置于监督之下,并对公共权力的要求和定位也发生了变化。

引咎辞职制度涉及范围包括:领导干部在其职责范围内出现重大责任事故或重大违法违纪事件;领导干部因缺乏科学有效的决策导致工作业绩平平;道德品质有缺陷(如见死不救等),使得政府形象严重受损;用人不当致使下属工作产生严重失误,如因管理不力引起重大事故频频发生等。引咎辞职制度不仅要对重大事故进行监控,更要对工作业绩进行监控;它要让平庸者辞职,让贤者居其位。由于引咎辞职是一种自律和他律相结合的监控制度,因此道德水准高的人会主动承担责任,而道德水准低的人则需要外界的压力,这就需要有相应的制度配套才行。引咎辞职制度的实行,应包含两方面的内容:一是可以启动国家法律程序追究官员的失察责任和不作为责任,比如当官员出现重大过失却不自动引咎辞职,或者还没有达到启动罢免程序的程度时,立法机关可以提出不信任案对其进行责任追究。二是充分体现国民意向,即当国民对某一官员有强烈的否定意愿时,能够充分地表现出来,形成巨大的舆论压力,迫使官员引咎辞职。

由于引咎辞职制度的上述特点,它就必须以政务公开为前提才能实行。引咎辞职制度实质上是一个需要公众参与的制度。一个官员该不该辞职,其重要标志就是公众的满意程度。大多数引咎辞职的官员都是在社会舆论的激烈抨击下下台的。引咎辞职制度中促使官员辞职的主要因素不是上级的好恶,而是由于政绩不佳等引发了公众的不满。这就需要做到两点:一是政务公开,让公众都知道官员在做什么,怎么做的,让公众的知情权得以实现;二是需要有"表达自由",言路畅通,让公众、社会舆论对不称职官员的批评能够充分表达出来。这样才能使该引咎辞职的人辞职下台,使官员的行为得到有效的民主与法治的监督与制约。

引咎辞职在我国目前还处于探索阶段,距离形成一套完备的制度还有较大距离,但它却是干部人事制度改革的一个方向。"公开选拔"干部是在领导干部"上"的问题上的突破,但如何在干部"下"的方面保持渠道畅通,体现民意,还有必要进一步探索。2001年3月的全国人大代表会议上,最高人民法院和最高人民检察院宣布将在"两院"系统内实行引咎辞职制。从2001年起,引咎辞职制在中国不同部门、不同地区实行,成为干部人事制度改革中的一项重要内容。

当然,仅仅有引咎辞职是不够的。它不是万能的,它必须与中国的民主与法治和干部人事制度改革的其他制度的完善健全相协调。只有当建立起完整的制度性平台,尤其是伴随"政务公开"的真正实行,使中国公民"知情权"和宪法规定的"表达自由"等基本权利得以实现,才能真正起到对权力的有效制约。社会各界对公共权力的公开监督,是权力制约制度中最重要的一环。

第十六章 公共服务领域建立公私部门合作伙伴关系

第一节 公私部门关系的反思

在现代市场经济条件下,公共组织与私营组织之间的关系是多层面的,诸如所有权关系、调控关系、管制关系、合作关系等。按照传统的公共行政理念,公共服务供给被看做公共部门的专利。私营部门除了供给市场物品,被排除在公共服务的领域之外。但是,自20世纪70年代以来,人们开始转向强调私营部门及其市场的效能与效率。由此,国有公营部门私有化的趋势大行其道。在这方面理论上的倡导者和代表人物如米尔顿·弗里德曼(Milton Friedman)、萨瓦斯(Savas)、普尔(Poole)、斯潘(Spann)、罗斯巴德(Rothbard)、菲斯克(Fisk)等。随着新自由主义和新保守主义思潮及其在公共行政领域表现为新公共管理的崛起,这样一种潮流具备了国际性的特征(威廉姆森,2000)。

从社会实践角度看,英国撒切尔夫人首相和美国里根总统是这方面的主要推动者,引导了西方主要国家10多年在公共服务领域的私有化和市场化改革。我国20世纪80年代中期以后引入新公共管理的理论与实践,在公共服务领域产生了深远的影响。对此,国内学者在这方面进行了大量引介、概括和总结,并形成了众多研究文献。

从各国实践案例分析,只要具备真实市场竞争的制度环境,在公共服务领域进行适当程度的私有化和市场化还是有效的,正如一些国家

的电信行业的改革实践所证明的。但也有许多其他自然垄断行业则并
不具备这样的条件，诸如供电、供水行业，一定程度上也包括如铁路和
航空这样的交通运输业等。这些行业在大多数国家至今都仍然处于公
共部门经营的状态。也有很多公共部门的私有化的成果则并不令人满
意，尤其体现在公共服务的供给领域。比如在医疗卫生部门出现了极
端的市场失灵情况，具体体现在信息不对称和外部性的结果。尽管改
革使一些服务的质量有所提高（如在非临床诊断方面），但总体来说，医
疗费用的开支却增加更快。就一些东欧国家和拉美国家最为激进的社
会保障领域私有化进程来看，其结果同样不能令人满意。如与退休金
相关联的预算赤字在不断攀升，而非逐步下降；私人养老基金被证明其
成本要比先前由公共部门管理的体制下更为昂贵（参见世界银行的历
年相关研究报告）。这类私有化的改革对社会保障目标来说几乎没有
什么帮助。

近几年来，各国政府公共部门角色作用的扩张又有卷土重来之势。
尽管这种扩张显得有点踌躇不前，甚至不太情愿，却还是被各方所广泛
接受。原因之一是自 2008 年以来发生的国际金融危机凸显出市场的
严重疾病与失灵。当然也有之前在公共服务领域的私有化和市场化改
革效果的反思。由此看来，在一些服务领域除非政府出手，目前别无
他途。

所以，就历史角度看，关于公共服务供给的途径，无论从理论层面
还是从现实层面，长久以来一直处在公私部门之间重心摇摆难以抉择
的两难境地。我们认为，要摆脱这样的两难困境，必须跳出传统思路。
要从公共服务提供的具体过程出发，探讨从理论和实证的角度，如何科
学地确定公私部门之间的各自角色及相互关系。

因此，我们认为，应跳出原先在此问题上的带有预设价值倾向的或
公或私的两难推论，树立"根据具体情况具体分析"的新的实证性研究
视角；即便是在公共服务供给的领域，也并非公共部门的专利，私营部
门和市场机制无疑也有其自身优势；应该从具体服务项目出发，关键在
于形成客观的分析尺度，以确定公私部门的角色分工及其配合关系；动
态的制度性分析和构建是解决好公私部门角色关系的有效切入点，它

可以帮助我们转向一条新的解决问题的有效路径。这对于公共服务供给理论的创新构建来说，具有十分重要的开拓性价值；对于解决好公共服务供给中的公私角色界定和相互配合的实践问题来说，也有着重要的现实指导意义。

关于政府角色的重新界定应该基于这样的理念，这就是，我们所需要的是一个有效的政府，而不在于它究竟是小政府还是大政府。这里需要超越人们历来所默认的一些看法，即在政府与市场之间的选择是相互排斥的。实际上，无论政府还是市场，都是不可或缺的，人们需要探讨的问题是如何让两者更好地结合起来，以便形成达到政策目标的有效路径。按照邓小平当年在这个问题上的判断，只要能达到良好的效果，无论是政府还是市场应该都是可以接受的。实际中出现的市场失灵现象，也还不至于让人们重新回到完全依赖政府的年代中去。而当年在一些东欧国家和大多数发展中国家出现的政府计划失灵，恐怕也依然清晰地留存在人们的记忆中。同样地，市场本身也已不再具有以往那样巨大的诱惑力。因为，至今全球经济还处于一团乱麻之中。过去60多年的经验清楚地表明，无论是政府还是市场都有各自的潜力，也有各自的局限性。

现在看来，开展关于政府是否应该干预市场的抽象争论，并没有多少现实意义。一个更现实的问题是，政府若要确保有效、公平而又可持续的公共服务，它可以做些什么？

亚当·斯密当年就已经论证，我们所需要的是能够应对当下出现问题的制度性安排，而非某种服从于固定公式或者教条的体制。就当今世界发生的经济危机背景来看，斯密的这一论断仍然值得我们认真回顾和品味。

目前关于政府角色的争论是基于过去30多年来的背景。总的来说，20世纪80年代至90年代的所谓经济自由化的努力最多只是肯定了市场的某些方面成果，但同时也带来了不少明显的教训。其中的一条重要教训就是，仅仅废除国家所有权或者政府管制，并不一定就能够创造出良好的竞争环境。即便在不加干预的情况下得以形成的竞争，也不一定就是社会所需要的那种竞争。实践表明，政府适当干预才能创造出有效的竞争条件。正如在教育和医疗卫生部门所显示出的情况,政府都需要限制过度的竞争,方能取得社会所想预见到的成果。①以往人们一直认为,政策目标首先是要提升效率,而要达到这一目标的最佳途径就是要减少政府的干预;现在人们开始认识到,导致效率的动力可能并非来自短期的增长,恰恰相反,经济效率更多是来自中期甚至长期的不懈努力(世界银行,2005)。

20世纪90年代的一个逐渐为人们接受的观点是,社会的不平等和贫困的扩大对于经济增长起到了十分负面的作用(世界银行开发报告,2008)。一个更加公平和平等的社会则可以享有更多的社会资本,而这将有助于有效的经济决策的作出和实施。由这种观点导致的一个结论就是,政府应该积极努力地去减少社会不平等现象,而非对其熟视无睹,并寄希望于经济增长的好处最终可以涓滴作用惠及全体人群。

近几十年来,人们日益认识到制度作用的重要性。许多时候,不只是要求政府在一些领域退出就可以大功告成,政府更需要提供能够与本国的社会、经济和文化制度相贯通一致的支撑性制度。②同时,还需通过确定制度的成功与否,来创造对于制度的新的需求。这要求人们充分认识当地的具体条件,并与周边地区共建开放的信息交流平台。

我们的结论是,在不同经济体和不同社会中,政府的角色并非固定不变,而应基于不同背景条件的考虑,不存在预先设定的前提。关于政府角色的认识,既是基于对这一主题的理论性和反思性的考虑,更是基于对现实情况坚实的经验性研究和判别。

第二节　构建"公私合作制"的要素分析

关于在处理政府与市场角色关系上形成"视具体情况而定"这一新

---

① Stigliz, Joseph, "Redefining the Role of the State: What Should It Do? How Should It Do It? And How Should These Decisions be Made?" unpublished paper, available at www. World Bank. Org. (1998).

② 中共中央十八届三中全会上提出的全面深化体制改革的决定,应该是基于这方面的深入考虑。

的共识,可以让我们转向一条新的解决问题的有效路径。当然,就这一命题本身而言,还未能构成完全能令人满意的答案。因为人们会提问:"依据什么情况而定呢?"对此,作为回应"依据什么"这一问题的出发点,侧重于公共物品和服务供给途径分析,需要考察以下三组要素:(1)所提供公共物品和服务的特征;(2)相关参与者的特征;(3)制度的交易成本特征——这可能会影响到参与者的激励机制,因而会影响到市场化的成果。对应的制度性分析和构建是解决好政府与市场角色关系的有效切入点,以下对此加以探讨。

一、所提供物品和服务的特征分析

所提供公共物品和服务的特征之所以具有重要意义是因为,它决定了政府出于政策目标将采取何种途径①来供给这类物品和服务。例如,基本医疗服务和基础教育服务的特征在于有着普遍的市场失灵属性,表现为在提供者和接受者之间存在极大的信息不对称,这就构成了通过市场途径来满足社会需求的巨大障碍。即便是市场的次优操作,也不能作为在公众看来至关重要的服务的合适选择。因为按照当代社会的标准,医疗卫生和教育服务是基本人权的重要组成部分,是在每一个人需要它们的时候,必须予以满足的东西。电力和自来水供应也属于同样的基本服务,差异只在于这两者具有自然垄断的性质。这就导致了不同的激励结构,因而需要有不同回应的制度安排。

需要指出的是,市场是否完善并非是静态的,技术和制度方面的创新会使其成为动态的。比如说,技术和制度的创新进步,可以让垄断的城市公用事业部门释放出某些具有市场竞争性的部门。不过,这种变革之所以可能发生,有其先决条件。比如,近年来无线通信技术的发展,从根本上改变了电信产业的垄断性质,可是在自来水和电力供应的领域并没有出现类似的创新。所以,对于后者,就仍然需要政府对其做

---

①　即是选择由市场供给、公共部门供给还是采取合作途径供给的制度安排。

不同形式的制度安排。也就是说,即便在电信领域市场化取得了成功,当政府考虑对电力和自来水供应领域的市场化推进时,也还是需要谨慎对待,区别处理。

某些服务或者物品的供给,有其信息的局限性,即便在公共政策的领域也同样存在这样的情况。比方说,要对教师在教室里的教育质量或者要对医生在诊所中的服务质量加以监督,并非易事。这是因为,这些专业人员对他们提供的服务都有很大的自由裁量权,对此,公共部门是难以具体加以监督控制的。又比如在城市供水中存在的信息不对称问题,也一直被认为是自来水供给的市场化试验普遍失灵的原因。信息不对称问题限制了政府对一些物品和服务提供加以预测、规定、管制、监督和执行的能力,因而也局限了市场化和管制所能实现成效的范围。

关于某些物品或者服务是选择由中央政府还是由地方政府作为直接生产或供给方,或者还是采取市场外包的形式,需要依据以下几方面加以判断:①(1)要看所提供物品和服务的质量是否易于监督;(2)要看用户的偏好是否一致;(3)要依据公共服务的政治学(即是否符合公共利益)。如果公共服务的政治学倾向于公共利益,因而易于监督,那么,这就是政府可以资助的服务。由于这类服务具有一定的共性特征,因此可以外包给某些公共或者私营服务的提供者,因为相关标准易于确定并加以监督。这方面的良好案例就是卫生防疫。然而,如果相关的服务质量不易确定或监督,比如有关教育服务的质量,但用户倒是趋同的,那么,政府就应该是该项服务的更有效率的提供者。如果人们对于某项服务或者物品的偏好并不一致,那么,地方政府应该是对有差别需求的项目更有效率和更具回应性的提供者。如果地方公共服务的标准明确并易于监督,那么,地方政府可以对这类服务提供资助和加以外包。在这方面的例子如道路清洁服务。如果相关标准难以在合约中予以明确,人们的偏好又存在较大的差异,那么由地方政府直接提供将是

---

① World Development Report: Building Institutions for Markets, Available at http//econ. World Bank. Org. 2004.

更具效率且更具回应性的选择。

二、相关参与者的特征分析

社会物品供给的参与者主要由三方面组成,它们分别是:用户、物品提供者和政策制定者。这三方参与者的特征会影响到政府的决策及其成果。关键参与者的利益、理念及其权力既会推动某些决策的选择和执行,也可能阻碍某些决策的选择和执行。因为参与者的构成以及规模不同,他们拥有的经济资源、思想意识、合作的历史和社会资本也会不同。这些都会对政府能做什么或者不能做什么起到决定性的影响。公共政策的理论发展必须对推动行动或变革的行为者加以研究并做明确的界定。此外,还必须对行为者所采取的行为、局限性、指向以及影响等予以界定。

就政府干预可能产生的成果来说,了解政府机构所面对的激励是什么有着十分重要的意义。就其性质而言,政府具有多重的、不十分清晰且变动着的政策目标。这反映了在各种社会力量之间的微妙平衡,反映了在不同社会利益之间达成的折中,还反映了在效率与平等、可持续发展与公民参与之间的平衡等等。这些都会使得政府的政策目标更具不确定性。此外,政府换届、政府官员更换所带来的非连续性也会对公共政策的不确定性产生影响。

物品和服务的提供者与投资者的利益也会对政府政策产生导向作用。他们会寻求投资回报的最大化和各种风险的最小化,这类风险主要包括商业、政治和管制等方面的风险。有关承诺的可信度以及管制风险方面的大量研究文献,都是对政府让私营部门和市场参与公共服务供给所可能产生的成果加以评估的良好依据。

改进公共服务供给的要求可以强化用户、物品或服务的提供者与公共政策制定者之间的互信关系。这其中包括给予用户更多的话语权,以影响参与服务提供的政策制定者;加强政策制定者对公共服务提供者的控制,可采取基于绩效的合同——包括清楚的合同界定、有效的监管以及成本控制的内容。此外,一项公共政策要取得好的效果,在合同中必须明确绩效考核办法,这是十分重要的。[①]

三、制度的交易成本特征分析

制度经济学的发展,尤其是不完整契约理论以及信息经济学的发展,有助于人们更好地理解政府在决定参与或者退出干预行动中的利弊关系。制度经济学的契约理论表明,先前人们关于自然垄断行业的一些假定普遍适用于公共所有权的看法,并不一定正确。在传统的产业组织理论中,自然垄断的案例常常被用来作为公共所有权的主要论据。因为出于增加社会福利的考虑,在自然垄断的领域可以允许让政府来对企业产品定价并且制定生产政策。然而,对于这种理论的批评者则论证,公共所有权并不一定就是改善自由放任的市场模式局限性的仅有途径。人们质疑,为什么政府就不能通过对私营垄断部门加以管制,同时提出适当的有激励性的合约以实现社会所想要的成果呢?

制度经济学的契约理论认为,如果公共政策制定者能够确切知道他需要生产什么样的东西,那就可以在合同或者规定中明确说明并付诸执行。在这种情况下,由政府提供与市场外包之间也就不存在什么差别了。所需要的只是拟定完备的合约,所有权结构其实是不成为问题的。从这个角度看,就政府通过合约和管制来激励市场和私营部门去实现社会目标来说,与某种条件下的政府所有权并没有太大的相关性。不过,在划分为不同组合的理性个人的情景下,合同通常达不到完备的结果,因为信息通常是不完备的,交易成本也很大。因此,所有权与合同设计对市场化的成果来说,的确具有重要意义。

不过,财产权还只是问题的一个部分,技术和制度创新也会影响到政策的内容。诸如政策制定、相关规定、财产权、合作状况以及社会服务途径,这些都将成为改进所提供服务的重要函数。有些决定因素,比如政策制定和规制,必须永远作为政府的职能。而诸如财产权、参与各

---

① Warner, Mildred E., "Managing Markets for Public Service: the Role of Mixed Public/Private Delivery of City Services," *Public Administration Review*, 2007, 68:1.155—166.

方的合作方式以及相关服务的提供等,既可以是公共部门的责任,也可以作为私营部门的责任,还可以作为两者合作伙伴的联合责任。关于这些职能是仍然保留给公共部门,还是留给民营机构,或者通过合作的制度安排,则要根据具体情况而定。

综上所述,一些社会产品和服务的供给方式,需要根据它们的特征、相关参与方的特征,以及制度背景的交易成本特征来作出决定。这里不需要理论预设的由公共部门或者市场提供的教条性前提。

社会产品和服务的提供不再是选择政府部门还是选择民营机构提供的问题了。现在可以采取范围广泛的合约和财政安排,并可以让一些提供机制形成惯例。比如,就城市供水服务来说,可以有一些不同的公私合作的安排模式,诸如管理合同、批租、租赁、产权处置等。以上各项安排对于经营责任、财政内容、资产所有权以及风险程度来说,均具有不同意义。这些安排的每一项,都可以通过由政府的项目外包部门与私营部门承包者之间的不同合作方式构成。这可以使社会服务的提供按照顾客的要求来量身定制。①就基础设施的提供来说,政府也可以引入不同的合约安排。这可以通过竞争性的市场,并鼓励私营部门的提供者来提供有效率的服务。这方面的机制主要有:(1)构成市场间的竞争;(2)借助资本市场的竞争;(3)市场内部的竞争。构成市场竞争过程是通过定期与私营部门重签合同来实现的。由于在下一次投标时存在失去合同的风险,因此定期重新投标的制度安排是一种富有效率的方式。它是要求相关物品和服务的提供方按照合理价格提供高质量产品和服务的有效途径。

通过关注社会物品和服务的特征、关注参与者的特征、关注制度背景的构成,政策制定者现在可以超越是需要放任市场化还是需要政府管制的教条式争论,可以有更多的途径来有效地解决如何做好社会物品和服务供给的问题。

这里的例示分析可以提供的启示是,我们可以不再需要在"凯恩斯共识"或者"华盛顿共识"两者之间进行选择,而是可以超越两者,采取

---

① Ostrom, E., *Institutional Diversity*, Princeton University Press, 2005, 45.

依具体情况而定的"新共识"的方法,利用政府与市场的各自优点,构建起两者之间的桥梁以及合作和协调的路径,由此也可以回避因各自失效性问题所导致的危机困境。

第三节　PPP 模式在我国的发展

PPP 模式源自西方,英文全称是"Public Private Partnerships",中文意思是公私合作模式,我国官方译为政府和社会资本合作。广义 PPP 是一个非常宽泛的概念,它是指公共部门为提供公共产品或服务而与私人部门建立的各种合作关系。狭义 PPP 则可以理解成在广义基础上为项目提供融资的一种创新方式。

在现实中,PPP 模式在西方国家发展的程度仍然有限,且各国之间差异很大。欧洲国家在 PPP 模式发展方面较为领先,英国又是其中的先行者,其 PPP 模式的累计投资额在 21 世纪初期一度占到公共投资额的三分之一,而同期其他欧洲国家该比例通常在 10％以内,在 2008 年国际金融危机后,该比例甚至下降至 15％以内。而向来推崇自由市场竞争的美国,PPP 发展相对落后,国内规模仅数十亿美元。

2002 年 12 月,我国建设部出台《关于加快市政公用行业市场化进程的意见》,拉开了中国公用事业改革的大幕,社会资本迎来第一波 PPP 盛宴。我国从 2014 年(又被称为 PPP 元年)开始迄今,多部委分别或联合发布多项 PPP 相关的指导意见、操作办法,以支持并完善 PPP 模式在中国推行所需的各项规章制度。

在中国的政策文件中,PPP 模式称为"政府和社会资本合作模式",是指政府为增强公共产品和服务供给能力、提高供给效率,通过特许经营、购买服务、股权合作等方式,与社会资本建立的利益共享、风险分担及长期合作关系。通常是由社会资本承担设计、建设、运营、维护基础设施的大部分工作,并通过使用者付费及必要的政府付费获得合理投资回报;政府部门负责基础设施及公共服务价格和质量监管,以保证公共利益最大化。

国务院高度重视 PPP 改革工作,把 PPP 改革作为增加公共产品和服务供给、吸引和鼓励民间投资、促进投融资体制改革的一项重要举措。自 2013 年底以来,财政部在推进 PPP 改革中重点开展了以下六项工作:

一是加强顶层制度设计。在立足国情和借鉴国际经验的基础上,初步建立了"法律+政策+指引合同标准"三位一体的制度体系;对 PPP 市场进行了扩围,在传统单一的使用者付费基础上增加了政府付费和混合付费两种新方式,把 PPP 应用领域扩大到能源、交通、市政、环保、医疗、养老、教育等 19 个经济领域。

二是强化机构能力建设。在国家和省级财政部门建立了专业指导机构,加强宣传培训引导,积极培育咨询服务市场,提高社会公众参与意识。

三是发挥国家示范项目引导作用。财政部已会同相关部门推出两批 232 个示范项目,总投资超过 8 000 亿元,截至 2016 年上半年,示范项目落地率已经达到 48.4%,在落地项目中民营企业、混合所有制企业和外资企业的比率为 45%。2017 年初财政部正在与其他 20 个部委联合开展第三批示范项目的遴选工作。①

四是优化支持政策组合。不断完善各项支持和奖补政策,设立总规模 1800 亿元的国家 PPP 融资支持基金,发挥政策组合优势,加快项目落地。其他一些财政税收政策也正在研究制定中。

五是夯实信息基础能力建设。按照"互联网+"思维搭建了全国 PPP 综合信息平台,建立国家项目管理库和专家库,实现线上动态监管和信息数据多元分享。

六是深化国际合作。加强 PPP 市场标准化和透明度建设,提高国际投资者参与度;依托"一带一路"建设,扩大中国 PPP 制度的对外推广交流,支持中国企业走出去,深度参与国际基础设施市场。同时,也与国际多边机构,如世界银行、亚洲基础设施投资银行等开展 PPP 国际合作。

经过社会各界的共同努力,改革共识已初步形成,PPP 已成为贯彻

---

① 参见 2017 年 2 月国家发展与改革委员会和财政部政府门户网站发布数据。

五大发展理念①的助力器、转换器和加速器。截至 2016 年上半年,全国拟采用 PPP 模式的储备项目已经达到了 9 285 个,总投资超过 10.6 万亿元,其中已落地项目的投资额超过 1 万亿元。②

公共服务社会化改革是目前改革的一个短板,也是我国未来经济发展提质增效潜力最大的增长点。那么,如何化弊为利? 关键在于改革创新。PPP 作为一种创新的公共服务市场化、社会化供给方式,通过放宽市场准入,发挥财政杠杆作用,释放社会创新活力,激励社会资本公平竞争,增加公共服务供给,提高公共服务质量效率,不断满足人民日益增长的多样化公共服务需求。其重要性表现在:

(1)大力践行公共服务领域供给侧结构性改革。各级财政部门要联合有关部门,继续坚持推广 PPP 模式“促改革、惠民生、稳增长”的定位,切实践行供给侧结构性改革的最新要求,进一步推动公共服务从政府供给向合作供给、从单一投入向多元投入、从短期平衡向中长期平衡转变。

(2)要以改革实现公共服务供给结构调整。扩大有效供给,提高公共服务的供给质量和效率。要以改革激发社会资本的活力和创造力,形成经济增长的内生动力,推动经济社会持续健康发展。

(3)积极引导各类社会资本参与。各级财政部门要联合有关部门营造公平竞争环境,鼓励国有控股企业、民营企业、混合所有制企业、外商投资企业等各类型企业,按同等标准、同等待遇参与 PPP 项目。

PPP 模式有显而易见的优点:首先是有利于转换政府职能,使政府从基础设施公共服务的提供者变成监管者。其次是私人部门可以提供更多的资金和更好的服务,促进投融资体制改革,同时私营部门参与项目还能推动项目设计、施工、设施管理过程等方面的革新,提高办事效率。第三是政府部门与私人部门可以风险共担、利益共享、互补不足、实现双赢。第四是从社会效益角度看,PPP 模式有助于提升基础设施

---

① 《中华人民共和国国民经济和社会发展第十三个五年规划纲要》提出了“创新发展、协调发展、绿色发展、开放发展、共享发展”的五大发展理念。

② 参见国家发展与改革委员会政府门户网站发布数据。

建设的水平,给民众带来更好的公共服务。

从具体操作层面上看,对于经营收费能够完全覆盖投资成本的经营性项目和经营收费不足以覆盖投资成本、需政府补贴部分资金或资源的准经营性项目,采用建设—运营—移交(BOT)、建设—拥有—运营—移交(BOOT)等形式推行;对于缺乏"使用者付费"基础、主要依靠"政府付费"回收投资成本的非经营性项目,采用建设—拥有—运营(BOO)、委托运营(O&M)等形式推行。

然而,PPP作为一种公私合作模式,要想真正在中国落地结果,推动公用事业效率和质量的提升,尚面临诸多问题和挑战。首先是我国尚缺乏与PPP相关的配套法律制度,不易进行合理监管,增加了如社会资本参与医院改制的交易成本和运作难度。医疗卫生领域与公众日常生活密切相关,依托相关项目提供的服务质量、价格等均比较敏感,也特别容易引起民意反弹。其次是一个PPP项目涉及多方利益,一方是政府公共部门,它代表公众追求的是公平;一方是民营部门,它追求的是高效率和高收益;再一方是公众,希望得到更多物美价廉的公共产品和服务。因此,社会资本和政府对项目的出发点是不同的,社会资本以利益最大化为目的,而政府是要在控制成本的前提下完成项目建设,达到社会效益最大化,因此要控制社会资本的收益。

PPP项目涉及多方利益的平衡,其中包括:

(1)政府。政府部门(政府或者政府授权的部门)通常是PPP项目的发起人,它们在法律上既不拥有项目,也不经营项目,而是通过给予项目某些特许经营权和给予项目一定数额的从属性贷款或贷款担保作为项目建设、开发和融资安排的支持。政府需要对项目的可行性进行分析,并组织项目招标,对投标的私营企业进行综合权衡,确定最终的项目开发主体。

(2)私营企业。私营企业和代表政府的股权投资机构合作成立PPP项目公司,投入的股本形成公司的权益资本。政府部门在选择私人投资机构的时候往往比较慎重,因为PPP项目的资金规模一般非常巨大,花费的时间长,因此需要私人投资机构具备雄厚的资金实力和良好的信誉。私营企业作为发起人,负责召集PPP项目公司成员。投标以前,各成员就联合成立项目公司,以合同形式确定各自的出资比例和出资形式,并推选各方成员共同组成项目领导小组负责 PPP 项目公司正式注册前的工作。

（3）银行等金融机构。在 PPP 模式下,向项目提供贷款的银行主要是国际金融机构、商业银行、信托投资机构等。在 PPP 项目的资金中,来自私营企业以及政府的直接投资占的比例通常比较小,大部分的资金来自银行和金融机构,且贷款期限较长。

参 考 文 献

〔澳〕欧文·E.休斯:《公共管理导论》,中国人民大学出版社 2001 年版。

〔美〕史蒂芬·科恩:《政府全面质量管理》,中国人民大学出版社 2002 年版。

〔美〕马克·G.波波维奇:《创建高绩效政府组织》,中国人民大学出版社 2002 年版。

〔美〕B.盖伊·彼得斯:《政府未来的治理模式》,中国人民大学出版社 2002 年版。

〔美〕尼古拉斯·亨利:《公共行政与公共事务》,中国人民大学出版社 2002 年版。

保罗·C.纳特:《公共和第三部门组织的战略管理》,中国人民大学出版社 2001 年版。

〔美〕Joan E.Pynes:《公共和非营利组织的人力资源管理》,清华大学出版社 2002 年版。

王绍光:《多元与统一——第三部门国际比较研究》,浙江人民出版社 1999 年版。

李军鹏:《建立与完善社会主义公共行政体制》,国家行政学院出版社 2008 年版。

唐铁汉:《行政管理体制改革的前沿问题》,国家行政学院出版社 2008 年版。

〔美〕萨瓦斯:《民营化:公私部门合作的伙伴关系》,中国人民大学出版社 2002 年版。

[美]罗伯特·阿格拉诺夫:《协作性公共管理:地方政府新战略》,北京大学出版社 2007 年版。

[英]萨拉蒙:《公共服务中的伙伴——现代福利国家政府与非营利组织的关系》,商务印书馆 2008 年版。

[美]奥斯本、盖布勒:《重塑政府——企业精神如何改革公营部门》,上海译文出版社 1996 年版。

周志仁主编:《当代国外行政改革比较研究》,国家行政学院出版社 1999 年版。

Stigliz, Joseph, "Foreword: Privatization: Success and Failures," in Gerard Roland(ed.) *Privatization: Success and Failures*, New York: Columbia University Press, 2008.

Araral, E. Jr, "Privatization and Regulation of Public Services: A Framework for Institutional Analysis," *Policy and Society*, 2008, 27:3.

Warner, Mildred E., "Managing Markets for Public Service: the Role of Mixed Public/Private Delivery of City Services," *Public Administration Review*, 2007.

Bortotti, G. "Privatization in Western Europe: Stylized Facts, Outcomes, and Open Issues," in Gerard Roland(ed.) *Privatization Success and Failures*, New York: Columbia University Press(2008).

World Bank, Economic Growth in the 1990s: Learning from a Decade of Reform, 2005.

Ostrom, E., *Institutional Diversity*, Princeton University Press, 2005.

图书在版编目(CIP)数据

现代公共管理理论与实践/顾建光著.—上海：
上海人民出版社,2017
ISBN 978 - 7 - 208 - 14430 - 9

Ⅰ.①现… Ⅱ.①顾… Ⅲ.①公共管理-研究 Ⅳ.
①D935 - 0

中国版本图书馆 CIP 数据核字(2017)第 081047 号

责任编辑　王舒娟
封面设计　夏　芳

现代公共管理理论与实践

顾建光 著

世 纪 出 版 集 团

上海人 & 出 版 社 出版

(200001　上海福建中路 193 号　www.ewen.co)

世纪出版集团发行中心发行　　常熟市新骅印刷有限公司印刷
开本 720×1000　1/16　印张 16.5　插页 2　字数 231,000
2017 年 5 月第 1 版　2017 年 5 月第 1 次印刷
ISBN 978 - 7 - 208 - 14430 - 9/D・3020

定价 55.00 元